KB261888

사랑의 人相學

남녀간의 相性을 人相으로 판단한다

고미야 스스케 著
정현우 編著

明文堂

□ 머리말

오른쪽 그림을 보면 이것은 당구공같이 생긴 것 같지만 당구공이 아니다. ①은 닭, ②는 고양이, ③은 여성(인간)을 나타내는 것이다. 닭은 알을 낳는다. 같은 기관(器官)으로 배설(排泄)도 한다. 성기(性器)와 탈

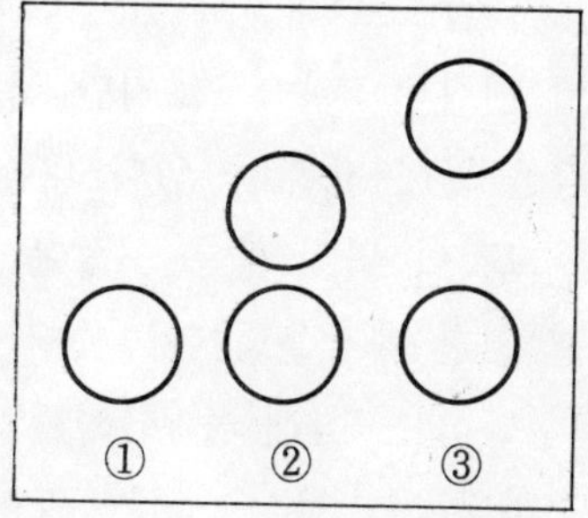

분기관(脫糞器官), 즉 항문이 하나로 되어 있다. 곧 동그라미〔圓〕는 한 개로 족한 것이다.

고양이는 성기와 항문을 따로 가지고 있다. 그 점에서 닭보다 진화(進化)됐지만 그 간격이 몹시 가깝다. 이에 비해 인간은 항문과 질구(膣口)가 떨어져 있는 것이 특징이라 하겠다.

전문가의 설에 의하면 인간의 항문의 위치는 누구나 그다지 변화가 없이 거의 일정하다고 한다. 즉, 그림 ③에서 아래쪽 동그라미의 위치는 변함이 없고, 다만 위의 동그라미와의 거

리가 사람에 따라 개인차가 생기는데 그 거리가 떨어지면 떨어질수록(질구가 항문에서 떨어져 있으면 있을수록) 세간에서 말하는 '위에 붙은 것'이 된다.

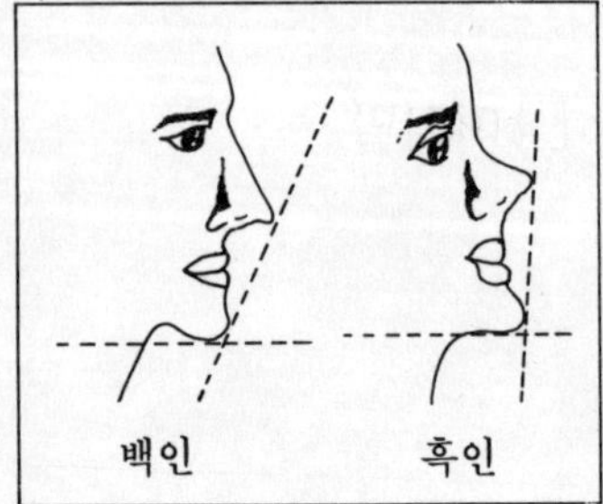

흔히 여성을 평가하는데 있어 '위에 붙은' 성기를 명기(名器)라지만 사실은 진화론적으로 그같이 생각할 뿐이다. 예로 흑인과 백인의 옆 얼굴을 비교해 보면 흑인은 코에서 턱에 이르는 각도가 백인의 경우보다 예각이다. 얼굴의 하반부가 백인보다 앞으로 내밀고 있어서 흑인을 미개인이라 하는데 백인측이 진화된 지는 모르지만 섹스까지 백인이 흑인보다 성적 쾌감을 많이 맛볼 수 있다고 할 수 없다.

그것이 위에 붙은 여성은 밑에 붙은 여성보다 남성에게 한결 더한 쾌감을 준다는 논거는 하나도 없다. 그러므로 세간에서 말하는 '아래 붙은' 성기가 위에 붙은 여성에 비해 하등 열등하다고는 할 수 없는 것이다. 만일 당신이 가장 사랑하는 아내나 연인이 '아래 붙었다'고 해서 무미하다고 생각할 필요는 없다. 그것은 성교의 체위로 해결할 문제이다.

'그것이 아래 붙은 여성은 동물적 본능에 빠지기 쉽고, 정열적 성향이 강한 여성'이다. 즉 '위에 붙은' 여성에 비해 '아래 붙은' 여성은 동물적이고 정에 흐르기 쉽다.

이 책의 목적은 이와 같은 여성이나 남성의 여러 가지 상(相)을 —— 타고난 성질이나 스태미나, 나아가서는 운세 등을 —— 인상학(人相學) 위에서 규명하는 것이며 그 길잡이 역할을 하는 것이다.

여성은 누구나 아름답다. 그리고 여성은 누구나 다 행복해질 권리가 있다. 그 권리는 평등하다고 필자는 생각한다. 그러나 동물적 성향이 강한 여성은 그렇지 않으리라고 생각한 남성에게 결과적으로 배신하여 실망을 주게 된다. 즉, 불행하게 만든다. 그녀 자신도 결혼에 실패하고 불운을 초래할 뿐만 아니라 마찬가지로 남성도 자기 몸에 지니지 않은 능력까지 요구당하므로 결혼에 실패하게 되는 것이다.

그와 같은 일을 미리 방지할 수 있도록 코의 모양이나, 치아, 섹스의 생태를 알게 된다면, 즉 운명이라는 것을 알게 된다면 어떤 불행은 사전에 방지할 수도 있을 것이다. 필자가 의도한 것도 그와 같은 불행을 미연에 방지하는 데 있다. 그리고 그것은 어느 정도 인상학(人相學)에서 해결할 수 있다.

인상학(人相學)은 물론 저자가 생각해 낸 것은 아니다.

인간의 불행과 비운(悲運)을 미연에 방지하고 행복하게 되어 보려는 인류의 모든 지능이 발명한 것이라고 할 수 있다.

요컨대 이 책은 동양의 지혜가 담긴 중국의 '마의 관상법'을 토대로 하여 서양의 '인상학'을 곁들인 내용이다.

'인상학'은 미신이 아니다. 통계에 의한 과학적 방법에서 탄생한 것이다. 흔히 '첫인상이 좋다'라는 말을 쓴다. 사람이 느끼는 인상은 영감에서 오는 것이지만 그 영감은 결코 비과학적인 것은 아니다.

끝으로 행복이란 당신 자신에게 알맞은 상대를, 반려(伴侶)자를, 연인을 발견하는 것이다. 이 책은 그런 점에 대해서 도움이 될 것이다.

관상학(觀相學) 또는 인상학(人相學)에 관한 책은 옛날부터 우리나라에 많이 전해 왔고, 요즈음에도 이런 유(類)의 책들이 다량으로 출간되고 있다.

그러나 여성(女性)만을 독립시키어 다룬 책은 없는 실정이고, 특히 성생활과 직접 관련시켜가며 인상학을 다룬 책은 아마도 이《사랑의 인상미학(人相美學)》이 처음이 아닌가 하는 생각이 들어서 번역을 하게 되었다.

인상학은 주지하는 바와 같이 3천 년의 역사를 가지고 있으며 그 뿌리는 중국이다. 중국은 유사(有史) 이래 3천 년 동안 불안(不安)한 시대의 연속이었다. 평화를 갈구하지 않는 민족이 어디 있을까마는 중국의 서민들도 평화를 갈망해 왔다. 그러나 평화로운 시대보다는 전란(戰亂)의 시대, 화해의 시대보다는 갈등의 시대가 훨씬 많았다. 그러한 와중에서 중국인들은 인간의 내면을 알기 위한 보조 수단의 한 가지로 인상학을 발전시켜 온 것이리라.

　또 불안감을 해소시키기 위한 지침(脂針)으로써 나름대로의 인상학을 연구하고 계승해 왔다고도 할 수 있다. 인간이란 어떤 의미에서 한 치 앞도 모르는 채 살아가는 존재이다. 그러므로 그 미지(未知)의 미래(未來)를 예지(豫知)할 수 있는 학문을 연구해 내고 집대성한 것이 역학(易學)인데 인상학도 그 뿌리는 이 역학에 두고 있다.

　미래를 예지하는 역학이라면 사람의 겉모습을 보고, 그 사람의 성격으로부터 습관, 그리고 그 사람의 장래를 알아내는 것이 인상학일진대 역학에 뿌리를 두었다고 해서 잘못된 말은 아니다.

　오늘날과 같은 불확실성 시대(不確實性時代)를 살아가는 우리에게 있어서, 이런 인상학의 필요성은 더욱 중요하다고 하겠다.

　특히, 앞에서도 말했지만 여성에 대해서 모든 것을 알아낼 수 있는 이 책은 바쁜 시간에 쫓기는 현대의 청년들에게 이상적인 연인(戀人)과 배우자 선택에 큰 도움이 될 것을 믿어 의심치 않는다.

　여성에 관한 인상학만 다룸으로써 남성들에게만 유익을 준다면 불공평하겠기에 부록으로 남녀 공히 참고가 되는 〈연애운과 결혼운〉, 〈아름다운 여성의 인상학〉, 〈인상에 따른 성격과 직업〉 등을 다루었다. 많은 참고가 되길 바라는 마음 간절하다.

　배우자를 선택하는 일이나, 직업을 선택하는 일에 있어서 가장 중요한 것은 자신의 적성(適性)에 맞도록 배려하는 점이다. 이것을 모르는 사람은 없을 줄 안다. 그러나 그 적성에

못지않게 중요한 것이 인상이다. 인상에는 그 사람의 적성을
포함하여 모든 것이 나타나는 것이므로 비록 자신의 적성을
모른다 해도 자신의 인상을 거울에 비추어 보면서 이 책을 참
고로 한다면 연인과 배우자 선택, 직업의 선택에도 크게 도움
이 될 것으로 믿는다.

끝으로 졸저(拙著)를 상재(上梓)해 주신 명문당(明文堂)
김동구(金東求) 사장님과 관계 직원 여러분께 심심한 감사의
말씀을 드린다.

1994년

編譯者 識

9

입의 관상법

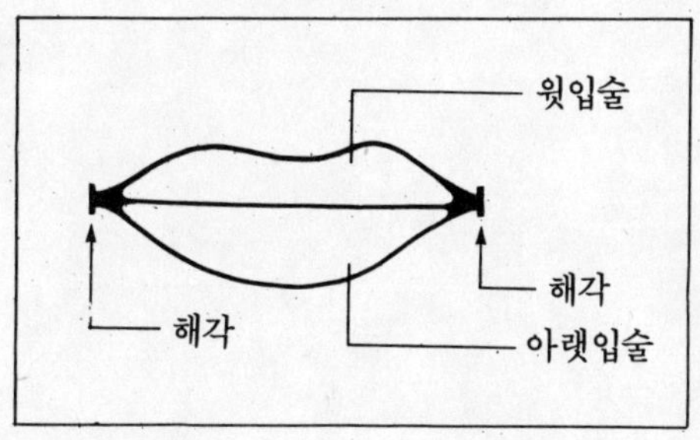

입의 관상법

입은 가정을 표시한다

인상학(人相學)에서 입은 가정을 표시한다. 입의 윤곽이 예쁜 사람, 특히 윗입술이 예쁘고 윤곽이 뚜렷한 사람은 경제적으로 풍요로운 가정에서 자란 사람이다.

이와 반대로 입술의 선이 선명하지 않고 추하게 느껴지는 사람은 남녀를 불문하고 경제적으로나 정신적인 면으로 유복하지 못한 환경에서 자란 사람이다. 만일 당신의 입술 윤곽이 또렷하고 예쁘게 생겼는데도 불구하고 여태까지 가난한 생활을 면치 못했다면 앞으로는 경제적으로 여유를 누릴 것이며, 설사 돈은 없더라도 명예스런 지위나 가정을 가질 것이다.

그러므로 당신이 좋은 가문에서 자랐고, 입술의 윤곽이 또렷하게 태어났다면 모처럼의 랭운을 그르치지 않기 위해 가급적이면 결혼 상대자도 입술이 예쁜 배우자를 선택해야 한다. 만일 그렇지 않을 때는 그 결혼은 파탄에 이르게 되거나, 잘 살다가도 결국 일찍 사별(死別)해야만 하는 처지에 이르고 말 것이다. 만약 선을 본다면 무엇보다 상대방의 입술의 윤곽을 잘 보아 둬야 한다.

입술은 알다시피 점막(粘膜)으로 이루어져 있다. 피부 가운데서도 착색(着色)이 되어 있는 부분이다. 인체에서 밖으로 나타나 빛깔을 띠고 있는 곳은 입과 유두부(젖꼭지), 음부 및 항문(肛門)에 한한다.

이와 같은 관계에서 입과 성감(性感)을 결부시키는 여러 가지 설이 있다. 물론 이 설에는 타당한 것도 있고 그렇지 않은 것이 있기도 하다. 그 중에서 필자의 경험으로 판단하여 비교적 타당한 것을 열거할 생각이지만, 아무튼 입은 가정환경을 나타낸다는 것만은 우선 알아 두기 바란다.

입이 큰 여성은 남편을 먹여 살린다

입의 대소(大小)를 결정하는 데 있어서 인상학에서는 여러 가지 이론이 있으나, 정면에서 보아 두 눈동자의 간격 사이에 입이 위치해 있으면 보통이라 볼 수 있다. 두 눈동자의 중심에서 수직선을 그어 이 간격에서 입이 벗어날 때는 큰 폭이며, 그렇지 않을 때는 작은 폭이라 할 수 있다. 남이 보아 입이 크다고 생각되는 것은 입과 얼굴 전체 면적과의 비례에서 오는 것이다.

한편 입은 생활의욕(生活意慾)을 나타낸다. 입을 야무지게 다물고, 입술에 살이 올라 웃을 때 크게 벌려 유쾌하게 보이는 사람은 만사에 의욕적이며 장래성이 있고 또 재운(財運)도 풍부하여 성공할 타입이다.

이와 반대로 입이 작은 사람은 소심한 타입으로, 특히 남자가 얼굴에 비해 입이 작은 사람은 스케일도 작고 큰 사업을 할 수 없는 인물이다.

여성으로서 입이 작은 사람이 옛날부터 귀염을 받아 온 것은 소심하고 싹싹하여 남편에게 지성을 다하며 부지런히 일을 하기 때문이다. 그리고 옆에서 보아 입이 작고 푹 들어간 듯한 여성의 성격은 소극적이며 퇴영적이다. 말하자면 남과 다투기를 싫어하는 평화주의자라 할 수 있다.

입이 큰 여성은 성격이 쾌활하고 생활의욕도 왕성하여 남편이 놀고 있어도 먹여 살릴 수 있다. 그러니까 누워서 먹고 살려는 남성은 입이 큰 여성을 선택해야 한다.

이와 같이 입이 큰 여성은 남편이 직업이 있건 없건 먹여 살릴 수 있는 인상이라 하겠다. 그 밖에도 실업계의 여사장 등 모든 분야의 제일선에 선 여성들은 대개가 입이 큰 사람이 많다.

입이 큰 여성은 절정(絶頂)에 달할 때 큰 소리를 지른다

앞에서 말한 바와 같이 입이 큰 여성은 대개가 사교적인 형이며, 소뇌(小腦)와도 관계가 있다 인상학에서는 입술의 크기는 소뇌와 정비례한다고 한다. 즉 소뇌가 머리 뒤에서 튀어나와 보이는 사람은 대체로 타인에 대한 이해심과 동정심이 두

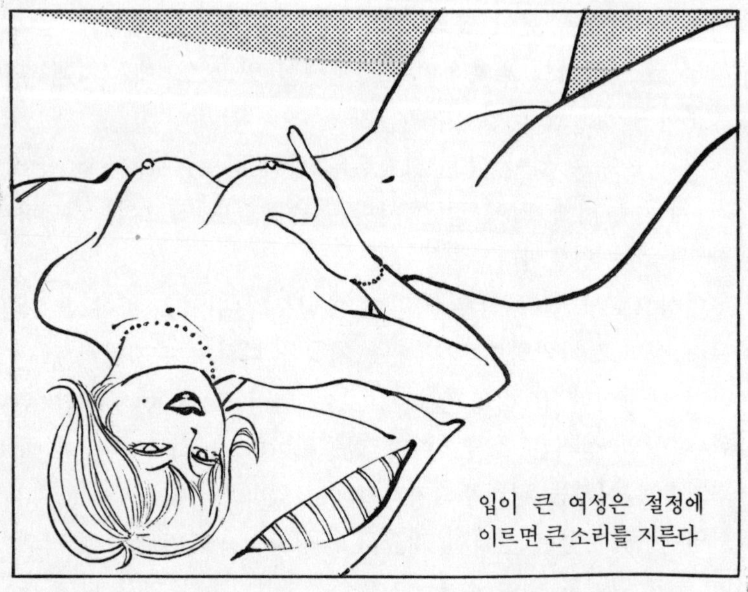

텁고, 자기 자신을 희생하면서 남을 돌보아 주는 타입이다. 반대로 후두부가 납작한 사람, 이른바 절벽인 사람은 이기적인 에고이스트라 할 수 있다. 이런 사람일수록 입술이 작고 얄팍하다.

그러므로 입이 큰 여성은 명랑하며 호인이라 할 수 있다. 만사에 미련이 없고 결단력이 강하며 이성에 대해서도 적극적이다.

그리고 애인아 있어 이를 열렬히 사랑할 때는 누군가에게 밝히지 않고는 못 배기며 침실에 들어 절정에 이르면 큰 소리를 지르지 않고는 참을 수 없는 타입이다.

그러나 크기만 하고 살기가 얇은 탄력성 없는 입술은 애정이 결핍되고 성기(性器)도 무미한 폭이라 할 수 있다. 일설에 의하면 대체로 입이 큰 여성은 성관계에 있어서도 너무 대범하여 약간 정서가 결핍되어 있다고 한다.

성감(性感)은 어디까지나 입술의 살기와 탄력성에 달려 있으며 입이 큰데다 싱싱하고 탄력성이 있는 여성이면 반드시 성감이 강하고 절정에 이르러 기성을 올리므로 남성을 심리적으로 만족시켜 준다.

성행위란 원래 상대적인 것으로, 오르가슴에 노골적으로 자기의 기쁨을 표시하는 여성은 자기 만족뿐만 아니라 남성의 테크닉에 대해서도 바기고 있다는 뜻에서 이중적으로 상대 남성을 홍분시키고 만족시켜 주는 것이다.

이와 같은 여성과 섹스를 하고 싶으면 입이 크고, 소뇌가 튀어나온 여성을 선택해야 할 것이다.

입술이 두툼한 여성일수록 감도(感度)가 좋다

앞에서도 언급한 바와 같이 여성의 성감은 입의 대소(大小)보다는 오히려 입술의 부피와 탄력의 유무에 달려 있다고 하겠다.

남양의 토인이나 니그로와 같이 입술이 두툼한 여성은 대체로 음순(陰脣)이 얄팍하다. 북구 인종(人種)인 덴마크나 노르웨이의 여성들은 반대로 입술이 얇고 음순이 비대한 편이라 한다. 성감은 음순이 얄팍할수

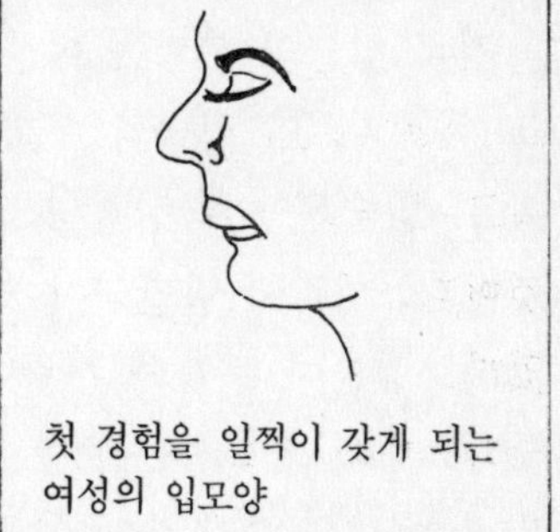

첫 경험을 일찍이 갖게 되는 여성의 입모양

록 쾌감이 좋은데, 이것은 남녀 쌍방에 공통적으로 느껴지는
감각이다.

북구의 노르웨이나 스웨덴의 미혼 남녀의 섹스 문란은 세계
적으로 유명하다. 식자 간에는 이러한 현상을 사회보장제도의
완비로 사생아를 낳아도 국가에서 책임지기 때문이라고 말하
고 있다.

결국, 그들은 절정감을 만족시키기 위해 난행을 즐기고 있
는지, 아니면 쾌감이 희박하기 때문에 '이런 것이 아닌데' 하
며 책에서나 소설에서 읽은 대로 경험을 하고자 차례차례 상
대를 바꿔 가는지도 모른다.

총체적으로 말해서 북구의 여성은 둔감하다. 그것은 혹한을
이기며 살아 남기 위한 생활의 지혜일지도 모르겠다. 피부나
점막이 예민했다가는 도저히 그 추위에 견뎌 낼 수 없기 때문
이다.

그러므로 북구 사람들의 입술은 얄팍하다. 그 대신 음부(陰
部)나 음순(陰脣)같이 보통은 의복에 가려 있다가 사용시에만
노출되는 기관은 살이 올라 두툼한 것이 상례이다. 따라서 감
도는 매우 둔한 편이다. 이것은 모두 하늘이 준 섭리이다.

결국 입술의 부피는 여성 성기의 음순의 부피와 반비례한다
고 하겠다. 또 입술의 부피는 요리 솜씨와도 관계가 있다. 대
체로 입술은 미각신경(味覺神經)과도 밀접한 연관성이 있는
것이다. 미각이 발달되어 있는지의 여부는 입술을 보면 알 수
있다. 입술이 두툼한 사람은 남녀를 불문하고 미각이 발달해
있다. 대개 요리사는 모두가 입술이 두툼하다고 한다. 입술이
얇은 여성은 요리 솜씨가 좋지 않다고 한다.

왜냐하면, 대체로 예술가 타입의 사람은 음식에 까다롭기 때문이다. 일류 예술가일수록 더욱 그러하다. 미식가일수록 가정에서 대단하지 않은 장맛이나 찬에까지 잔소리가 많은 법이다.

섹스에 있어서도 입술이 두툼한 여성이 감도가 좋다는 것은 이미 말한 바 있다. 세상에서는 입술이 두툼하고 입이 조그맣게 오므라진 입술을 가진 여성을 섹스광이라고 하지만 이것은 사실과는 약간 틀린 경우도 있다. 입이 작고 오므라졌다고 해서 반드시 깅한 색징을 지닌 것이 아니며, 색성 여무는 오히려 입술 가장자리 근육의 탄력성이 어떠냐에 달려 있는 것 같다. 다만 다음과 같이 단언할 수는 있다.

입이 작고 오므라진 여성은 섹스면에서 남성을 결코 실망시키지 않는다.

입이 작고 오므라진 여성은 다리를 넓게 벌린다

두툼하고 작게 오므라진 입을 가진 여성은 대체로 유혹에 약하다고 생각하면 된다.

꼬임에 잘 넘어가므로 멋지게 유혹만 하면 쉽게 따라온다. 그런 후 완력으로 침대에 넘어뜨리면 저항도 못하고 체념한 듯 두 다리를 벌린다. 이런 점은 입이 작은 여성은 담이 작다는 데도 관계가 있다.

대체로 입이 작게 오므라진 것은 해각(海角 : 입술 양 끝)이 다물어 있으므로 —— 그래서 홀쭉이로 보이지만 —— 옆에서 보면 아랫입술이 부풀어오른 것같이 보인다. 이런 형의 여성은 아주 관능적이며, 섹스의 볼륨이 크다. 그러므로 이런 여성을 얻은 남성은 천하의 행복자라 하여도 지나친 말은 아니다.

한편, 아랫입술의 선이 선명하지 못하고 물렁하게 살만 쪄 보이는, 천하게 튀어나온 입술의 여성이 흔히 있다. 옛날 공창이 존재하던 시대의 창부 중에 이런 아랫입술이 비대한(이상하게 발달한) 여성이 많았다. 이것은 다음(多淫)한 인상이다.

창부는 직업적으로 다음(多淫)을 안 할 수 없기 때문에 점차 아랫입술이 발달한 것인지, 원래 다음하기 때문에 창부가 된 것인지 그 관계는 알 수 없으나 아무튼 물장사하는 나이 많은 여성으로 아랫입술이 두터운 여성은 다음(多淫)한 축이 많다고 보면 틀림없다. 독신 남성으로 잠깐 외도의 목적으로라면 몰라도 이런 여성에게 깊이 빠져 들면 몸을 망치는 결과가 될 것이기 때문에 단단히 주의해야 한다.

윗입술은 정조 관념(貞操觀念)을 나타낸다

입이 크고 작은 문제와는 별도로 윗입술의 선이 직선적이며 예쁜 사람은 혈통이 좋고 좋은 가문에서 성장한 표시이다. 성격상으로도 자제력이 강하고, 불결·부도덕한 것을 싫어한다. 야심적이며 진지한 인간이기 때문에 여성의 경우는 정조 관념이 강하고 여간해서는 유혹에 넘어가지 않는다.

비록 입술이 두툼하고 애욕적으로 보이더라도 윗입술의 선이 또렷하고 힘차게 다물려 있는 여성은 기혼·미혼을 불문하고 몸을 지키는 데 엄격하며 경솔한 유혹에 대해서는 무섭게 반발한다.

러브 헌트(사랑의 섭렵)에서 이런 여성은 경원해야 한다.

그리고 옆에서 볼 때 윗입술이 아랫입술을 짓누르고 있는 듯 보이는 사람이 있다. 뻐드렁니 때문이 아니고 윗입술이 이와 같이 오그라지는 사람은 조숙한 편이라 하겠다. 여성의 경우라면 첫경험도 보통 사람보다 2, 3년은 빠른 편에 속한다.

또 이런 이야기도 있다. 이런 형의 입은 향락을 좋아하고 게으른 사람이 많다고 한다.

이 밖에 노인에게서 많이 볼 수 있는, 윗입술이 아랫입술에 빨려 들어가 해각(海角)이 아래로 쳐져 있는 입은 성미가 빠르고 성급하여 남의 약점을 잘 찌르는 경향이 있다.

그리고 송곳니 근처의 윗입술이 부풀어올라 보이는 여성은 남의 부추김(선동)에 말려들기 쉬우며, 천성적으로 다소 잘난 체하는 경향이 있다.

입술에 사마귀가 있는 사람은 요식에 곤란하지 않다

여성의 입술에 사마귀가 있으면 그것이 비록 윗입술이건 아랫입술이건 음부(陰阜)에 사마귀가 있다는 증거이다. 이런 여성은 냉증이 심하고 따라서 몸도 차갑다.

아랫입술에 사마귀가 있는 여성은 남난(男難)의 얼굴이며, 남성으로서 아랫입술에 사마귀가 있으면 여난(女難)의 얼굴이다.

그리고 윗입술에 사마귀가 있을 때는 남녀를 불문하고 수난(受難)의 얼굴이라고도 할 수 있다. 그렇지만 입술의 사마귀는 나쁜 상이라고만 규정할 수는 없다. 좋은 운세(運勢)를 보이는 수도 있기 때문이다. 이런 사람은 남자고 여자고 먹을 복은 풍부하다.

그리고 사마귀의 유무를 막론하고 입술에 갈라진 흉터가 있을 때는 남녀 간에 만년의 재운이 나쁘다고 한다. 특히 입술의 한가운데에 흉터가 있을 때는 더욱 나쁘다고 한다.

얼굴의 흉터는 사마귀와는 달리 후천적인 것이다. 주의만 하면 평생 상처를 받지 않고 지낼 수도 있다. 술에 취한 나머지 싸움 따위에서 너무 자신의 완력만을 믿고 덤비지 않도록 주의할 필요가 있다.

이 외에 여성 중에는 입술에 세로로 골(주름)이 진 사람이 많다. 이것은 다산계(多產系)의 특징이다. 이런 여성과 결혼한 남성은 수태 조절(受胎調節)에 완벽한 대책을 세우지 않으면 어느 사이에 아이가 많아져 평생 고생하게 될 것이다.

사마귀에 관한 말이 나온 김에 입술 빛깔에 대해 언급하기로 하겠다. 남녀를 불문하고 입술이 검은 사람은 음부의 빛깔도 검다. 이상하게도 이것은 일치하는 것 같다. 입술이 검은 여성은 유두(乳頭), 즉 젖꼭지도 검다. 그리고 입술이 시꺼먼 사람은 음란한 사람이다.

하지만 임신 중절(姙娠中絶)을 하면 의학적으로 검게 되는 경우가 있으며 이것은 음란과는 무관한 것이다. 그러므로 젊은 여성으로 유두가 지나치게 검은 사람은 몇 번이나 중절한 경험이 있다고 보아도 무방하다. 산부인과의 의사는 유두만 보고도 기혼 여부를 식별할 수가 있다.

입술의 빛깔은 자연스럽게 붉은 것이 남녀 어느 쪽을 위해서나 바람직스런 일이나, 중년 남성으로서 여성처럼 붉은 것은 호흡기계(呼吸器系)에 질환이 있기 때문이다. 델란트의 《인생과 운명》에 의하면, '남자의 입술이 지나치게 붉은 것은 다정황음(多情荒淫)이 그 도를 넘어 몸을 망치게 하는 성격임을 나타낸다'고 했다. 이설(異說)에 의하면 '입술이 붉은 사람은 관등(官等)이 높은 사람'이라고도 한다.

또 여성으로 핏기가 없는 사람은 냉증이 있는 징조이며, 유산하기 쉬운 체질이다.

항간에서 남성 심볼이 검은 것을 일품이라고 하는 것은, 그것이 단순히 크기 때문이 아니고 오히려 남성의 황음을 좋아하는 일부 여성의 기호에서 유래한 것으로 보는 편이 낫다. 매춘부의 음순(陰脣)도 역시 지나치게 거무스름하게 보인다. 말하자면 색이 검다는 것은 남녀를 불문하고 본래 섹스를 잘하고 못함에는 하등의 관계가 없다.

입술이 젖어 있는 여성을 놓치지 마라

착색(着色), 점막부(粘膜部)로 입과 여성 음기는 일치한다.

흔히 남자들과 얘기를 하면서 입술을 빠는 버릇이 있는 여성이 있다. 이런 여성의 입술은 적어도 남성과 마주 보고 있을 때 흠뻑 젖어 있는 것이 보통이다.

여성의 성기는 자연히 사랑의 이슬로 젖게 마련이지만 입술 자체는 아무 분비 작용이 없다. 따라서 밑이 젖게 되면 여성들은 무의식중에 입술을 빨아 축이게 된다. 입술을 잘 빠는 여성, 즉 입술이 젖어 있는 여성은 성기가 항상 젖어 있게 마련이다.

여성과 대화할 때 무의식중에 입술을 빨면, 즉 입술이 젖어 오면 이것은 틀림없는 애정의 발동이므로 상대방 남성은 이 기회를 놓쳐서는 안 된다. 그녀는 무방비 상태이다. 적극적인 행동으로 나서야 할 것이며, 기회 포착이란 이와 같은 냉정한 관찰에 달려 있는 것이다.

쓸데없이 여성들이 자기 입술을 매만지고 있는 것도 같은 징조이다. 아래가 근질근질하여 못 참는다는 증거이므로 모름지기 남성의 행동이 뒤따라야 할 것이다.

따라서 여성은 남성 앞에서 입술을 빠는 것은 스스로 자기의 허점을 보이는 결과라는 사실을 알아 두어야 한다.

입의 중앙부가 높고 양끝이 아래로 처져 있는 입은 대체로 성기가 아래에 붙어 있다

그림 ①과 같이 여성의 입술 양끝이 위로 치켜 올라 미소짓는 듯한 모양을 하고 있는 것은 여성 성기가 위에 붙어 있다는 증거이다. 반대로 입의 중앙부가 높고 양끝이 아래로 처져 있는 듯한 입술, 즉 그림 ②의 여성은 거의 아래에 성기가 붙어 있다. 이 설이 옳다고 한다면, 여성은 나이를 먹고 입의 양끝이 처지게 되면 따라서 국부도 아래로 처지게 되므로, 젊은 여성으로서 성기가 아래에 붙어 있으면 힘이 없고 느슨하다고 음상학(淫相學)에서는 말하고 있다. 그리고 국부가 위에 붙어 있는 것은 좋은 배우자를 얻을 수 있는 양상이므로 자연 좋은 인연이 찾아 들게 마련이다.

다음에 이것도 자주 볼 수 있는 것이지만, 윗입술이 약간

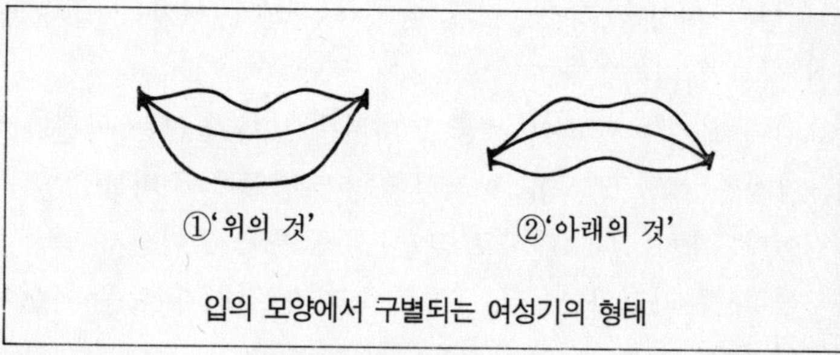

입의 모양에서 구별되는 여성기의 형태

뽀족하고 그 중앙부가 아랫입술을 누르는 듯한 느낌을 주는 여성은 역시 성기가 아래에 붙어 있다고 한다.

대체로 입이 큰 여성은 섹스에 힘이 없고, 입술이 두툼한 여성은 질(膣)이 얇고, 윗입술의 가운데 부분이 뽀족하게 생긴 것은 클리토리스가 길다는 뜻이다.

다른 서적에 따르면, 상하 입술이 두툼하고 얇은 것은 남성에 대한 호오(好惡)를 나타내는 것으로, 상하 입술의 부피가 동일한 것은 원만한 부부생활을 약속하는 양상(良相)이라고 한다. 나쁜 버릇은, 걸핏하면 입술을 삐쭉거리는 버릇이 있는 여성이라 하겠다. 이런 여성은 대체로 마음과 말이 일치하지 않고 사심(邪心)이 강하며 호색적(好色的)이라 할 수 있다.

잇몸을 드러내고 웃는 여성은 한 남자에게 만족하지 않는다

윗잇몸을 드러내고 웃는 여성이 있다. 필자의 조사에 의하면 가장 유혹에 약한 여성이다.

정면으로 요구하면 거절하지 못하는, 될대로 되라는 타입으로 '인생 의기(意氣)에 감동한다'는 경향도 있고 하여, 아무튼 이런 형의 여성은 성적으로 문란하며 강하게 나가는 남자 앞에서 약하기 그지없다.

그런데 오기는 강하여 조금도 미련을 보이지 않는 낙천가로서, 냉정한 계산도 마음 한구석에는 빠짐없이 준비하고 있는 타입이다. 재치 있는 대사로 꾀면 생긋 웃어 보이면서 남성이 하자는 대로 따라가는, 러브 헌트에 가장 걸리기 쉬운 여성이라고나 할까.

단 비뚤어진 심리도 갖고 있어서 잘못 유혹하여 자존심을 상하게 되면 비록 몸은 허락하더라도 마음속으로는 남성을 경멸하는 타입이다.

잇몸을 드러내며 웃는 여성은 또 천성적으로 예술적인 소질도 있기는 하지만 성격 파탄의 경향도 강하다.

잇몸을 드러내고 웃는 사람은 남녀를 불문하고 정조 관념이 희박한데 총체적으로 보아 음악 애호가들 중 정조 관념이 약한 사람이 많은 것도 사실이다.

반대로 말하자면 당신이 잇몸을 드러내고 웃는 사람이라면 아마 음악에 뛰어난 재능이 있을 것이다.

귀의 관상법

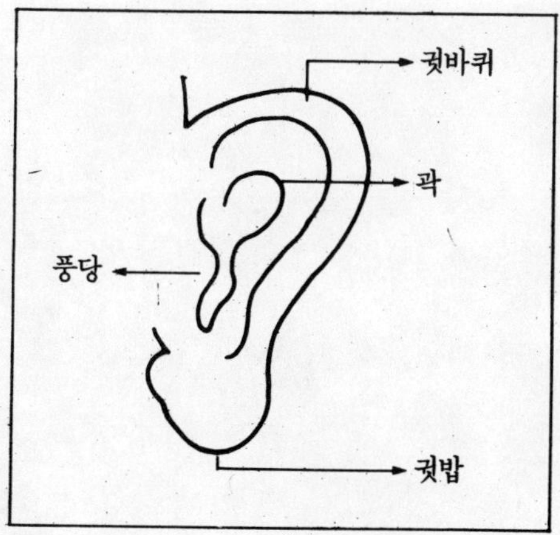

귀의 관상법

귀는 여성의 심벌이다

옛날부터 귀는 성기(性器)를 표시한다고 한다. 아래 그림에
서 보는 바와 같이 짙은 선으로 그려져 있는 푹 패인 부분은
여성이 옆으로 섰을 때의 질(膣)의 형태와 일치한다고 한다.

전체적으로 가느다랗고 입구
가 좁으면 질도 그만큼 압축
성이 있어 쾌감이 크다고 하겠
다. 이 패인 곳의 형태와 입구
의 모양은 천차만별이지만 크
게 다음의 네 종류로 나눌 수
있다. 보통·우량·극상·절품
이란 식으로 질의 신축성은 분

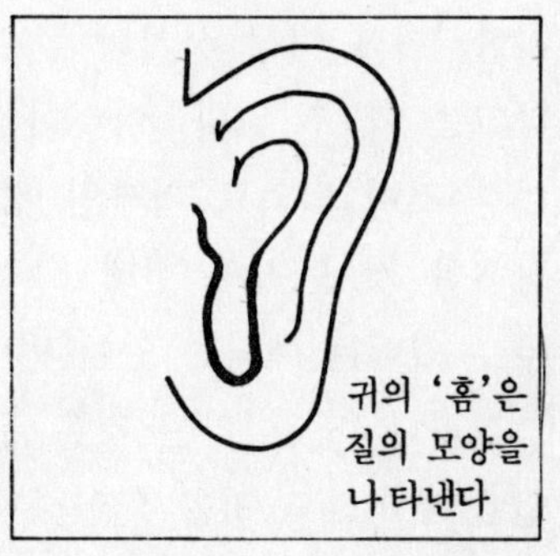

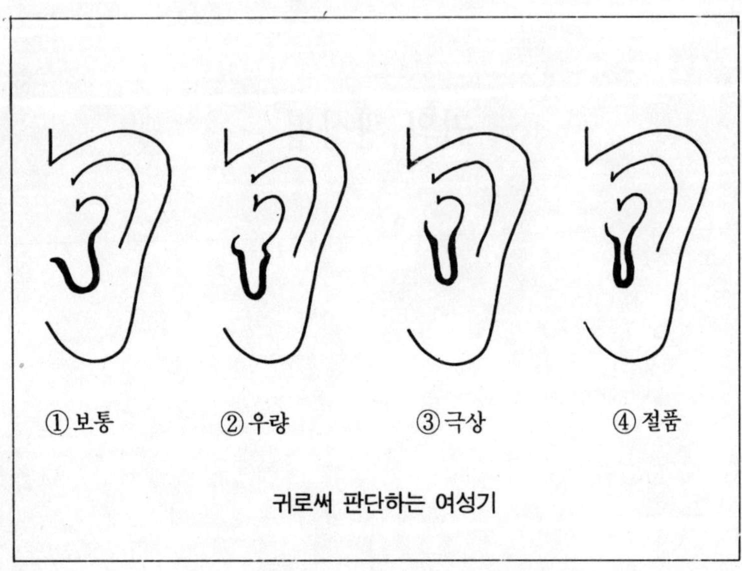

귀로써 판단하는 여성기

류된다. 내 자신의 수치를 털어놓는 것 같지만 예전에 필자가 방탕했던 시절, 이 귀의 분류를 실제로 체험해 보기 위해 매일같이 유곽에 다닌 일이 있었다. 혼자서는 불안하므로 친구를 꾀서 매일 밤 상대를 바꾸어 가면서 시험해 본 것이다.

그 결과, 친구의 상대자와 합쳐 약 80명의 창부를 실제 조사한 '귀와 여성 성기의 관계'는 유감스럽게도 100% 적중했다고는 할 수 없다. 이것이야말로 천하의 명기(名器)라고 기대한 것이 의외로 가짜인 경우가 있는가 하면, 반신반의하고 상대한 것이 귀의 형태 그것과 적중한 적도 있었다. 하기야 무슨 일이든 예외는 있는 법이다.

그러나 버릇이라는 것은 무서운 것이다. 그 뒤에는 어떤 미인을 보더라도 귀를 확인하지 않고는 안심할 수가 없고, 귀의 홈이 넓게 벌어져 있으면 씁쓸한 실망감을 맛보는 것이다. 얼굴이 조촐하고 콧대가 바로 서고 눈동자가 맑은 것이 미인의 조건이듯이 귀의 홈도 여성을 평가하는 한 요소로 생각되었다.

그때부터 이 습관은 변하지 않았다. 아무리 미모로 호평을 받는 영화배우도 사진에서 귀를 보게 될 때 귀의 홈이 크게 벌어져 있으면 그만 맥이 풀리고 만다. 그러나 하늘은 공평하게도 한 사람에게 두 가지 혜택은 주지 않는 법으로, 미인으로 이름난 여배우일수록 귀의 홈이 대체로 넓었다. 아니 미인인 관계로 그것이 한결 더 크게 보이는 것인지도 모르겠다. 어떠한 미인도 그 발이 마당발이거나 균형이 불량할 때는 미인이라고 할 수 없는 법이다.

물론 그 중에는 이것저것 다 갖춘 미인도 있기는 하다. 독자 여러분은 앞으로 이것을 텔레비전 화면이나 사진에서 재발견할 것이다. 내가 여기서 말하고 싶은 것은, 여성 중에는 다만 눈매가 매력적인 데서 남성의 마음을 끄는 여성이 있다. 또 결코 미인은 아니면서도 입술이 말할 수 없이 예쁜 그런 여성도 있다.

마찬가지로 이 귀의 홈이 말할 수 없이 훌륭한 여성도 있다. 그것만으로도 그녀는 남성의 마음을 훌륭히 사로잡을 수 있다는 것을 남녀 결합의 통계만 보더라도 알 수 있다.

옛날이라고는 하나 그다지 멀지 않은 과거에 '귀가리기'라는 머리형(型)이 있었다. 이것이 여성에 있어 가장 귀중한 곳을 호색적인 남성의 눈으로부터 보호하기 위해 고안된 머리모양이었다고 한다면 여성의 철저한 자기 방위에 경의를 표할

만도 하다.

아무튼 확실하게 증명할 수도 없고 예외가 있는 것도 부정할 수는 없지만 귀의 홈의 형태가 질(膣)을 표현하고 있다는 이 설에는 어느 정도의 진리가 있다. 필자의 조사를 토대로 말하거니와 여성은 자신의 샘플을 귀에 달고 다닌다고 할 수 있다.

귀가 밑으로 붙어 있는 여성의 성기는 위에 붙어 있다

흔히 여성의 섹스를 평가하는 데 있어 '위에 붙었다', '아래에 붙었다'고 말한다. 섹스 자체와는 별 관계가 없다는 것은 앞에서도 말한 바 있지만 '위에 붙은 것'이 정상적이며, 성교 때 삽입감(挿入感)도 쉽게 느낄 수 있고(자세도 무리 없이) 성행위를 제대로 할 수 있다.

이와 같은 사실에서 '위에 붙은' 여성을 숭상하는 풍습이 생겼으며, 옛날부터 여성의 용모나 몸집 등으로 이것을 식별하는 방법을 인출해 내곤 했다. 귀의 모습으로 그것을 간단히 판별하는 감정법이 있다.

귀가 눈의 선보다 밑에 붙어 있을 경우, 낮으면 낮을수록 귀인의 상(相)이라 하여 이것을 존중시했는데, 그것이 여성의 경우에는 성기가 '위에 붙어 있다'는 증거라고 하겠다. 그와 반대로 귀가 머리에서 튀어나온 듯 위에 붙어 있는 여성일수록 그것은 '아래에 붙어' 있다. 그 이유는 이러하다.

원래 인간은 다른 동물과 같이 외적의 습격을 귀로써 식별하고 경계해야 할 필요가 있었다. 따라서 귀가 뾰족하게 솟아

머리에서 튀어나온 듯 큰 것이 아니면 안 되었다. 그런데 그것이 점차 진화하여 귀는 다만 음이나 말소리, 아름다운 음악의 곡조 등을 식별하면 만족하게끔 되었다. 말하자면 귀가 아래에 붙어 있으면 있을수록 '진화론'적으로 보다 진화되어 있는 셈이다.

이미 설명한 '위에 붙었다'나 '아래에 붙었다'는 사실과 진화론의 관계를 상기해 보자. 동물 본능이 치열한 정열적인 여성일수록 아래에 붙어 있다.

귀도 이와 같은 사실을 보여 주고 있다. 즉 그녀의 귀의 위치를 보면 진화론적으로 그녀의 성기가 '위에 붙었는지', '아래에 붙었는지'를 판별할 수 있다. 그 성정(性情)도 이해할 수 있을 것이다.

이에 더하여 질(膣)의 대소(大小)까지 알 수 있다고 하면 귀의 존재를 소홀히 할 수는 없을 것이다.

귓불이 작은 여성은 내연(內緣)의 아내에 알맞다

옛날부터 동양에서는 커다란 귀는 복귀라고 하여 장수(長壽)·유복(裕福)의 표징으로 삼아 귀히 여겨 왔다. 그러나 유럽에서는 귀가 큰 사람은 경계심이 강하고 동물적·정력적이며, 실천력은 충분하나 사색형(思索型)은 아니라고 본다. 지성파(知性派)의 귀는 그다지 크지는 않다고들 한다. 동양의 관상학에서는, '귀가 우뚝 솟은 형은 지성적이며 낮게 처져 있는 형은 지혜가 적다'고 했고, '귀가 작은 사람은 마음이 조급하고 눈물이 많으며, 귀가 큰 사람은 마음도 넓다. 귓불이 작은 사람은 성정이 급하나 재주가 있고, 귓불이 크고 두꺼운 사람은 마음이 풍부하고 성실하다'고 한다.

동양식과 서양식 중 어느 쪽이 타당한가는 다른 여러 기관과의 종합으로 판단해야 할 것이다.

여성의 행·불행은 뭐니뭐니 해도 상대방 남성에게 달려 있다. 그리하여 여성의 남성운(男性運)은 귓불의 크기로써 판단된다.

첫째 귓불이 커다란 귀는 복상(福相)이라고 하며, 여성의 경우 그 성격이 명랑하고 감도(感度)가 좋아 남성에게 사랑을 받을 수 있다. 따라서 남운(男運)이 좋다고 하겠다.

이와 반대로 귓불이 빈약한 사람은 물장사 등으로 빠지는 여성이 많으며, 남편 복이 적은 상이라 하겠다. 한 번쯤 결혼에 실패하는 예가 많다. 그 대신 이런 상의 귀는 '동서형(同棲型)'으로서 내연(內緣)의 처가 되기에 알맞다. 남성측에서 말하자면 아내 이외의 애인으로 거느리기에 좋은 조건이라 하겠다. 귓상〔耳相〕에 있어서 이런 여성은 남편운이 적으므로 이와 같은 여성과 결혼한 남성은 그만큼 운이 나쁘다고 할 수밖에 없다. 이런 귀를 과부귀〔寡婦耳〕라고 하는 것도 일리가 있다. 그러나 애인으로 알맞는 형이므로 섹스면에서는 나무랄 데 없는 만족형이다. 따라서 이런 여성을 애인으로 갖는 남성은 요절(夭折)할 우려도 없지 않기 때문에 주의를 해야 한다.

결혼 전의 임신 중절(姙娠中絶)은 아이의 귀에 나타난다

여성이 예전에 임신 중절의 경험이 있나 없나는 태어나는

아이들의 귀를 보면 알 수 있
다. 옛날부터 전해 오는 설에
따르면, 장남으로 태어나는 사
람의 귀는 그 귓바퀴의 아래가
불룩하게 불거져 있지 않다. 즉
귓바퀴의 아랫부분이 튀어나온
남성은 장남이 아니고 차남·
삼남이라고 한다. 따라서 양자
(養子)가 되는 남자의 귓바퀴
는 대부분 아랫부분이 튀어나

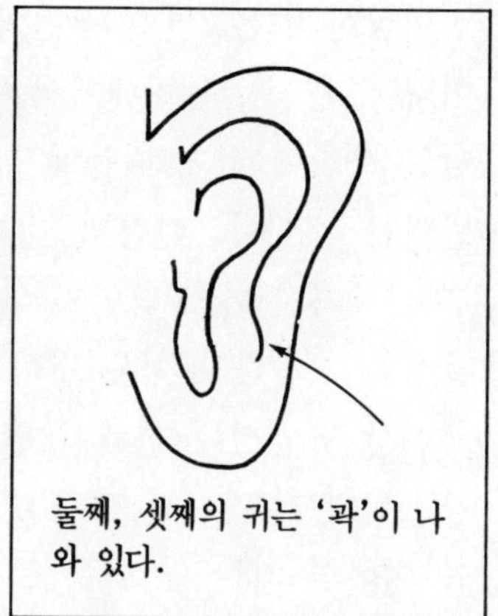

온 사람이 많은 편이라고 할 수 있다.

최근 미혼 여성의 임신 중절이 사회 문제가 되고 있다. 만
일 여성으로서 미혼 때 지나치게 놀아나, 그 결과 임신 중절
이란 형식으로 처리해 버리고 모른 척 결혼하였다고 하여도
처음 태어난 장남의 귀가 장남으로서 특징을 갖추지 못하기
때문에 즉시 그 과거가 드러나고 마는 것이다.

예컨대 결혼 전 두 번 중절하였다면, 결혼 후 태어난 그 아
이는 장남이 아니고 실은 삼남일 수밖에 없다. 그리하여 이
아이는 삼남의 귓상〔耳相〕·골상으로 태어난다.

따라서 그 아이의 귓바퀴는 아랫부분이 불거져 나올 것이
뻔하다. 지나치게 튀어나오지 않는다 하더라도 바퀴가 약간
불룩해 있을 것은 틀림없다.

정상적인 부부 사이에서 경제적 이유로 한 번 또는 두 번
정도 인공 유산을 하였을 때도 이 현상은 속일 수 없어 차남
또는 삼남의 귓상으로 태어난다.

　이상한 일은, 만일 남편이 남모르게 첩을 거느려 서자가 태어나 있을 때, 본처에게서 난 첫아이도 역시 아버지에게는 차남일 수밖에 없기 때문에 그 아이는 차남의 귓상을 갖고 태어난다는 것이다. 관상의 대가들은 아이를 한 번 보기만 하면 그 아이가 진짜 장남인지 아닌지를 알아맞힌다고 한다. 귓상·골상은 그만큼 무서운 것이다.

　이상은 남성에 한해서 말할 수 있을 뿐, 여성의 경우는 유감스럽게도 ‘장녀의 귓상’이란 것은 없다. 그리고 중절한 아이가 여아일 때는 몇 번을 중절하더라도 최초의 남자 아이는 장남의 귓상을 가지고 태어난다.

　이 경우는 임신 중절의 여부는 귀로써는 판단할 수 없게 된다. 그러나 처음 태어난 남자 아이가 장남의 귓상을 갖고 있지 않을 때, 이 어머니는 예전에 적어도 한 번은 남자 아이를 중절한 셈이 된다.

　이와 같은 무서운 사실을 안다면 결코 임신 중절 따위를 해서는 안 된다는 것을 여성들은 명심해야 할 것이다. 물론, 여성이 임신 중절을 해야만 하는 사정은 그 책임의 절반을 남성이 져야 할 것이기 때문에, 남성은 호적상의 부부이고 아니고 간에 항상 임신에 대한 예방책 없이는 섹스 행위를 해서는 안 된다.

　비록 상대방 여성이 승낙하더라도, 또 세상은 모를지라도 태어나는 아이는 중절 후의 귓상을 갖추고 있는 것이다. 그리고 한평생 이 귀의 상은 변하지 않는다. 슬프게도 당신의 장남은 귀의 상에 있어서 차남이란 낙인이 찍히고 만다. 이것은 도의적으로나 인간적으로나 중대 문제가 아닐 수 없다.

당신은 이 경우, 자기 자식에 대해 한평생 책임을 져야 한다. 아무쪼록 남녀의 사랑에 있어 신중을 기해야 한다. 장래에 태어날 사랑스런 자식을 위해서 말이다.

귀가 붉은 여성은 호색적(好色的)이다

귀가 불룩하고 큼직하며 보기 좋게 생긴 사람은 원래 총명하다. 이것은 총명의 '총(聰)'자가 귀이(耳)변인 것을 보아도 알 수 있는 사실이다.

그리고 양심(良心), 즉 마음의 소리를 듣는 것도 역시 귀〔耳〕다. 마음의 소리를 듣기 때문에 수치〔恥〕를 알게 된다.

이와 같이 귀는 원래 육체적인 것이라기보다는 심리적인 의미를 포함하고 있는 기관이며, 상징으로서의 여성기(女性器)를 외견상 판단하는 외에는 성욕의 강약 따위는 귀의 모양이 아니고 오히려 그 색깔로써 판단한다.

여성으로 혈색은 보통인데 귀만이 항상 발그레한 사람은 몹시 섹스를 좋아하며 색이 강하다. 귓불이 불그레한 여성도 호색적이다.

남성의 경우에도 피부색에 비해 귀에 붉은 색이 짙은 사람은 호색가라고 보아도 무방하다.

귀에 사마귀가 있는 사람은 색난(色難)의 상이라고 하지만 어찌된 일인지 효자(孝子)에게 이 사마귀가 많다.

귀의 혈색은 대체로 그 사람의 혈액순환을 나타내므로, 이른바 '혈액순환이 나쁜 사람'은 침침하고 시원찮은 귀를 갖고 있다. 그와는 반대로 발달하고 긴장해 있는 사람은 귀의 혈색이 무척 좋다. 만사에 걸쳐 능동적이면 자연 그것이 귀에 나타나고, 또 성욕의 강약도 귀의 빛깔 여하에 따라 판단할 수 있다.

풍당(風堂)이 작은 사람은 장수(長壽)할 수 없다

귀의 모양은 원래 유전적인 것이다. 그 부모의 귀 모양을 타고나는 것이다. 앞에서 예를 든 것과 같이 차남·삼남〔養子型〕의 귀는 귓바퀴 아래가 튀어나와 있다고 하더라도 그 부모와의 비교상의 문제이며, 여기서 말하는 풍당(風堂)이라는 것은 귓구멍의 입구를 가로막고 있는 돌출부를 말한다. 36페이지의 그림을 참조하라. 부모의 귀에 비해 이 풍당이 작은 사람은 단명(短命)한다고 한다. 단명하는 것은 부모와의 비교에서가 아니라 일반적인 뜻에서 하는 말이다.

물론 풍당은 작더라도 수상(手相)에서 생명선(生命線)이 긴 사람도 있다.

대체로 관상술이란 종합적인 판단으로 결정해야 된다는 것을 잊어서는 안 된다. 예컨대 비록 당신의 풍당이 극단적으로 작다고 해서 자기는 단명한다고 결정짓지 말아야 한다. 이 책에서 말하는 것은 어디까지나 관상술에 있어서 각 부분의 하나의 단서에 지나지 않는다.

다음에 귓구멍에 잔털이 아닌, 모발과 같은 센 털이 나 있는 사람이 있다. 귀털을 인상학에서는 '이호(耳毫)'라고 하여 몹시 귀중시하는 장수(長壽)의 상(相)으로 본다. 눈에 거슬린다고 하여 뽑아 버리는 일이 있어서는 결코 안 된다.

　이 외에 좌우의 귀가 눈에 띄일 정도로 크기가 다른 것은
그 부모의 어느 쪽과 인연이 없다는 표시라고 한다. 오른쪽
귀는 어머니, 왼쪽 귀는 아버지. 따라서 오른쪽 귀가 왼쪽 귀
에 비해 너무 작을 경우 어머니와 인연이 없어서 일찍 사별한
다든가 생이별을 한다고 한다. 왼쪽 귀가 지나치게 빈약할 때
는 그 반대이다.

눈의 관상법

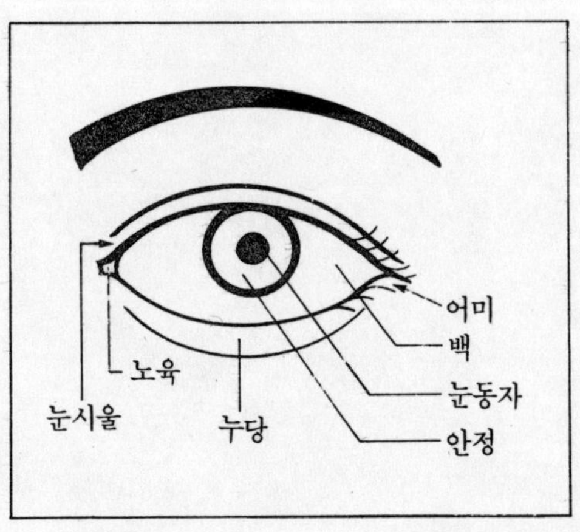

눈의 관상법

눈이 큰 남성은 설득의 명수

이제부터는 인상학에서도 가장 중요하다고 할 수 있는 안상(眼相)을 살펴보도록 하겠다. 눈은 특히 귀중한 뜻을 지니고 있기 때문에 소상하게 설명할 필요가 있다.

'눈은 입만큼 말을 한다'고 하는 것은 지당한 이치로 눈이 큰 사람은 말소리도 크다. 성량(聲量)의 크기와 눈의 크기는 일치한다. 가수로서 노래를 잘 부르는 사람은 눈이 둥글고 입도 크다. 그리고 치열(齒列)이 고르다. 아무튼 눈의 크기와 성량은 정비례한다. 즉, '눈은 입에 못지않게 말을 한다'라는 것을 알아야만 한다.

그런데 얼굴에 비해 눈이 큰 사람은 대체로 음질(音質)이 훌륭할 뿐만 아니라 음감(音感)·리듬감(感) 등이 발달하여 무용에도 능란하다. 성격은 활발하고 감수성이 풍부하며 말재주도 있다.

이것은 남성의 경우도 마찬가지여서 설득력이 강하고 연애의 테크닉이 뛰어난 사나이는 대개 눈이 큰 것 같다. 이런 사나이는 솔직담백하여 표면상으로는 여성을 설득하는 것을 몹시 싫어하는 듯하면서도 어느새에 벌써 여자의 마음을 사로잡는 타입이다. 말하자면 한량이라 할 수 있다.

이와는 반대로 눈이 작은 남성은 설득이 졸렬하다. 물론 설득력과 인기는 별문제이지만, 눈이 작은 남성은 설득력이 없다고 보면 대체로 맞는다.

미남이면서도 빨리 장가를 못 가는 사람을 흔히 볼 수 있는데 주로 설득력이 약하기 때문이다.

눈이 작은 사람은 설득력이 빈약하긴 하지만 치밀한 일에 정신을 쏟는 성향이 있어 뭔가 사회를 위해 뜻 깊은 일을 하려고 노력하는 타입이다.

작가들은 대개 눈이 작은 편이며 화술이 없고, 따라서 여성을 설득하는 재간은 낙제에 가깝다.

하긴 작가는 원래 치밀한 일에 열중하는 그것에 긍지를 느끼는 기질의 사람들이고 보니, 힘들이지 않고 연애를 즐기는 플레이보이식 타입이 아님은 그 조그마한 눈을 보더라도 알 수 있다.

여자를 사냥하려거든 눈이 큰 여성을 겨냥하라

눈이 큰 사람 중에는 악인이 없다고 한다. 여성이 그렇다.

눈은 마음의 창으로, 눈이 큰 여성은 마음도 개방적이므로 무엇을 감추고는 배길 수 없다. 알려서는 안 될 정사(情事)에 관해서도 결국 털어놓고 만다. 성격은 양성이다. 이런 말을 쓸 수 있다면 그녀는 섹스에 있어서도 개방적이라 하겠다.

눈이 작은 여성보다 눈이 큰 여성이 유혹에 쉽게 말려든다. 큰 술집에 두 사람의 여성이 있다고 하자. 둘 다 막상막하의 미인이다. 이 때 눈의 크기를 보고 선택하면 성공률은 100% 이다.

그런데 이 두 여성이 모두 큰 눈의 소녀늘이라면 미간(眉間)이 넓은 여성이 한결 쉽게 함락된다.

그 이유는 다음과 같다. 대체로 눈과 눈 사이에 또 하나의 눈이 들어갈 수 있는 정도가 성인(成人)의 표준이며, 아이 때는 이 간격이 몹시 좁다가 성장함에 따라 점점 넓어진다. 그러므로 아이가 미간이 넓은 것은 조숙함을 뜻하는 것이며, 색에 일찍이 눈을 떴기 때문에 남성의 유혹에 쉽게 말려들 것이다.

한편 여성측에서 눈이 작은 남성과 눈이 큰 남성을 놓고 볼 때, 후자가 훨씬 정력적이며 또 담도 크다고 할 것이다.

눈이 큰 남성은 돈을 빌리는 데도 능숙하며, 상관에게도 잘 보여 자기 운명의 개척에도 그만큼 능숙하다. 여성에게 선물도 자주하며 노는 데 있어서도 여성을 조금도 권태롭게 하지 않는 타입이다. 말하자면 멋있는 남성이라 할 수 있다.

눈이 작은 남성은 이와 반대로 원래가 꼼꼼한 성격이어서 돈벌이도 졸렬할 뿐만 아니라 사교도 서툴러, 연애는 물론 기회를 포착하는 데도 남에게 뒤져 실패하는 편이며 오히려 이런 방면에 능숙한 사람을 경멸하는 성격이다.

그 대신 실속이 있다고 할까. 이 중 어느 쪽을 선택하는가에 따라서 여성의 장래가 결정되는 것이다.

사팔뜨기 여성은 섹스에 뛰어나다

예로부터 사팔뜨기 여성은 섹스에 뛰어나다고 전해 내려온다. 사실이 그럴까?

영화 감독들의 말에 따르면 영화·텔레비전의 러브 신에서 가장 힘든 것이 눈동자의 처리라고 한다. 즉 눈이 재주를 부려야 한다는 것이다.

각본이 아무리 잘 되어 있고, 아무리 명배우의 연기라 하더라도 인간인 이상 싫은 배우를 상대로 한 러브 신은 그 눈에서 마각이 드러나고 만다고 한다. 더구나 근접촬영(近接撮影)의 경우 진정으로 사랑하지 않는 배우와의 러브 신에서 반한 듯이 꾸민 연기는 오히려 추잡스런 결과를 가져온다는 것이다. 시청자와 관중들은 속일 수 있어도 전문가들의 눈은 속일 수가 없다. 여기서 감독들은 마지막으로 식은땀을 흘려야 하는 경우가 많다는 것이다.

이 점에서 사팔뜨기 여성의 경우(실제에 그런 배우는 없겠지만) 초점이 흐려 있기 때문에 키스 또는 포옹 등으로 서로의 얼굴을 맞댈 경우에도 그녀의 눈이 어디를 보고 있는지, 무엇을 생각하고 있는지 가늠하기 곤란하므로 오히려 연극으로서의 열의 없음을 감출 수도 있다는 것이다. 따라서 연극에 열중할 수도 있다.

"그만큼 러브 신에서는 눈의 표정과 움직임이 중요하지요."
하고 어떤 영화 감독은 말했었다.

"연극이 아니고 실제 여성과 동침할 때도 그래요. 대체로 여성들은 섹스에 무드가 치솟으면 눈을 감습니다. 키스할 때 눈을 뜨고 있는 여성은 별로 없지요. 그러다가 성감이 높아지고 클라이맥스에 도달할 무렵이면 헛소리를 속삭이며 반쯤 눈을 뜨는 게 보통이죠. 그러나 중년의 나이쯤 되면 자기의 쾌감을 얻기 위해 허리의 동작은 하지 않고 상대방을 즐기게 하기 위해서, 성교를 계속하면서 여자에게 얘기를 겁니다. '어이, 날 쳐다봐.' 그러면 상대는 대견한 듯이 물기 어린 눈빛으로 쳐다보면서 '왜요?' '어때?', '좋아요'라고 말하지요."

이럴 때 사팔뜨기 여성은 그 초점이 마치 황홀경에 이른 듯한 눈을 하고 있다. 그것을 보게 되면 중년 남성의 정욕은 맹렬히 타올라 성감은 자극을 받게 된다. 기브 앤드 테이크(give and take)이다. 항상 여성을 즐기게 해 주고, 여성이 즐기는 것을 보고 자기도 즐기는 것이다. 남자란 그런 것이다. 그것을 버릴 수 없는 것이 곧 여성들의 즐거워하는 그 모습을 잊지 못해서이다. 그렇기 때문에 사팔뜨기 여성이 초점 흐린 눈매로 멍청히 바라볼 때 남성은 짜릿해진다. 말할 수 없는 정감이 그 눈에 서려 있기 때문이다.

즉 사팔뜨기가 좋다는 것은 섹스 그 자체보다 센티멘털한 면에서 좋다는 것이다.

필자 역시 같은 의견이다. 베드 매너에 있어 사팔뜨기 여성은 무의식적으로 남성의 자존심을 만족하게 해 준다. 심리적으로 남성이 만족감을 맛본다는 것, 이 여성을 만족시켜 주었다는 자부심은 남성이란 원래 여성을 동정하기 위한 동물이지 결코 남성의 그것 자체가 좋아서가 아니다.

사팔뜨기에 관한 또 하나의 인상학상의 문제는 치뜨는 사팔뜨기냐, 내리뜨는 사팔뜨기냐는 것이다. 치뜨는 것은 무난하나 내리뜨는 것은 운명적으로 가정불화의 상이라고 한다.

그리고 남성으로서 작은 눈의 사팔뜨기는 부정한 색정(色情)에 탐닉하는 음란한 안상(眼相)이라고 한다.

코끼리 눈의 남성은 만년에 대사업가가 될 상이다

눈이 큰 사람 중에는 그 눈이 활기를 띤 사람과 흐릿한 사람이 있다. 힘찬 눈을 가진 사람은 사물에 대한 구상이 크고 언변이 좋기 때문에 비범한 수완가로서 대사업을 할 능력(能力)를 가진 인물이다.

하지만 눈만 클 뿐 몸집이 작고 보통 정도의 살이 오른 사람은 한낱 향락주의적인 성격의 소유자로 청춘을 화려하게 보낼 상이다. 조숙하고 화려한 청춘을 즐길 뿐 그것으로 그치고 만다.

큰 포부를 이룩하기 위해서는 눈이 클 뿐만 아니라, 체구도 그에 못지않게 커야만 한다. 그런데 어찌된 셈인지 눈이 큰 사나이 중엔 키 작은 사람이 많다.

그리고 눈의 길이도 폭도 없이 무조건 작은 눈을 가진 사람은 소담하고 기질도 협소한 사람인데, 무턱대고 살만 찐 사람에게 이런 눈이 많다. 여윈 사람 중에 오히려 눈이 선명한 사람이 많은 것이다.

비만형에다 눈이 가느다란 사람은 일견 유화한 성품같이 보이지만 실은 야물고 인색하기 그지없는 심약자이다. 이런 사람은 만년에 이르러 불행해진다고 한다. 그러나 작은 눈이라 할지라도 길게 째어진 눈은 별문제이다.

이것은 중국식 관상에서 '코끼리 눈'이라 하여 사색가(思索家)의 눈이라 하는데, 코끼리 눈과 같이 가느다랗고 길게 째진 눈을 말한다. 사람은 생각을 깊이 할 때 자연히 눈을 가느다랗게 뜨게 된다. 그러므로 가늘고 길게 째진 눈은 사고력이 풍부한 자비심 있는 상이라 하겠다. 이런 눈을 가진 사람은 부귀의 상으로 만년에는 자선 사업을 성취할 사람이다. 그러나 원래 성격은 음울한 편임을 부정할 수 없다. 눈이 작은 사람은 이 점이 특징이다.

눈망울이 튀어나온 여성은 젊어서 과부가 된다

남성의 눈망울에 관해서는 이미 언급을 했고, 여성 중에도 눈망울이 동그란 사람이 많다.

동그란 눈이란 눈의 상하의 폭이 넓은 사람을 가리킨다. 즉 약간 동그랗게 보이는 것인데, 이런 눈은 간간이 툭 튀어나온 듯한 느낌을 준다.

이런 눈의 여성은 과부가 된다고 한다. 말하자면 남편이 요절하는 것이다. 남편이 요절한 뒤라도 남편에 대한 두터운 애정으로 개가를 하지 않고, 언제까지나 망부(亡夫)의 모습을 그리며 평생을 과부로서 시종하는 형이다.

대체로 여성이 지나치게 퉁방울이 되는 것은 갑상선(甲狀線) 호르몬의 분비와 관계가 있으며, 사춘기에 성적으로 성숙해지면 갑상선이 발달하여 목이 굵게 된다. 그 도가 지나칠 때 바제도병(病)이 되고 따라서 눈이 튀어나오게 된다. 좋게 말하자면 격정가이다.

아무튼 퉁방울을 지닌 여성은 초혼을 지켜 나갈 수 없다는 설도 있어 이런 여성과 결혼하는 남성은 일단 각오할 필요가 있다.

그리고 남성의 퉁방울에 관한 관상학 교본에는 다음과 같이 기록되어 있다.

"이 안상(眼相)은 보통 장사나 관공서에는 어울리지 않고 예능 방면이나 기술 관계, 말하자면 머리 대신 손재주를 부리는 직인적(職人的) 재능을 타고난 사람의 상이다. 손재주가 있고 바보처럼 우직하며 쾌활한 성품이다. 한편 쾌활하지만 변덕이 심해 생각이 얕고 성급하다. 그리고 대언 장담하는 거짓말쟁이가 많고 엉터리 같은 말을 예사로 하는 사람이다. 운명적으로는 중년에 이르러 재물을 탕진할 상이며 저축심이라고는 전혀 없는 상이다."

각안(角眼)의 여성은 생리기(生理期)에 미친다

각안(角眼)이란 것은 57페이지의 그림과 같은 눈으로서 보통 삼각안(三角眼)을 말한다.

이 눈은 위의 눈꺼풀은 반반하게 일직선인데 아랫부분이 삼각형으로 되어 있고, 반드시 아래가 세모꼴로 끝이 뾰족하며

위는 직선(이와 반대형은 있을 수 없음)이다.

\이런 눈을 한 사람은 남성의 경우 몹시 다변가로서 입담이 좋으나 그만큼 성실성이 희박한 박정가이다.

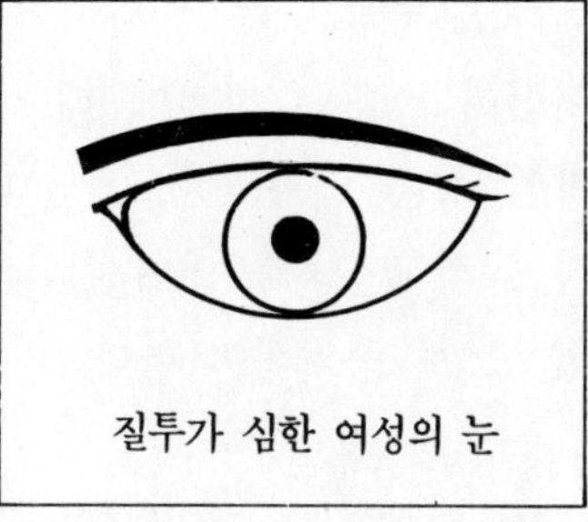

여성의 경우는 생리기간 동안 이상심리에 빠지기 쉽고, 때로는 정신착란을 일으켜 남을 살해하는 무서운 인상이라 하겠다. 옛날에는 이 삼각안의 부인은 싱적으로 이상형(異常型)이며 남편을 잡아먹는 상이라고 했다. '성적 이상'이란 다름아닌 질투로만 미치광이가 될 수 있는 것으로서, 이런 여성은 감정가로 외곬으로 달리는 편협한 타입이다. 성기에 결함이 있는 것은 아니나, 이른바 '악녀의 집념'형인 여성으로 대체로 미인이 없다는 것도 그 특징이다.

한편 옴팡눈이라 하여 외국인에게선 눈알이 푹 들어간 사람을 많이 볼 수 있다. 이것은 변덕이 심한 얼굴형이라고 문학적으로 흔히 표현하지만, 외견상 무척 호남(好男)형으로 보이기는 하나 실은 동양인의 풍모로서는 그다지 좋은 상이라곤 할 수 없다. 옴팡눈은 응당 미구(眉丘)가 솟아나고 눈썹과 눈알 사이가 좁고 살이 얇아 보기에는 무척 신경질적인데, 무슨 일이나 착실히 자기 손으로 해내는 견실한 성품이기도 하다. 말하자면 남에게 의지하지 않는 성품이라고 할 수 있다.

이런 인상은 뒤에 '눈썹'의 장에서 말하겠지만, 부모의 유산을 유지해 갈 수 없는 상이기도 하다. 그다지 옴팡눈은 아니더라도 눈썹과 눈알 사이가 좁은 사람은 대체로 그의 양친이 어렵게 지내던 시절에 태어난 증거이기도 하다. 어느 쪽인가 하면 성격이 과격하고, 남녀를 불문하고 남에게 지기를 싫어 하는 외고집. 특히 여성의 경우에는 섹스에 탐닉하는 성향이 있으므로 주의해야 한다.

삼백안(三白眼)의 남성은 처자와의 인연이 희박하다

삼백안(三白眼)이란 눈이 있다.

요즘의 젊은 사람들은 귀에 익지 않는 말이겠으나 아래 그림 ①과 같이 눈동자가 윗눈꺼풀 쪽으로 치우쳐 흰자위가 동자의 좌우와 아래의 세 곳에 넓게 퍼져 있다고 해서 '삼백안' 이라고 한다. 사람을 노려볼 때 이와 같은 눈이 된다.

이런 눈의 소유자는 자신감이 강하고 고집이 세 출세는 할 수 있지만, 처자와의 인연이 희박하고 중년에 이르러서는 일신을 망치고 재물을 탕진하는 수가 있다.

또 골목대장으로 우쭐대는 성격 때문에, 옛 상서(相書)에는 '삼백안(三白眼)에 검난(劍難)이 있다.'고 기록되어 있다.

같은 삼백안에도 '상삼백(上三白)'이라 하여 그림 ②와 같

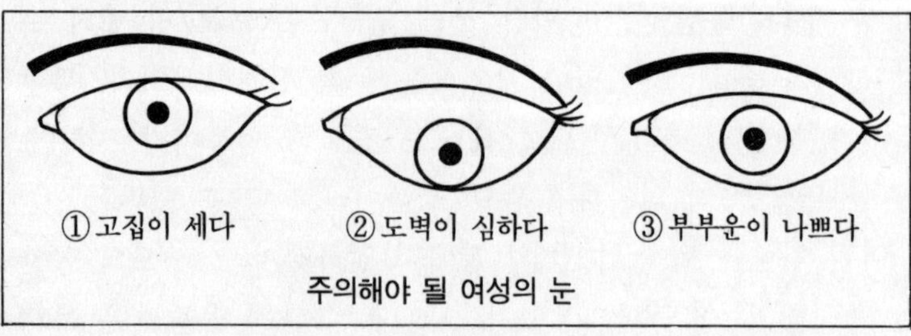

이 눈동자가 가라앉은 눈, 즉 위와 좌우가 공백이 되어 있는 눈은 뱀눈이라고 하여 성격이 극히 음침하고 도벽이 있는 범죄형이다.

평소에는 말 없이 시치미를 떼고 있지만 자기와 이해관계가 있게 되면 당장에 본성을 드러내고 어떤 악한 일도 할 수 있는 위험 인물이다. 그런 점은 '하삼백(下三白)'이 골목대장 중에서도 의(義)를 존중하고 사물에 있어 자기 고집을 관철하려고 하는 것과는 판이하다. 그런 까닭에 중년에 이르러 재물을 파한다. 상삼백(上三白)은 뱀눈이라고 불리는 만큼 집념이 강하고, 선악의 판단에 띠르지 않고 어디까지나 자기 이익을 추구하는 사람이다.

또 이것은 극히 드문 예이기는 하나 사백안(四白眼)이란 것이 있다. 그림 ③과 같이 흰자위가 동자의 사면에 깔려 있는 눈을 말한다. 이 눈은 남성의 경우 극악무도하여 자기 주인인 상사를 죽이는 일쯤은 예사로 여기는 무서운 인상으로 광란의 눈이며, 여성의 경우는 난산(難産)의 상이라 하며, 또 호흡기질환(주로 폐결핵)에 위험이 있다고 한다.

그리고 중년에 이르러 치정관계로 신세를 망칠 우려도 있기 때문에 이런 인상의 소유자는 필히 조심해야 할 것이다.

그리고 남녀 할 것 없이 이런 눈은 부부운(夫婦運)이 좋지 않으므로 대개 신분이 안정되지 않고, 이런 점에서도 고생을 면치 못한다. 남성의 경우 처운(妻運)이 무난할 때는 질병으로 고생해야 하는 손상(損傷)이다. 당신의 연인이 이런 눈을 가진 소유자라면 결혼은 단념하는 것이 상책이다.

여성의 경우에는 대체로 골반이 좁고 전택궁이 벌어져 있을 때는 그런 위험을 면할 수 있다. 그러나 남편운이 나쁜 것은 말할 나위 없고, 미모의 소유자라 하더라도 병약하거나 범죄와 관계 있는 남성을 택하게 되므로 중년에 이르러 곤궁하게 될 상이다. 참으로 불쌍한 운세라 하겠다.

눈은 무엇보다 보통 사람과 같이 좌우에만 흰자위가 보이는 이백안(二白眼)이라야만 하겠다.

눈이 맑은 여성은 히스테릭한 성격이다

흰자위는 원래 연한 황색이며 이것만은 인종의 차이가 없다. 푸른 눈의 외국인도 눈동자가 푸르다뿐이지 흰자는 연한 황색을 띠고 있다. 그런데 이 흰자위가 희미하게 검은 빛으로 물들고 좁쌀만한 점이 생기는 수가 있다. 그럴 때는 회사나 직장, 사업, 가정 등에서 심한 걱정거리가 있는 표시라 하겠다. 심한 걱정거리가 눈을 흐리게 만드는 것이다. 이럴 때는 대체로 눈꼬리 부분이 빨갛게 충혈되는데, 운도 나쁘지만 아무리 허덕여 봐도 별 신통한 수가 없다. 초조하게 굴지 말고 흰자위가 밝아질 날을 기다릴 수밖에 없다.

그리고 같은 연한 황색이라도 흰자위가 어둡게 핏발이 질 때는 섹스 과잉이라 보아도 틀림없다. 필자가 중매를 선 어느 부부가 신혼여행에서 돌아와 인사차 찾아왔는데, 신부의 두 눈이 발갛게 핏발이 선 것을 보고 놀랐다.

대체로 신혼 시절은 신랑측이 넘치는 정열로 신부를 괴롭히지만 신부는 의외로 별 변화가 없는 것이 보통이다. 나이에 어울리지 않게 신랑은 성희(性戱)의 명수로, 신부를 주야로 못살게 굴어 실신케 한 모양이다.

그러나 '그 점을 좀 삼가는 게 좋을 것'이라고 그에게 충고
할 수는 없어서, 너무 심하게 하면 훗날 지나치게 재촉을 받
아 감당하지 못하게 될 것이라고 반 농담삼아 일러 주었다.
그런데 약 반 년 후, 신부는 유산이 원인이 되어 병석에 눕고
말았다. '전후에 강하게 되는 것은 여성과 양말'이란 말도 있
지만 이런 맹자(猛者)도 있는 셈이다. 믿음직하다 할까, 불쌍
하다 할까, 말못할 심정으로 두서너 차례 그녀를 문병한 일이
있음을 기억한다.

그와 반대로 흰자위에 푸른 빛이 도는 것은 원래 여성에게
서만 볼 수 있는데, 이것은 생식기의 발육 불완전에서 오는
현상이다. 청순하고 병약하고 다정다감한 소녀일수록 흰자위
가 푸른 빛을 띠게 된다. 남성에게는 그녀의 눈이 곱고 맑고
청순하게 보여 호감이 가지만 실은 성숙하지 않은 풋과일과
같다. 푸른기가 있는 동안은 열매는 아직 익지 않고 단단할
뿐이다. 20세를 넘어서도 흰자위가 푸르스름한 여성은 음모
(陰毛)가 엉성하고 히스테리 증상을 띠게 된다. 감정만 앞세
우고 쉰 맛이 풍기는, 도무지 남성을 만족스럽게 받아들일 만
한 정도는 아닌 것이다.

갈색(褐色) 눈의 여성은 박정하다

흰자위가 갈색을 띠고 흐릿한 눈을 한 남성은 여성의 원한
을 사고 있는 증거라고 인상학에서는 말하고 있다. 물론 점술
(占術)과 비슷하여 '맞는 것도 팔괘(八卦)요, 맞지 않는

것도 팔괘'라고 하지만, 그를 꺼안고 서로 얼굴을 맞댈 때 '핸섬하구나, 그인…….' 하고 흠뻑 반하기 진에 무엇보다 그이외 흰자위를 들여다볼 일이다. 흰자위가 우중충하게 흐려 있을 때는 무엇보다 여성 관계가 있음을 간파할 일이다. 그리고 흰자위와 동자의 윤곽이 흐려 보일 때는 그 남성은 일생 동안 별로 햇빛을 보지 못할 불운임을 짐작하고 결혼을 재고하라.

또 일반적으로 갈색 눈이라 하여 안정(眼睛)이 갈색 줄무늬로 보이는 사람은 몹시 잔인한 성격으로, 좋게 말하면 냉정한데 인간에 대한 성의가 없고 모략자라 볼 수 있다. 자기에게 불리한 여성일 경우, 어젯밤까지 달콤한 말로써 속삭이던 여성도 언제 봤냐는 듯 차 버리고 냉정하게 돌아서는 돌과 같이 차가운 성정으로 연애 상대로는 적당할지 모르지만 장래를 함께 할 만한 남성은 못된다.

한편 여성으로서 안정(眼睛)이 갈색인 눈은 타고난 음부(淫婦)이다. 인정미가 있는 듯하면서 실은 박정한 여성이다. 어찌된 셈인지 둥근 눈의 여성에게 이런 상이 많다.

그리고 눈알이나 안정의 색깔과는 관계 없이 눈동자가 작은 사람은 의지가 강하고 지조가 견고하여 돌다리도 두드리며 건너가는 확실한 사람이다.

이와 반대로 눈알이 큰 사람은 감정가로서 때때로 충동적으로 경솔한 짓을 저지르게 된다. 육감은 예리하나 인내력이 아쉬운 상이라 할 수 있다. 그런데 입을 꼭 다물면 동공이 축소되어 작게 보인다고 한다.

입을 멍청히 벌리고 있는 아이일수록 눈동자는 퍼져 보이는 법이다. 어른들도 동공이 작게 —— 의지 견고하게 보이기 위

해서는 되도록 입을 다물고 있는 습관을 들여야겠다. 의지가
산만하고 동공이 큰 사람은 좋은 운수도 놓치고 만다.

눈썹이 긴 여성은 성기(性器)가 미숙하다

눈썹이 길고 거뭇한 여성은 보기에는 매혹적이지만 흰자가
푸른 것과 같이 병약하고 허약한 체질의 태생으로 이따금 성
기도 미숙한 편이다. 그런 반면 정신적인 면에서는 조숙하지
민 취급하기 곤란한 상이다.

그리고 눈썹이 거의 없는 사람은 성격이 교활하기 그지없으
며 재질은 뛰어나나 특히 주의해야 할 것은 눈썹이 없는 여성
의 경우——이런 여성은 태어나는 아이에게 열성유전(劣性遺
傳)을 하기 때문에 불구·기형아를 낳는 율이 높다.

눈썹이 많은 여성은 손재주가 있다. 자수·생화·피아니스
트 등 예능으로 입신한 여성은 아무튼 눈썹이 많고 길다.

그리고 마작이나 카드놀이를 할 때 눈썹이 눈을 찌르는 듯
늘 손끝으로 눈을 문지르는 사람은 재수가 없다고 한다. 눈에
손이 자꾸 가는 사람을 큰 봉이 될 전조라고 어느 도박자는
말하고 있다. 상학(相學)에도 '재산이 사라지려고 할 때 눈썹
이 눈을 거역한다.'고 하고 있다. 전혀 근거 없는 말은 아닌 듯
하다. 마작을 할 때 자꾸 눈을 문지르는 상대가 있다면 그 사
람은 재운의 여신(女神)으로부터 버림을 받았다고 간주하면
된다. 데이트의 경우도 마찬가지이다. 그이 또는 그녀가 눈에
먼지가 들어간 것 같다고 자꾸 눈을 비빌 때는 마음먹은 일과
되어가는 사태가 어긋남을 증명해 주는 것으로, '강제적 수단

으로' 정복을 하든지, 아니면 '바이바이' 하고 헤어지든지 어
느 쪽을 택해야 힐 양자택일의 순간이다. 어느 쪽으로도 당신
이 하는 그 방향으로 사태는 진전되게 마련이다. 이날만은 이
상할 정도로 적중하게 된다.

쌍꺼풀의 남성은 여성 때문에 좌절한다

속칭 쌍꺼풀 눈이란 이중(二重)으로 된 눈꺼풀을 말하며,
주지하는 바와 같이 윗눈꺼풀이 두 겹으로 된 눈, 여성들의
경우 이런 눈은 앳되고 동그랗게 보이므로 예능 방면의 인물
들이 즐겨 정형하여 이중으로 만드는 예가 많다.

잘 주의해 보면 쌍꺼풀에도 주름이 눈꺼풀 위에 하나처럼
붙어 있는 경우(그림 ①)와 떨어져 있는 경우(그림 ②)가 있
다. 상학(相學)에서는 전자를 정실(正室)의 눈, 후자를 첩
(妾)의 눈이라 하여 구별하고 있다. 정형술이 발달한 오늘날
에는 일률적으로 단정하기란 어렵지만 옛날(타고난 대로의 쌍
꺼풀)에는 그와 같이 판단해 왔다.

왜냐하면 쌍꺼풀이 눈꺼풀에서 또렷이 갈라진 여성은 정조
관념이 없다. 음부(淫婦)에게 이 같은 쌍꺼풀이 많은데 '쌍꺼

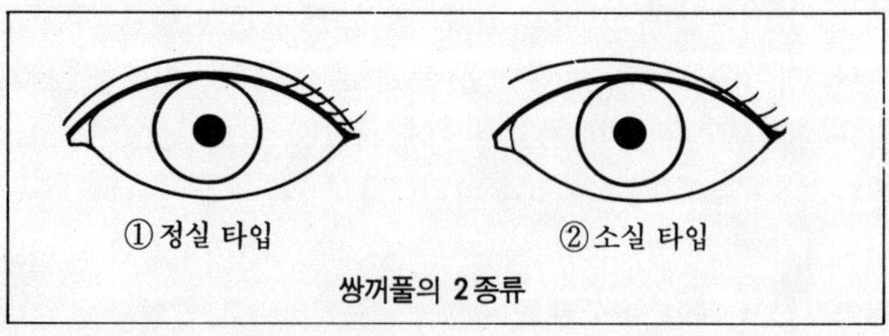

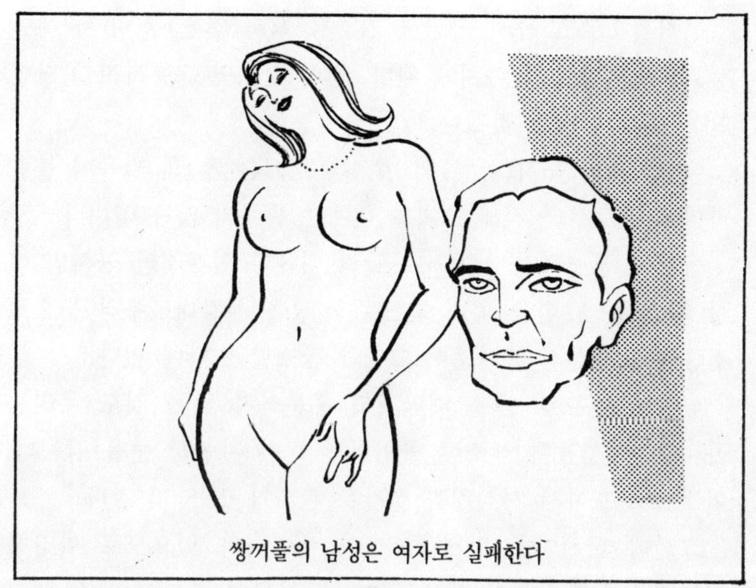

풀이 끝에서 갈라져 있는 여성은 아내로 얻지 마라'고도 한다. 이런 사실에서 정실(正室)과 첩의 구별이 생긴 것이다.

　남성으로서 이중·삼중으로 된 눈꺼풀은 여난(女難)의 상이라 한다. 여자에게 인기가 있어 여자로 말미암아 몸을 망치는 상(相)으로, 이런 인상의 남성은 무엇보다 여자에게 조심할 필요가 있으니 주의를 기울여야 한다.

근시(近視)의 여성은 여간해서 흥분하지 않는다

　눈꺼풀 위에 세 가닥 정도 가로로 주름이 진 사람이 있다. 이것은 주로 노인들에게서 볼 수 있지만 젊은 사람이 이런 경우는 횡사(橫死)의 상(相)이라 하겠다.

성격적으로도 몹시 성급한 기질로 객사(客死)를 면치 못할 상, 비참한 최후를 마치게 된다. 현대 같으면 교통사고를 당할 안상(眼相)이라고 하겠다.

여담이지만 근시(近視)의 여성은 성기(性器)의 발육이 불량하다고 예로부터 전해 오지만 현재는 통하지 않는 설이다.

근시는 선천적인 것이거나 달리 이유가 있겠지만 근시인 이상 자연 눈에 힘을 넣게 되므로 신경을 성감대로부터 눈으로 집중시켜 성신경의 배분이 그만큼 감소할 수밖에 없다.

남성이 손으로 몸을 매만져도 흥분하지 않는 것도 무리는 아니다. 여성들은 섹스에 몰입하게 되면 자연히 눈을 감는다. 이것으로 보아서 시신경과 성감은 관계가 있는 것 같다.

그런데 근시안은 안구(眼球)가 튀어나와 있으므로 마땅히 윗눈꺼풀이 팽팽하게 되어 있어 세 가닥의 주름이 생길 여지가 없다고 보겠다. 따라서, 역설적으로는 세 가닥 주름이 낀 눈꺼풀의 여성은 근시가 아니고, 따라서 성기가 발달하지 않았다고는 볼 수 없다. 오히려 성기의 성숙이 지나치도록 만족스럽다고 봐야겠다. 그런 의미로서는(횡사해서는 곤란하지만) 남성에게 의외로 귀중한 여성일지도 모른다.

누당(淚堂)이 볼록하지 않은 여성은 남편운이 좋지 않다

눈 아래 반원형의 부분을 누당(淚堂)이라 한다. 눈의 하반부에 해당된다. 그런데 이 누당이 볼록 튀어나온 여성이 있다. 대부분의 여성은 눈밑이 다소 볼록해 있지만 특히 여기가 부풀어 보이는 여성은 섹스의 욕구가 강하다고 한다. 여성 중에는 여기가 거의 꺼져 있는 사람도 있는데, 이런 여성은 남편 운이 희박한 얼굴이다.

누당(淚堂)은 자율신경중추(自律神經中樞)가 분포해 있는 곳으로 신장(腎臟)과 밀접한 관계가 있어서 여기를 약간 바늘로 찔러도 오줌에 단백(蛋白)이 흐를 정도이다. 인위적으로 급성신장염을 일으키려면 누당을 찌르면 백발백중이다.

옛날, 군입대를 꺼리던 어느 학생은 징병 검사 전 여기를 찔러, 그 결과 징병 검사에서 신장염의 진단을 받아 불합격이 된 사례도 있다고 한다.

아무튼 누당은 이와 같이 신장과 깊은 관계가 있기 때문에 여기에 볼록하게 살이 오른 사람은 남녀를 불문하고 정력이 왕성하다.

하긴, 사람이 나이가 들면 누당은 자연 아래로 처지게 마련이다. 할머니들 중에는 누당이 마치 포대처럼 처져 있는 사람이 있다. 그런데 젊은 사람으로 누당이 꺼져 있고 그 하반체가 동그랗게 살이 오른 사람을 볼 수 있다. 좌상(挫傷)이라도 입은 듯이 눈 아래 살이 볼록하게 솟아난 사람 말이다. 이런 안상은 결혼 생활로 들어가게 되면 심히 고독한 생활을 하게 되고, 남편의 사랑은 물론 아이들의 애정도 성장함에 따라 점점 희박해져서 서로 헤어져 살아야 할 운명이다.

아무튼 이런 안상(眼相)은 남편과 가정 생활에 운이 없는 쓸쓸한 상이다.

또 한 가지, 누당은 인상학(人相學)에서는 음덕부(陰德部)라고 하여 그곳이 보기좋게 볼록 솟아나 윤택이 있는 사람은 음덕(陰德)을 쌓고 있다고 보아야 한다. 대체로 음덕을 쌓는다는 것은 마음이 아름답고 동정심이 후한 사람이어야만 하므로, 누당이 풍요하고 윤택한 사람은 명랑하고 마음씨 고운 사람이라 하겠다.

그런데 욕심에 눈이 어둡고 색정에 빠지게 되면(비록 누당이 볼록하게 솟아 있더라도) 점차 윤택이 사라지고 점점 시꺼멓게 변색이 될 것이다. 나아가 지나치게 섹스를 하면 누당의 살이 점점 처져서 남자는 운명적으로 부하의 배반을 당한다. 너무 정사에 탐닉하므로 정이 식어 교제를 끊는 것이 아니고, 비록 부하들이 따르더라도 운명적으로 그와 같이 된다는 것이다. 남자뿐만 아니라 여성의 경우도 이것은 해당된다.

눈 아래 사마귀가 있는 사람은 유방에도 사마귀가 있다

남성들은 도저히 생각할 수도 없는 일이지만 여성의 눈과 유방과 생식기 사이에는 밀접한 상관 관계가 있다. 눈과 눈 사이가 넓은 여성은 유방과 유방 사이도 넓다고 관상학에서는 말하고 있다.

여성의 생식기에 고장이 나면 젖이 잘 나오지 않고 눈도 나빠진다고 한다. 눈은 생식기와 중대한 관련을 갖는 것이다. 눈 밑에 사마귀가 있는 여성은 대개 유방 밑에 사마귀가 있다.

일설에 의하면 눈 아래〔淚堂〕 있는 사마귀는 아이 문제로 몹시 고생할 상(相)이라 한다. 때문에 젖꼭지 부근에 사마귀가 있는 여성은 애를 키우는 데 신중을 기할 필요가 있다.

그리고 눈 아래 있는 사마귀는 남성의 경우도 마찬가지여서, 왼쪽 눈꼬리 밑에 사마귀가 있으면 막내에 대한 걱정이

많다. 입학할 때 고생을 해야 하고 취직할 때에도 애를 먹어
야 한다. 그리고 이 사마귀가 오른쪽 밑에 있다면 딸애가 시
집을 못 간다, 병약하다, 정식 결혼도 하지 않고 사생아를 낳
는다 하여 걱정이 끊일 날이 없다고 한다. 사마귀와 눈과의
관계는 어머니의 경우도 마찬가지로, 예를 들어 오른쪽 눈꼬
리 밑에 사마귀가 있을 경우에는 막내딸과의 인연이 희박하다
고 하며, 오른쪽 눈시울(눈꼬리의 반대쪽)에 사마귀가 있을 때
는 맏딸에 대해 걱정하게 된다는 것이다.

눈꼬리(魚尾)가 치올라 간 여성은 남성을 내리누른다

눈꼬리를 인상학에서 어미(魚尾)라고 한다. 눈꼬리가 치올
라 갔느냐, 아래로 처졌느냐에 따라 성격에 큰 차이가 있다.
눈꼬리가 치솟은 경우에는 남성적이라 하여 이런 형의 여성은
남자 역할(침실에서의 경우)도 잘할 수 있다.

눈꼬리가 처져 있는 것은 여성적이지만 여성으로서 눈꼬리
가 치올라 있으면 고집이 세고 적(敵)이 많다고 한다. 너무
자기 고집만 부려 남의 미움을 사서, 결국 사면초가가 된다.

여성으로 눈꼬리가 치올라 간 사람은 앞서 말한 바와 같이
대개 운은 좋은 편이어서 이름을 떨칠 기회가 자주 온다. 다
만, 눈꼬리가 치솟은 위에 코뼈가 유달리 드러나 보이는 사람
은 노후에 가서 고독하게 되는 상(相)이다. 이런 분은 남녀
할 것 없이 너무 고집을 부리지 않도록 주의를 기울여야 한
다.

여성이면 눈꼬리가 곧든가 약간 처지는 것이 좋다. 치솟으

면 식견이 높고, 남편을 내리누르고도 태연할 타입이다. 눈꼬리가 처지는 것은 남녀가 모두 수동적·소극적인 성향의 표시로 너무 처지면 이것은 야무진 데라고는 없고, 특히 남성의 경우에는 일에 열중하지 못하고 계집질에만 정신을 쏟는 형이다. 언동마저 변변치 않으면서 여자에게는 재빠르다는 것이다.

또 눈꼬리의 꺼풀이 내리누르듯 볼록해 있는 남성은 표면상 신사인 체하면서 실은 호색가이다. 중역(重役) 타입에 이와 같이 눈꺼풀의 살이 두텁고 눈꼬리가 처져 있는 사람이 많다(이 안상에 대해서는 다음 장에서 자세히 설명하겠다).

다음은 애꾸눈에 대해 설명하겠다. 이른바 애꾸눈은 남녀가 모두 고집이 세다. 더구나 남성으로서 오른쪽 눈을 잃고 왼쪽 눈만 남은 사람은 몹시 고집불통으로, 죽는 한이 있어도 남의 말을 듣지 않는 상이라 하겠다.

이런 애꾸눈은 남이 호의로 한 말도 듣지 않는다. 다소 비뚤어진 성격도 있겠지만 아무튼 한쪽 눈을 잃게 되면 그와 같은 성격이 되고 만다. 여성의 경우도 마찬가지이다.

그리고 좌우 두 눈 중 어느 하나가 큰 사람이 있다. 잘 보면 구별이 되는데, 이것도 애꾸눈과 마찬가지로 외고집이다. 애꾸눈과 다른 점은 여성에 대해서는 너그럽다는 점이다. 특히 오른쪽 눈이 큰 남자는 아내에게도 너그럽고 다른 여성에게도 아주 관대하다. 여성에게 약하다고 할 수 있다.

대체로 좌우의 두 눈이 크게 차이가 있는 것은 그 부모의 금실이 좋지 못했던 증거이다. 성격이 맞지 않든가, 그 밖의 이유에서 애정이 식어 있으면서 타성으로 자연히 생긴 아이라고 볼 수 있다.

옛날에는 애정이 다소 식더라도 여성측에서 이혼을 꺼내는 경우는 없었다. '여자는 3 계(三界)에 집이 없다'는 식이었다. 남자는 여자가 싫어지면 외도를 하고 밤의 서비스 따위에는 안중에 없었다. 그래서 부부 사이가 벌어져 남편이 싫어져도 타성으로 임신하는 예가 많았다. 그와 같은 부모에게서 태어난 아이로서 좌우의 눈이 크게 다른 경우 여자에게 약하다는 것은 아버지의 정신 유전일지도 모른다. 고집이 세고 비뚤어지기 쉬운 것도 그와 같은 아버지의 콤플렉스를 선천적으로 타고난 결과라 하겠다.

지금은 여성 상위 시대가 되어 아내 쪽에서 싫어지면 서슴없이 이혼해 버릴 테니까, 한쪽 눈이 더 큰 아이는 점차 태어나지 않을 것이다.

눈꼬리에 주름이 많은 남자는 페니스가 짧다

웃을 때 눈꼬리에 주름이 많이 잡히는 사람은 바람둥이라고 관상학에서는 가르치고 있다.

이것도 어느 정도 타당하다 할 수 있다.

원래 눈꼬리〔魚尾〕는 젊을 때는 다음 그림과 같이 상하 두 가닥이 보통이지만 35, 6 세부터 ②와 같이 세 가닥으로 갈라졌다가 차차 연로하게 되면 흐트러져 난문(亂紋)이 되고 만다.

그런데 30 세 미만의 남자로서 눈꼬리가 흐트러져 있으면 허약·단명할 상이다. 대체로 이런 사람은 여위고 누·당(淚堂)

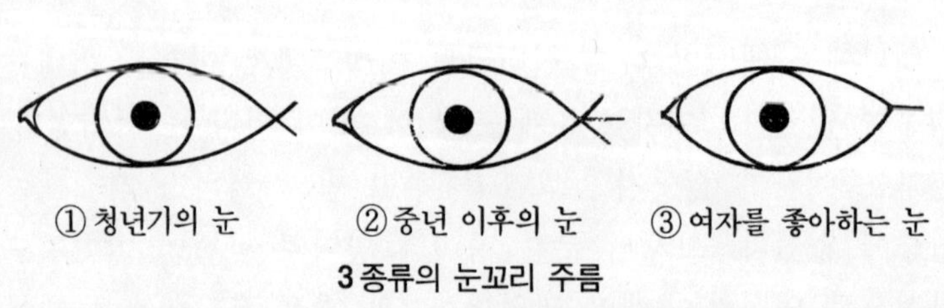

이 꺼져 있는 것이 보통이다. 젊어서 눈꼬리가 흐트러진 난문(亂紋)은 음탕하다고 하는데, 아마 너무 색을 밝혀서 목숨을 단축케 하는 것은 아닐는지 …….

반대로 나이를 많이 먹은 뒤에도 눈꼬리에 주름이 생기지 않는 노인도 있다. 이런 사람 또한 엄청난 호색가로서 죽을 때까지 음탕한 생활을 버리지 못한다.

그리고 중년이 지나서까지 눈꼬리의 주름이 세 가닥이 되지 않고 두 가닥인 채 있는 것은 성격이 너무 강렬한 탓이다. 다정한지 아닌지는 다른 문제로 나이를 먹음에 따라 빈곤·고독하게 될 위험성이 있다.

전항(前項)에서도 말했지만 눈꼬리의 윗꺼풀이 두툼하게 부어오른 듯 내리처진 눈꼬리의 선이 그림 ③과 같이 한가닥으로 되어 있는 사람은, 외견상 품행이 단정한 듯 보이지만 내면적으로는 비상한 호색가이다. 속간에서 말하는 한 가닥의 눈꼬리는 '처운(妻運)이 한 번 이상'이라고 한다. 대개가 사별(死別) 아니면 주소도 자주 바뀌어서 한 곳에 안주할 수가 없다.

그리고 이 한 가닥의 눈꼬리를 가진 남자는 페니스가 길다고 한다. 따라서 바람둥이(눈꼬리에 주름이 많은 사람)도 예상

외로 긴 페니스를 가지고 있다고 할 수는 없다.

그런데 여성에게는 눈꼬리의 살이 두드러져 있는 사람이 별로 없고, 한 가닥의 주름도 볼 수 없는 현상이다. 이것은 오로지 남성에게만 볼 수 있는 상(相)이다.

간혹 노파에게서 볼 수 있는 축 처진 한 가닥의 주름은 여성의 기능이 벌써 정지해 버린 증거이다.

눈꼬리에 사마귀가 있는 여성은 손아래 남성을 사랑한다

눈과 눈 사이, 즉 산근(山根)에 사마귀가 있는 여성은 상법(相法)에 따르면 정조를 지킬 수 없는 상이다. 남편 이외의 사나이를 좋아하여 반드시 간통을 하고 만다. 이것은 귀천 빈부를 막론하고 꼭 간통할 필연의 운명을 타고난 여성으로서 어떤 미인, 정조 견고한 여성도 이 운명을 피할 수가 없다.

또 이 사마귀는 여성의 오른쪽 눈 구석에 있거나 왼쪽 눈 구석에 있거나를 막론하고 같다. 오른쪽의 경우는 여성이 자진하여 간통을 하게 되고, 왼쪽의 경우는 타율적으로, 즉 남성에게 강요되어 저지를 상이다.

또 남성으로서 이런 안상(眼相)을 가진 사람은 남의 아내를 좋아하고, 자진하여 남의 아내와 정사를 저지를 상이다. 적어도 생애에 몇 번 정도는 말이다.

그리고 같은 사마귀도 눈꼬리에 있을 경우 이것은 호색가의 표시이며, 남성으로서 왼쪽 눈꼬리에 있을 때는 자발적으로 호색가가 될 운명이고, 오른쪽의 경우는 '첩궁(妾宮)'이라 하여 여성의 사모를 받아 결국 그녀들을 첩으로 거느릴 상이다.

여성의 경우는 남성과는 반대로 오른쪽에 있을 때는 혼기를 맞으면 중매 없이 결혼을 하게 되는데, 이 결혼은 반드시 파탄으로 끝난다. 부부의 원앙이 원만하지 못하다. 음상학(淫相學)에서는 이와 같은 눈꼬리 사마귀를 색난(色難)·다정(多情)의 상이라고 한다.

그리고 이 사마귀가 눈꼬리에서 관자놀이에 치우칠수록 딴 남성을 가질 운명이라고 하며 이른바 정부(情夫) —— 그것도 손아래 남성을 사랑하게 된다. 이 경우 사마귀 위치가 좌우 어느 쪽이라도 마찬가지다. 눈썹 끝에 사마귀가 있는 여성도 딴 남성을 갖는다고 하며 미목(眉目)의 언저리에서 이마에 이르는 곳에 사마귀가 있는 여성은 바람잡이 신세를 못 면한다고 한다.

눈매가 고운 여성은 연애 싸움에서 패한다

눈은 앞서 말한 이외에도 전문적으로 매우 세세한 감정법이 있다. 흰자위의 붉은 혈관(핏발), 노육(怒肉)의 모양, 눈동자의 확장 등등에서도 운세(運勢)·사상(死相)·성격·색정의 강약 등을 판단할 수 있다.

그로 인해 '삼안육신법(三眼六神法)', '안폭십이상비전(眼幅十二相祕傳)' 등등의 관상법이 옛날부터 전해 오지만, 실제로는 그와 같은 안상의 인간을 등장시키지 않고 구체적으로 설명하기는 곤란하다.

다만 어떻게 눈을 보고 판단할 것이냐에 대해 여기 한두 가지 예를 들어 보겠다.

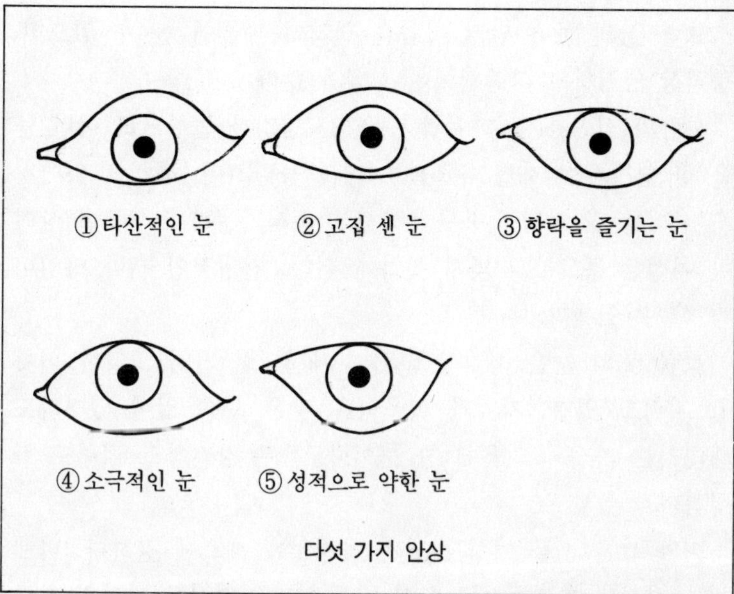

다섯 가지 안상

위의 그림을 보자.

둥근 눈이라고 해도 여러 가지가 있다. 엄밀히 따져, 윗눈꺼풀이 눈시울 가까이에서 처져 있거나(그림 ①), 눈꼬리에서 위로 올라가 있거나(그림 ②), 눈시울 아래 누당(淚堂)이 볼록해 있거나(그림 ③), 하여 각기 운명에 변화를 내포하고 있다.

예를 들어 그림 ③를 자세히 들여다보면 그와 같은 눈을 흔히 볼 수 있다.

이런 눈은 성적(性的)인 향락을 무척 즐기는, 다음(多淫)한 상으로서 남편이 성적으로나 금전적으로 충분한 만족을 주지 않으면 언젠가는 다른 남자에게 가고 만다. 물장사를 하는 여성에게 이런 상이 많은 것은 말할 나위도 없다.

그림 ①의 눈은 남의 마음을 철저히 꿰뚫어 볼 수 있으며, 성격상 냉정하고 타산적이며 지혜가 많다.

사람의 심리를 잘 파악할 수 있는 영리한 눈이므로 이런 눈을 한 남성은 여자를 유혹하는 데도 능란하며, 섹스에 있어서도 상대를 잘 파악하여 충분하게 만족시켜 주므로 한 번 상대한 여성은 두고두고 잊지 못하게 된다. 전형적인 색마 타입이라 할 수 있겠다.

그림 ②의 눈은 성격상 고집이 세고, 한 가지 고약한 버릇을 지니고 있다. 자기가 마음먹은 것은 무슨 일이 있더라도 해내려는 자신과 의욕에 찬 눈이다. 몸은 강건하고 정력도 왕성하다.

이와 같은 눈을 여성도 남자 못지않게 섹스에 강하다. 나쁘게 말하자면 창부형으로 항상 고집을 부리면서도 남자의 사랑을 독점하고 물질면에서도 옹색하지 않은, 애정에 찬 행운의 상이라 하겠다. 최근에 와서는 여성들이 대개 이와 같은 눈으로 수술하여 조작하므로 사진으로서는 정확히 판단할 수가 없다. 다만 이와 같은 눈은 창부형의 눈임에 틀림없다.

아무튼 이 밖에도 그림 ④, 그림 ⑤와 같은 아름다운 눈동자도 자세히 보면 천자만별이다. ①과 ③의 혼합형과 ②와 ⑤의 복합형 등 세분하면 한이 없고 또 뭐가 뭔지 모르게 된다.

④와 ⑤도 내친 김에 말해 두자면, ④는 여성의 눈매 중 가장 고운 타입으로서 이런 눈은 성격이 명랑하고, 좋고 싫음을 명백히 구별하여 어중간한 것을 싫어하는 형이다. 연애에 있어서도 몹시 열렬하다. 좋을 때는 죽자고 따라가지만, 그렇다고 도가 넘치게 분별을 잃지는 않는 성격이므로 단념하는 것

도 빠르다. 그런 뜻에서 비극적인 연애를 할 형이다.

사랑하는 남성에게 처자가 있을 경우에는 처자를 쫓아내면서까지 들어가지는 않는다. 상대가 독신의 경우에도 라이벌이 있을 때는 스스로 물러서는 타입이다.

그림 ⑤는 여성으로서는 별로 탐탁치 못한 눈으로서 성적으로도 약하다. 자식과도 인연이 멀고, 자식이 있어도 항상 걱정이 끊이지 않는다. 그리고 상대에게 호감을 줄 수 없는 성격으로 외고집이다. 남성의 경우에는 돈도 붙지 않는다. 그 대신 자신을 속일 수 없고, 좋고 나쁜 것을 명백히 구별하므로 마음씨는 깨끗하다. 이런 형의 남성은 옛날 같으면 직인기질(職人氣質)로 시속적으로는 기술인의 타입이라 하겠다.

아무튼 눈을 보는 경우, 누당(淚堂)과 눈시울·흰자위·동자 등 모든 것을 종합하여 판단해야 하므로 일면만 보고 그 사람이 음란하느니 어쩌니 하는 것은 경솔한 처사라 하겠다. 그러나 성학(相學)상의 기본 원리는 변함이 없으므로 그 중요한 골자만을 구체적으로 설명해 보았다.

코의 관상법

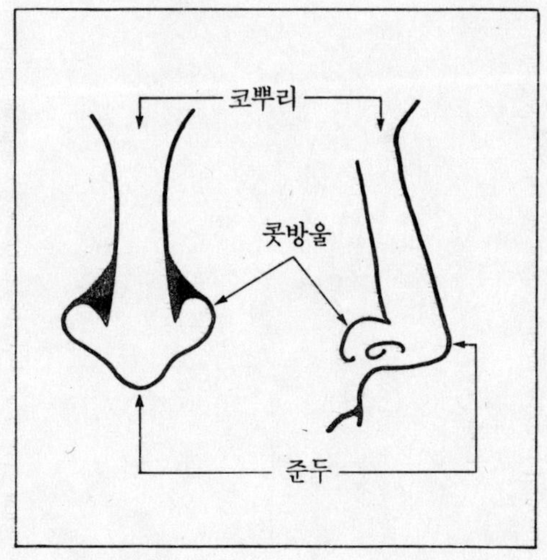

코뿌리
콧방울
준두

코의 관상법

여성의 코가 남편을 결정한다

코는 관상술에 있어 대단히 중요한 부분이다. 특히 여성의 코는 그러하다.

문자로 계집 녀(女)변에 비(鼻 : 코)자를 써서 아내〔嬶〕를 뜻한다. 여성의 코는 남편을 뜻하고, 따라서 코가 낮은 여성은 그 자체 몰골인 동시에 남편 덕도 없다. 나아가 여성의 코는 남편의 운명을 지배하므로, 남성의 상이 아무리 훌륭하더라도 납작코인 여성을 아내로 맞으면 남성의 운은 반감된다고 한다.

그 정도로 여성의 코는 남성에게 중요하므로, 저 유명한 파스칼은 '클레오파트라의 코가 1센티만 더 낮았더라면 세계의 역사는 달라졌을 것이다'라고 말했던 것이다. 확실히 여성의

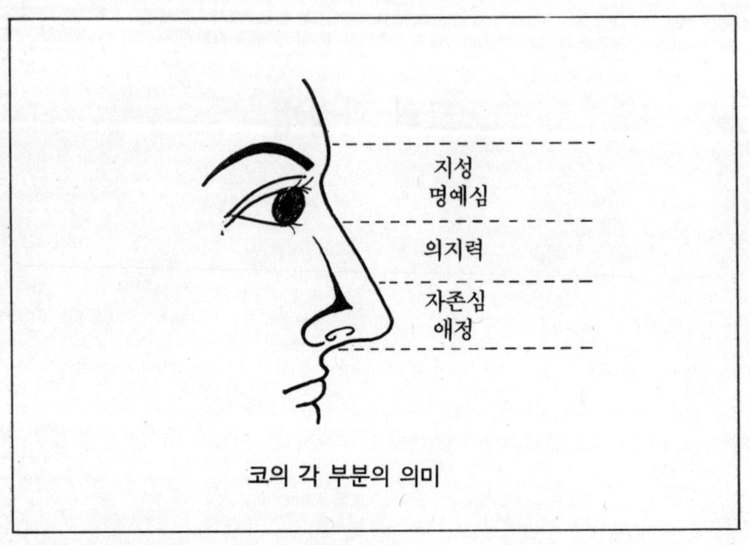

코의 각 부분의 의미

코는 역사를 일변시킬 정도의 힘을 지니고 있다.

그런데 코의 형태는, 뉴컴(미국의 미시간 대학 심리학 교수)의 '성격분석학'을 말할 필요도 없이 인종적인 기후·풍토와 불가결의 관계에 있다고 할 것이다.

한대(寒帶)에 사는 북구인의 코는 높고, 온대 지방의 흑인의 코는 낮다. 한대에서는 차가운 공기를 그대로 들이 마시다간 폐를 상하게 되므로 콧구멍을 통과하는 동안 따뜻하게 될 수 있도록 콧구멍 주위의 살이 두껍게 되어 자연 코가 높게 된 것이다.

그러나 우리와 같은 동양인으로서 같은 풍토에 살면서 코가 높고 낮은 것은 별도의 각도에서 얘기가 되어야 하겠다.

근본적으로는 코는 그 측면에서 높이와 길이를 측정한다. 표준적으로 말해서 코의 길이는 얼굴 전체의 3분의 1이고, 높이는 길이의 2분의 1에 해당한다. 이 표준보다 길면 '긴 코', 낮으면 '낮은 코'가 되는 것이다.

앞의 그림을 보자. 코는 관상학적으로 가장 낮은 부분, 즉 코뿌리〔鼻根〕에서부터 순차로 지력(知力)과 명예심을 나타내는 부분, 의지력을 나타내는 부분, 그리고 코끝의 애정·자존심을 나타내는 부분 등으로 각각 나뉘어진다.

코 전체로는 높이와 길이가 충분하고 살이 적당히 오르고 콧대가 곧은 것이 가장 좋은 것이다. 코는 본래 의지·명예심을 나타내는 것으로 코의 상이 좋은 사람은 의지가 강하고 실천력이 풍부하며, 특히 중년 이후의 운이 좋다고 한다.

코의 상을 보는 데는 이 밖에 사마귀, 흉터 등의 유무가 판단의 중요한 관건이 된다. 코와 운명의 관계를 설명하는 가장 신뢰할 만한 몇 개의 설을 여기에 소개한다.

상근(上根)이 낮은 여성은 침대에서는 천재

84페이지 그림에서 보는 바와 같이 코뿌리(눈과 눈 사이, 코의 밑둥)로부터 전체 코의 3분의 1 정도의 부분은 지력·명예욕을 나타내는 곳으로, 아이들은 아직 지력이 발달하지 않았으므로 대개 여기가 푹 꺼져 있다.

이때부터 여기가 볼록이 솟아 있는 아이는 따라서 명예욕이 강하다고 할 수 있다.

어른이 되어도 마찬가지 이치로 코뿌리로부터 콧대가 볼록하게 솟아난 사람은 두뇌가 명석하고 명예심이 왕성하여, 사회에 나가서도 경쟁에서 승리하여 반드시 어떤 명예의 자리를

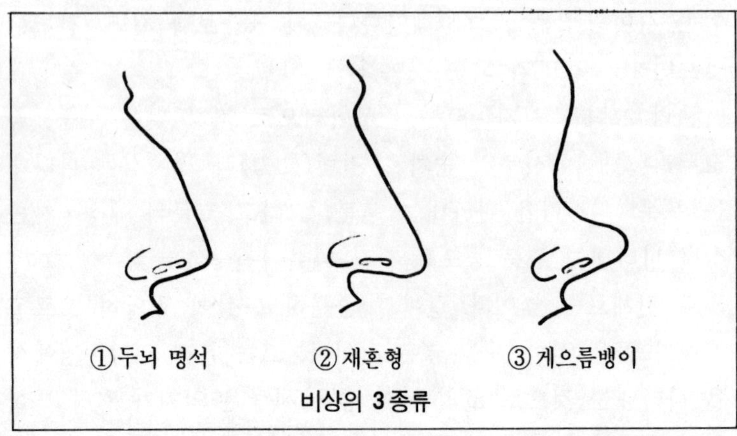

잡을 사람, 말하자면 두령운(頭領運)의 상이라 하겠다.

특히 코뿌리가 높고 이마에서 직접 콧등으로 쭉 빠진, 높은 코가 있는데 ②는 그리스 코라고도 하여 미인인 아내를 맞을 상이라 하며 이상스럽게도 이것이 맞아떨어지는 수가 많다. 그러나 한편 한 번만의 결혼으로는 아귀가 차지 않아 반드시 두 번 세 번 결혼해야 할 상으로, 재혼자의 경우라면 안성맞춤이다. 결국 한 번은 헤어져야 할 운명이다.

그리스 코와는 반대로 코뿌리가 낮고 푹 꺼진 남성(그림 ③)에게는 명예심·자존심 같은 것은 아예 없는 게으름뱅이가 많다.

고래로부터 인상학(人相學)에서는 '코뿌리가 낮은 이는 미천한 상(相)'이라 하여 한평생 비천한 계급에서 벗어나지 못하는 비상(鼻相)으로 쳤다.

여성의 경우 이런 상은 강렬한 관능(官能)을 억제하지 못하고, 본능에 의해 이 남자로부터 저 남자로 끝없이 옮겨 다니

는 음부의 상이다. 코뿌리가 낮은 여성은 지성(知性)도 윤리
감도 없기 때문이다.

　명동의 어느 나이트 클럽에서 일하는 S란 여성이 있었다.
명동에서도 일류 나이트 클럽으로서 문단·화단·정계·재계
의 거물들이 항시 출입하여 추태(醜態)를 부리는 곳이었다.

　S는 그다지 뛰어난 미인도 아니면서 이런 명사들의 사랑을
독차지한 덕택으로 호화스런 생활을 계속할 수 있었다. 이런
일은 흔히 볼 수 있었기 때문에 그다지 놀라운 것은 못 되지
만, 문제는 그녀의 소행(所行)이다.

　사실 그녀는 몇몇 중역이니 저명인사와 동침을 계속하면서
도 상대한 제공(諸公)들로부터 전혀 질투나 노여움, 불만 같
은 것을 사지 않았다. 물론 남성들이 사회적 지위나 명성 때
문에 내심 질투를 느끼더라도 이것을 내색할 수 없었을지도
모른다. 그러나 여하튼 그녀의 바람기를 이해하고 웃어 넘기
면서 적당히 잔돈을 대고 있었다. 걸핏하면 그녀는 선선한 얼
굴로,

　"어젯밤 파파에게 미안한 짓을 했어……."
하고 외도한 사실을 웃음으로 고백하는 등의 요정(妖精)과 같
은 애교가 나이 먹은 사람들에게는 한결 귀여웠던 것 같다.

　그런데 그녀를 상대한 어느 중역으로부터 필자가 직접 들은
얘기지만, 그녀가 섹스의 절정에 달하면,

　"파파…… 행복해. 파파, 난 행복해."
하면서 비명을 지르며 헐떡이는 것이 도무지 잊을 수 없는 정
경이었다고 한다.

　절정에 달하면 보통 여성은 '나는 죽어'라는 표현을 하곤

하지만(특히 나이 많은 상대에게), S가 '파파, 행복해' 하고 흐느끼는 소리는 그녀를 점점 앳되게 하는 것이었음을 짐작할 수 있다.

필자가 일찍이 유럽을 순방했을 때 금발의 여성이 절정에 접어들어,

"Now …… now!(지금, 지금!)"
하고 절규하던 것은 잊을 수 없는 감격이었다.

그런데 S의 코뿌리는 꺼져 있었다. 중국(中國)의 상서(相書)에 '코뿌리가 낮은 여성은 일찍 고향을 등진다. 대개 16~17세에서 30세 사이가 가장 많은데 이런 여성은 다음하다'라고 기록되어 있다.

S는 코뿌리가 극단적으로 낮고 이마가 넓으며, '턱'에서도 설명하겠지만 둥근 얼굴에 볼이 두툼하여 전형적인 음부의 상이라 하겠다. 그리고 코가 뒤로 젖혀져 있는 것도 음부의 상을 면할 수 없다.

예전에 마나로이라는 서양 여배우가 있었는데, 그녀의 코도 S와 비슷했다. 이런 코의 여성은 남성으로부터는 '사랑스런 여자'같이 보이며, 많은 작가들의 모델에도 흔히 등장하는 형이다.

동서양 할 것 없이 참으로 어여쁘게 보이는 여성은 대개가 음란한 악녀이다. 선천적인 음부라 하겠다. '파파, 행복해'라는 홀리는 문구가 입에서 술술 나올 수 있는 여성이야말로 침대 위의 천재라 하겠다. 중요한 것은 S도 젊은 사람과 동침할 때는 결코 '행복해'라고는 않고, '죽어, 죽어' 하였다는 것이다.

코뿌리에 횡선(橫線)이 있는 여성은 불감증이다

코뿌리에 선천적으로 횡선이 진 남성이 있다. 이 비상(鼻相)은 '음탕하여 내처(乃妻)와 이별한다'고 상서에 적혀 있으므로 초혼일 경우에는 아내를 극진히 사랑해 주었으면 한다. 이것은 코뿌리에 사마귀나 흉터가 있는 경우도 마찬가지이다.

일설에 의하면 코뿌리에 횡선·사마귀·생채기 등이 있는 것은 남성기(男性器)의 고장을 나타내는 것이라 한다. 그러므로 이런 남성은 충분한 쾌감을 느낄 수 없고, 그것을 여성의 탓이라 하여 이 여자 저 여자로 전전해 가는 경향이 있다.

여성으로서 코뿌리에 횡선이 있는 것은 '불감증인 혐의가 있다'고 하며 부부생활이 원만할 수가 없다고 한다. 부군인 남성은 노력을 아끼지 말아야 할 것이다.

또 코뿌리에 사마귀나 상처가 있는 여성은 결혼에 있어 불운하다고 한다. 그리고 이런 여성은 선천적으로 위장이 약하다. 위가 약하기 때문에 부부생활의 성적 화합을 기할 수 없고, 무미한 결혼생활을 보내지 않을 수 없다. 남성의 경우도 마찬가지로 성기 그 자체에 결함이 있을지 모르니 전문의의 진찰을 받아 볼 필요가 있다.

코에 층(層)이 진 여성은 초혼(初婚)에 실패한다

코가 높고 살이 찐 것을 길상이라 하지만, 높은 코도 88페이지 그림과 같이 코 중턱이 높게 부풀어오른 사람이 있다. 이른바 층코〔層鼻〕라고 하여, 의지를 나타내는 부분이 극단적

으로 솟아 있기 때문에 문자 그
대로 콧대가 세다고 하겠다. 의
지가 굳어서 한번 꺼낸 말은 도
무지 거두어 들이려고 하지 않는
다. 타협심이 없는 외고집이다.
여성으로 이런 코의 소유자는 천
하의 미인이라 할지라도 근본은
완고하고, 의지를 굽히지 않는
강경파에 속하는 여성들이 많은 편이다.

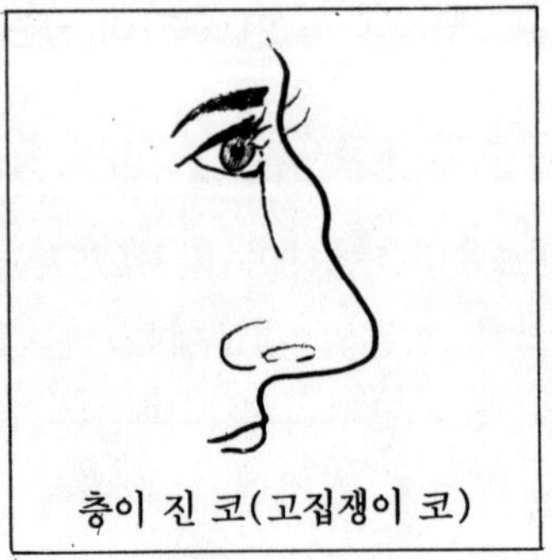

　남성의 층코는 실천력이 풍부하고 한번 작정한 일은 누가
뭐라 해도 관철하고야 마는 성격이다. 마음은 심히 격렬하지
만 그러면서도 변덕쟁이의 기질이 있어 중년에 이르러 운명의
격변을 당한다. 35세 전후에 특히 조심할 필요가 있다. 그렇
지 않으면 파산할 상(相)이다.

　그리고 여성의 경우, 층코는 중년에 이르러 남편과 사별을
하든지, 남편이 첩을 거느려 가정을 돌보지 않게 된다. 초혼에
서 실패하고 재혼해야 할 경우가 많다. 남편이 첩을 얻은 것
은 본처가 성격상 너무 과격한 탓도 있을 것이다.

　이와 같이 과격한 여성, 즉 층코의 여성은 그 배필로 얌전
하고 소극적인 남편을 얻는 것이 장래의 생활을 위해 불행을
사전에 방지하는 방법이 될 것이다.

꼬끝이 뾰족한 남성은 손재주가 있지만 대성은 못 한다

　이미 설명한 바 있으나 코끝은 자존심을 나타낸다. '코를 우

쭐댄다' 하는 것도 여기서 나온 말이다. 상학(相學)에서는 코 끝을 준두(準頭)라고 하고 이 준두에 살이 오르고 둥그런 사람은 명예심이 강하고 재운이 있다고 한다.

준두가 가늘고 뾰족한 사람이 있다. 이 같은 코는 명예심이 강하고 손재주가 있으며 또 아이디어가 풍부하다. 발명이나 발견에 천부적인 소질을 타고난 상이다.

그러나 '재간 있는 손끝에 부자 없다'는 격으로 운세에는 약한 비상(鼻相)이다. 대성은 바랄 수 없다. 살이 오르고 둥그스름한 준두(準頭)외는 디르디.

해부학자 피켈은 코가 사람의 성격을 나타내는 것을 지적하면서, '코끝이 뾰족한 사람은 몹시 성급하여 잘 싸운다'고 하였다. 코끝이 뾰족한 사람이 재간은 있으나 대성하지 못하는 것도 이런 성급한 성질에서 오는 화근 때문인지도 모르겠다.

그리고 명예심이 강하고 허영을 부리는 것도 코가 뾰족한 사람의 단점이다.

이와 같은 사람일수록 무슨 괴변이 있어도 태연한 태도를 견지할 수 있는 것은 바로 자기의 자존심을 손상하기 싫다는 성정에서 나오는 것이다. 즉 자존심을 견지하기 위해 항상 신경을 쓰고 있다.

콧방울〔金甲〕이 불룩한 사람은……

코끝 양쪽의 불룩한 부분을 상학(相學)에서는 금갑(金甲)이라고 한다. 금갑이 뭉뚝하게 벌어진 사람은 생활 의욕이 몹시 강하고 에너지도 왕성하다. 이런 코는 '부귀(富貴)의 상'이

라 하여 두뇌가 명석하고 경제
관념도 발달해 있다고 한다.

다만 이런 코의 단점은 미신
에 빠지기 쉽고, 징크스에 몹시
마음을 쓴다. 게다가 육욕(肉
慾)이 왕성하고 성기도 크다고

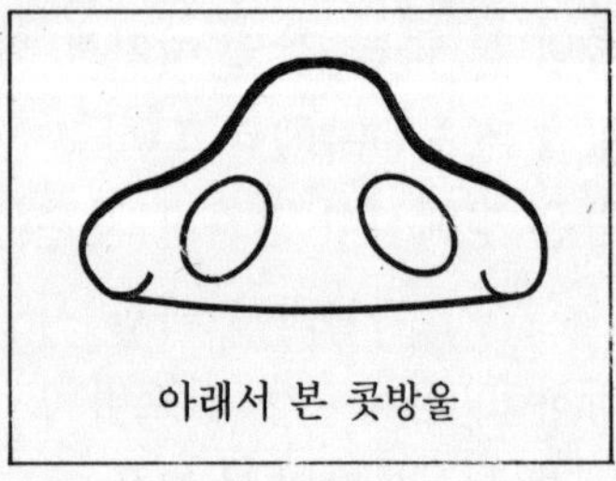

아래서 본 콧방울

하는데 이것은 결점이 될지 어떨지. 더구나 금갑이 풍요한 사
람은 귀두(龜頭)가 크다고 한다.

고서에서는 '귀두가 큰 것을 옥주(玉珠)라 하여 왕자의 그
것과 같다. 그 둘레 약 네 치(약 15㎝)를 상품으로 한다'고
하며 페니스의 길이와 부피〔圓周〕는 같다고 하니, 그가 어떤
페니스를 소유하고 있는가는 그림에 따라 금갑의 주위를 재어
그 길이를 2배로 계산하면 대략의 답이 나오게 된다.

그러나 지나치게 크면 '쓸데없는 한탄만 하고 천하기 그지
없다. 그리고 지나치게 크면 분수에 맞지 않는 야망을 품게 된
다'고 하며, 불길한 페니스라 한다. 중간 정도가 가장 좋다고
나 할까. 또 일설에 따르면 목이 굵은 사람은 페니스도 굵고,
두개골이 작은 사람은 귀두(龜頭)도 작다고 한다. 그리고 음
성이 굵은 사람은 바람직하다는 것이다.

이와는 반대로 금갑이 거의 꺼지다시피 홀쭉한 사람이 있
다. 전체적으로 살이 붙지 않은 코를 말하는데, 이런 코를 한
사람은 성정이 까다롭고 신경질적이며 호흡기 계통의 병에 걸
리기 쉽다. 또 일가 친척과의 인연도 박하며, 자식과의 연
(緣)도 적다고 한다. 앞서 지적한 '입'의 상과 더불어 결국
'만년에 이르러 고독하며 객사(客死)할 상'이라 할 수 있다.

금갑(金甲)이란 문자 그대로 콧방울에 두둑하게 살이 오른 사람은 금력과 인연이 깊다고 한다. 돈복이 많다는 의미로, 즉 저축성, 이재성(理財性)이 발달되어 있다.

여성으로서 금갑에 살이 없고 꺼져 있는 사람은 회계에 졸렬하며 허영심이 강하다. 남성으로서 금갑이 홀쭉한 사람은 돈을 아주 잘 쓰고 돈이 들어오기가 무섭게 탕진해 버린다. 동료들과 같이 술을 마실 때도 '내가 낸다, 저리 비켜' 하며 먼저 돈을 내는 타입이다. 그러므로 이런 남성은 아무리 벌어도 항상 돈에 옹색하게 마련이다.

코의 높이는 선천적인 것으로 변하지는 않지만, 코끝의 살과 금갑의 볼륨은 문제에 따라 변할 수 있다. 정형수술에서의 융비술(隆鼻術)도 실은 코의 높이보다는 살이나 볼륨 같은 것을 교정하는 것이 유리할 것이다.

생리(生理) 중의 여성은 금갑(金甲)이 붉다

다음 그림을 보자. 상학(相學)에서는 이것을 역인형법(逆人形法)이라 하여 여체의 모습이나 그 외의 것을 보는데 참고로 삼는다. 코는 동체(胴體)에 해당하고 금갑(金甲)은 유방에 해당한다. 눈썹은 다리, 법령(法令 : 양쪽 코 옆에서 볼을 거쳐 입가에 이르는 두 선)은 팔을 나타낸다.

그림에서 보는 바와 같이 금갑의 살이 두터운 여성은 가슴이 크다. 금갑이 불룩하더라도 살이 없을 경우에는 가슴이 작다. 아무리 브래지어나 패드 따위를 씌워도 금갑의 살을 보면 대소(大小)는 일목요연한 것이다.

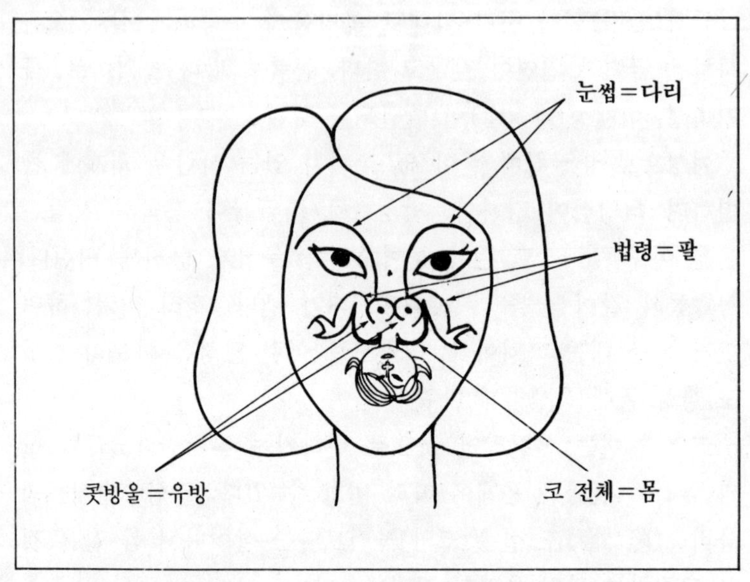

그리고 여성이 생리 중이냐 아니냐는 금갑의 빛깔로 알 수
있다. 생리 중의 여성은 금갑이 붉은 빛을 띠고 있다. 당신이
여자 친구를 호텔로 유인했을 때,

"오늘은 그것이 있어 안 돼."

하고 거절하는데 그녀의 금갑이 붉지 않을 때는 당신과 동침
하기를 거부하는 것이다. 그녀를 단념해야 한다. 생리를 구실
삼아 당신을 거절하는 것이니까.

그리고 남성의 금갑이 크면 성기도 크다고 한다. 이것은 금
갑이 남성의 고환(불알)과 관계가 있기 때문에 금갑이 큰 남
성은 고환도 크다는 것이다. 그러므로 금갑이 큰 남성은 페니
스도 크다는 이론도 성립된다.

다음으로 좌우의 금갑이 부동할 때, 남성의 고환도 좌우에

대소의 차이가 생긴다. 오른쪽 금갑이 크면 오른쪽 고환도 크다는 것이다.

이 밖에 금갑에 사마귀가 있는 것은 지갑에 구멍이 뚫린 것처럼 뜻밖의 손해를 당하기 쉽고, 따라서 노름은 절대 하지 말라고 상서(相書)에서는 가르

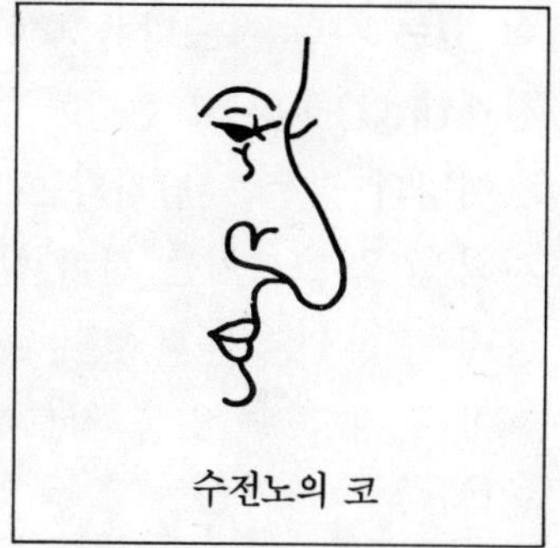

수전노의 코

치고 있다. 이 경우 사마귀가 작으면 작을수록 반비례로 손해는 크다고 한다.

또 위의 그림과 같이 금갑이 위로 치켜 올라간 남성은 상대의 마음을 사로잡고 아첨을 하지만 내심은 거만하고 허영심이 강한 교활한 이기주의자이다. 고리대금업자·사기꾼에 이런 자가 많다.

색다른 체위(體位)는 콧대를 굽힌다

금갑에 대해서는 이 정도로 하고 이번에는 콧대에 관해 얘기하겠다. 코의 높이에 관해서 관심을 쏟는 사람은 많아도 콧대에 대해서는 무관심한 사람이 많다. 자기 얼굴을 거울에 비춰 보면 알겠지만 코가 곧게 얼굴 한가운데에 위치해 있는 사람은 별로 없다. 코는 대개 좌우 어느 쪽으로 기울어져 있는 것이 보통이다.

남성의 경우, 코가 오른쪽으로 굽어 있는 사람은 여난(女難)의 상으로 여자에 약하고 속기 쉬운 상이며, 왼쪽으로 굽

어 있는 사람은 도박을 좋아하는 성격이다. '이따금 도박으로 산재(散財)한다'고. 한다.

여성의 경우는 남자와는 달리, 지나치게 비뚤어진 코는 남자의 운을 그르치는 점이 납작코와 같지만 비뚤어진 코만큼은 융비 정형수술(隆鼻整型手術)을 하여도 교정하기 어렵다. 하기야 교정할 수 있을 정도라면 남편의 운을 그르칠 것까지도 없다.

여성의 이 비뚤어진 코를 고치기 위해서는 진설(珍說)이지만 성행위 때 오로지 정상위(正常位)를 실행하라고 한다. 특히 코가 비뚤어진 중년 부인은 성행위에서 변체위(變體位)를 상용하고 있는 탓이라 한다. '코는 질(膣)의 길이와 같다'고 한다면 그것도 일리가 있다고 할까!

이것도 진설이기는 하나, 남성의 페니스가 바지 속에서 왼쪽으로 향해 있는지 오른쪽으로 향해 있는가는 코의 비뚤어진 방향에 따라 알 수 있다는 것이다.

콧대가 오른쪽으로 기울어져 있으면 페니스는 오른쪽, 콧대가 왼쪽으로 기울어져 있으면 페니스는 왼쪽을 향해 있다고 한다.

소상한 근거에 대해서는 알 수 없지만 이것은 거의 100% 적중한다고 한다. 여성 독자 여러분은 남자 친구의 코와 그의 바지의 융기부(隆起部)와의 위치를 한번 시험삼아 비교해 보라.

그리고 비틀어 놓은 것과 같이 콧대가 비뚤어진 사람은 까다롭고 외고집이며 때때로 돼먹지 않은 이론만을 일삼는 사람이란 것을 잘 알아둘 필요가 있다.

코에 잔주름이 지는 여성은 청어알 천정(天井)이다

웃을 때 코에 잔주름이 지는 여성이 있다. 코의 어느 부분이나 마찬가지지만 이것은 난소(卵巢)나 자궁에 병이 있는 여성으로서 난산(難産)의 비상(鼻相)이라고 하며 특히 중년의 출산에 조심해야 한다.

그렇기는 하나 '코에 잔주름이 지는 여성은 청어알 천정(天井)'이라고도 하여, 이런 여성의 성기는 질(膣)에는 주름이 많이 옛날부터 명기(名器)의 하니로 일컬이 왔다. 남성으로서 웃을 때 코에 작은 주름이 지는 것은 양자를 얻을 상이라 하여, 적자(嫡子)가 있어도 남의 자식을 입양시키거나 아니면 당사자가 남의 가계(家系)를 이어야 할 운명이다.

그리고 이야기하는 동안, 동작의 사이사이에 코를 킁킁거리는 습성이 있는 사람은 반드시 중년에 일이 실패로 돌아설 상이다. 항상은 아니더라도 일시적으로 코를 킁킁거리는 사람은 만사가 여의치 않고 초조해하고 있다는 증거이다. 언제나 코를 킁킁거리는 사람은 만사가 여의치 못하고 마음이 초조한 증거이므로 큰일을 할 수 없고 따라서 대성이 불가능하다.

그리고 남과 마주 앉아 자꾸 코를 문지르는 사람은 금전을 강청(强請)하려는 야심이 있다고 보아야 한다. 이야기 도중 상대가 코를 문지를 때는 조심하라.

콧구멍이 작은 남성은 인색하다

앞서 코가 큰 사람이 좋은 상이라고 말했지만 너무 커도 좋지 않다. '코가 알맞게 살이 찌고 큰 것은 좋지만 얼굴에 비해 너무 큰 코는 흉하다. 만년에 이르러 고독하게 될 신세'라고 상서에 적혀 있다. 어디까지나 전체 얼굴과의 균형이 중요하다.

그리고 '얼굴이 크면서 코가 지나치게 작은 사람은 아무리 부호의 가문에서 태어나더라도 결국은 재물을 잃고 집까지 없애 버린다'고 하며, 코가 너무 작은 사람은 중년부터 만년에 걸쳐 운이 나쁘다고 한다. 하기야 '콧구멍이 작은 사람은 인색하다고 할 만큼 검약하는 자'라고 하며, 총제적으로 코가 작은 사람은 따라서 콧구멍도 작을 것이고, 이것은 원래부터 절약가로 알려져 있다. 그것이 만일 산재(散財)를 한다고 하면 거기에는 필연코 깊은 사연이 있을 것이다.

코에는 이 밖에 긴 코, 짧은 코 등이 있지만 일반적으로 긴 코는 길상(吉相), 극단적으로 짧은 코는 흉상이라고 한다.

코가 길고 살이 알맞게 오른 사람은 동정심이 많고 성질이 온후하며 장수한다.

코가 짧은 사람은 자기 가계(家系)를 이어갈 수가 없다. 만약 상속을 받더라도 유산을 탕진해 버리든가 아니면 다른 가계에 입양을 면할 수 없는 신분이다. 하기야 사장 타입의 남성에게 의외로 코가 짧은 사람이 많은데 이것은 거꾸로 말하자면 코가 짧고 기름진 사람은 부모의 유산을 받지 않고 독립하는 것이 대성할 수 있다는 말인지도 모른다.

그렇기는 하나 코가 짧으면 코 전체가 작은 것이 당연하므로, 짧은 코로서 산재하지 않고 대성한다는 것은 그 밖의 덕이라든가 업의 상이 뛰어나게 좋기 때문일 것이다.

　이와 같이 코뿐만 아니라, 사람의 상을 볼 때는 결코 일부분만을 보고 전체를 판단해서는 안 된다.

코밑이 길수록 좋다

　코에 이어 '인중(人中)'과 그 부근의 상에 대해 설명하겠다.
　인중(人中)이란 코밑으로부터 윗입술에 이르는 골을 말한다. 인중이 긴, 말하자면 코밑이 긴 사람은 '장수(長壽)의 상(相)이라 하여 장수하는 동시에 재복(財福)도 있다고 한다. 그리고 인중의 양쪽, 남성들이 입수염을 기르는 곳을 '식록(食祿)'이라고 하고 여기가 문자 그대로 가옥에서 말하자면 주방(廚房)에 해당하며, 식록이 넓고 풍요한 사람은 생계에

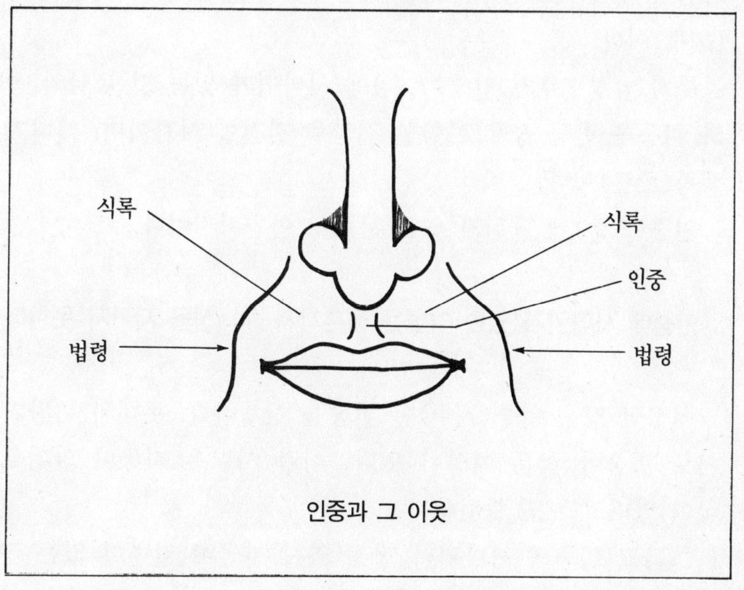

인중과 그 이웃

여유가 있고 재물을 이룰 수가 있다고 한다. 재계나 정계의 고위층에 있는 사람 중에서 이 넓고 풍요한 식록(食祿)의 소유자들을 많이 볼 수 있고, 이 식록이 좁고 알량하게 생긴 사람은 결국 주방이 좁고, 따라서 생활에도 궁핍하다고 한다.

대개 식록이 풍요한 사람은 인중(人中)도 길다. 말하자면 코밑은 길면 길수록 좋다는 말이다.

그 위에 금갑(金甲) 부근에서 식록(食祿)에 걸쳐 팥알 정도의 큰 사마귀가 있으면, 이런 사람은 평생 먹는 데 걱정이 없다. 같은 식록의 범위에서라도 작은 사마귀는 좋지 않다. 그런 사람은 평생 식객(食客)의 뒷바라지에 동분서주하며 남을 위해 평생을 보낼 상이다.

반드시 팥알 정도의 큰 사마귀라야만 하는데 어쩐지 작은 사람이 많다. 또 인중(人中)에 사마귀나 점이 있는 것은 흉상(凶相)이다.

특히 남성으로서 인중(人中)에 사마귀가 있는 것은 남의 욕과 미움을 받는 상으로 항상 직장을 전전할 사람이며, 게다가 색광(色狂)이다.

인중(人中)에 흉터가 있는 사람도 마찬가지이다.

인중에 사마귀가 있는 여성은 결혼까지 처녀성을 지키지 못한다

여성의 경우 인중(人中)은 자궁을 상징한다. 콧대와 마찬가지로 인중이 굽은 여성이 있다. 이런 사람은 자궁이 앞뒤로 굽어 있다고 보면 틀림없다.

그리고 인중의 사마귀나 점은 역시 자궁에 질병이 있는 징조로서 그림과 같이 점의 위치에 따라 여러 가지 판단이 나올 수 있다.

첫째, 그림 ①과 같이 바로 코밑에 있는 점이나 사마귀는 단명(短命)을 뜻한다.

그림 ②와 같이 인중의 중간쯤에 있는 여성은 확실히 자궁이 약하고 게다가 재혼할 상이다.

같은 그림 ②의 위치라 할지라도 좌우 어느 쪽에 치우쳐 있을 때는 자궁의 병과는 관계 없이 간통의 상, 음탕의 상이라 할 수 있다. 남성의 경우는 일언거사(一言居士 : 간섭쟁이)의 상이다.

그림 ④와 같이 인중(人中)의 아래쪽에 점이 있을 때는 남녀를 불문하고 소행이 불량한 사람으로 특히 여성은 심히 음란(淫亂)하여 결혼하기 전까지 처녀로 있을 수가 없다. 그리고 결혼한 후에도 남편 이외의 남성과 간통하게 된다. 여기에

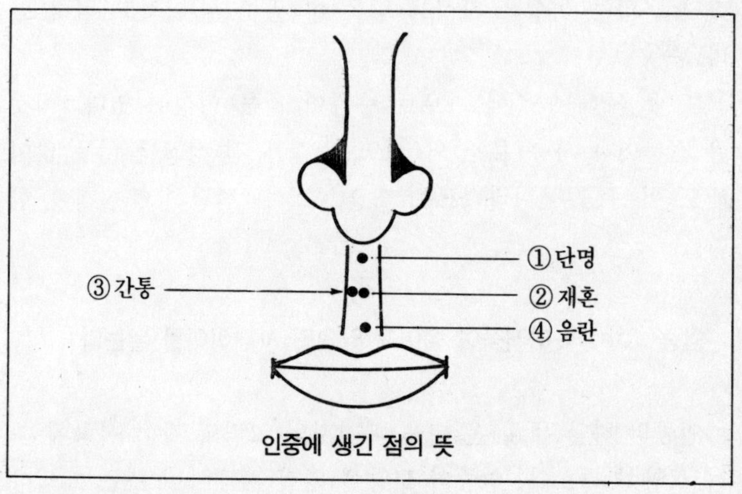

인중에 생긴 점의 뜻

점이나 사마귀가 있을 때는 아이를 낳을 수 없다고도 한다. 따라서 양자를 얻어야 하며 그 양자가 또한 극히 불효한 악운의 사마귀(점)이다.

대체로 인중은 굵고 길고 뚜렷이 드러나 보여야만 길상이라 할 수 있으며, 여성의 경우 이런 인중은 음모(陰毛)가 짙다고 한다. 반대로 인중이 가는 사람은 음모가 적다

남성으로서 인중이 깊이 패인 사람은 생식력이 강하고, 틀림없이 음모도 짙다. 반대로 인중이 얕은 사람, 즉 인중이 넓게 퍼져 희미하여 골이 보이지 않는 사람은 끈기가 없고, 생식력이 약하여 무정충(無精虫)의 위험성이 있으며 정액(精液) 주사를 놓아도 생식이 불가능한 상이다.

상서(相書)에 '인중은 남성의 경우 25세까지는 뚜렷이 형성된다. 여성은 그것보다 빨리 나타난다. 그리고 나이가 먹을수록 노화해서 점점 희미해지는 법인데, 중년에 벌써 인중이 사라지고 없는 여성은 자식을 낳을 수 없는 상'이라고 적혀 있다.

또 웃을 때 인중에 가로로 주름이 지는 여성이 있다. 이것은 간통이나 사통(私通)의 상으로, 결혼 전 성교를 너무 많이 해도 이 주름이 나타나므로 미혼 여성은 단단히 조심해야 한다.

인중(人中)의 아래쪽이 벌어져 있으면 사내아이를 낳는다

인중의 하단(下端)은 다음 페이지의 그림과 같이 사람에 따라 모양이 다르다. 인중의 모양에 따라 사내아이 또는 계집아

이의 어느 쪽을 많이 낳는가가 결정된다.

그림 ①과 같이 인중(人中)의 아래쪽이 뾰족한 사람은 남자 아이를 많이 낳고, 그림 ②와 같이 동그란 사람은 여자아이와 인연이 깊다. 그림 ③과 같이 인중의 아래쪽이 널찍한 사람도 남자를 낳는다. 그림 ④와 같이 상하가 쭉 곧은 것은 남녀 반반을 생산한다. 자식 복이 제일 많은 상(相)이다. 이것은 부부의 어느 쪽에서도 판단할 수 있다.

그렇기는 하나 통계에 따르면 전쟁 중이나 전쟁 후의 세상이 혼란한 비상 시대에는 남자의 출신율이 높고, 세상이 평화스런 시대에는 계집 아이의 출산율이 높다고 한다.

각 가정에서도 마찬가지로, 생활고가 없는 유복한 가정에는 여아가 태어나기 쉽고, 심신(心身)의 고통이 많은 시대에는

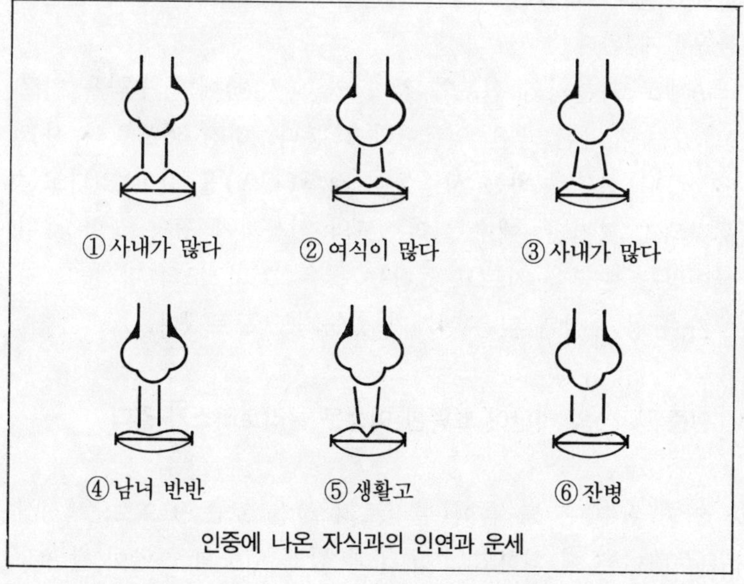

인중에 나온 자식과의 인연과 운세

남아의 출산율이 높다.

또 그림 ⑤와 같이 인중(人中)의 위쪽이 넓고 밑이 좁은 사람은 나이가 먹을수록 생활이 곤궁해지는 상(相)으로, 인중이 두드러지게 뚜렷한 사람은 역시 생활고(生活苦)에 허덕이기 쉽다. 이런 상의 사람은 대개 소심하고 비겁한 사람이다.

그림 ②와 ⑤는 음모(陰毛)가 적고, ③과 ④의 여성은 짙으며 ①은 보통이다.

인중(人中)의 중간쯤이 널따랗고 그림 ⑥과 같이 희미한 사람이 있다. 이런 사람은 99% 일이 성공할 듯하다가 마지막에 가서 파탄되고 마는 운명이다. 어찌된 셈인지 이상하게도 그와 같은 상은 불운을 당하며 대개가 질병을 앓게 된다.

또, 인중(人中)에만 털이 나지 않는 사람, 인위적으로 깎아 없애는 습관이 있는 사람은 만족을 모르는 탐욕가로서 말년에 불운하게 된다.

반대로 카톨릭의 신부와 같이 인중(人中)에만 수염을 기르고 있는 사람은 좋은 얼굴이라고 본다. 하긴 카톨릭의 사교(司敎)니 신부니 하는 사람들이 상학(相學)을 알고 있다고는 생각되지 않지만, 예수 그리스도의 신봉자가 동양 상학상 길상이라는 수염을 기르고 있다는 것은 그리스도의 탄생 그 자체가 동양 사상과 깊은 관계가 있는지도 모르겠다.

인중(人中)의 하단이 뾰족한 여성은 클리토리스가 길다

인중(人中)은 또 음핵(클리토리스)을 보는 곳으로, 색정상법(色情相法)에 의하면 그림 ①과 같이 인중의 하단이 칼끝같

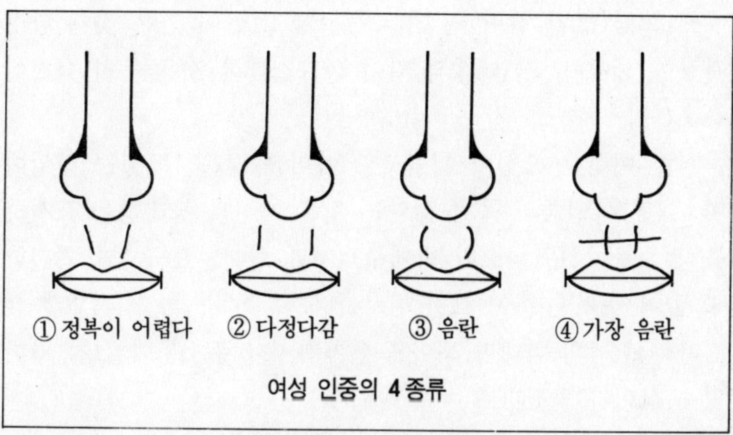

이 뾰족한 여성은 클리토리스가 길다 하고 밑이 뾰족하지 않고 평평한 사람은 클리토리스가 거의 없다시피 작은 축이다.

여성은 대체로 똑바로 서는 경우, 외향적으로 클리토리스가 보이지 않는 것이 보통이다. 이것이 튀어나와 보이면 배우자와 아이에게 불운이 깃들고 또 아이가 있더라도 효도를 하는 경우가 극히 적다고 한다. 즉 인중(人中)의 하단이 가느다랗게 뾰족한 여성은 아이가 귀하다고 한다.

또 음상술(淫相術)의 일파에는 인중을 질(膣)과 같게 보는 경향이 있다. 그림 ①처럼 인중의 위쪽이 넓고 아래쪽이 좁은 여성은 음구(陰口)가 좁고 질(膣)의 내부가 넓다고 한다. 이런 여성은 강간을 하려 해도 반항이 심하여 정복하기 어렵다고 한다. 그와 반대로 인중의 상부가 좁고 하부가 넓은 여성은, 음구(陰口)가 넓고 성감대는 질(膣)의 내부 깊이 위치해 있어 깊이 넣을수록 좋아하지만 한편 결혼운은 늦고, 비록 일찍 결혼하더라도 아이는 늦게 낳게 된다.

또 그림 ②와 같이 인중의 폭이 넓고 골이 얕은 것은 다정 다감한 상이며, 그림 ③과 같이 동그스름한 것은 특히 색정이 농후하다.

이런 여성은 오십이 되어서도 아이를 낳을 수 있는 타입이 며, 대체로 인중의 폭이 넓다는 것은 애정의 광대성을 표시하 는 것으로 너무 넓으면 박애주의자라 할까, 요구하면 거절할 수 없어 주기만 하는 그런 여성이다.

따라서 남의 아내가 되어도 언제까지나 뜬소문이 그칠 날이 없는 상이라 하겠다.

결국은 다음(多淫)과 같지만, 자진하여 음란한 짓을 하는 것이 아니고 남자가 요구하면 거절할 수 없는, 그런 무른 기 질에다 남자들이 좋아하는 용모를 갖고 있다(추녀라면 남성들 이 상대도 안 할 테니까). 따라서 호색가인 여성은 인중의 폭이 넓은 여성에게 많다고 하겠다.

또 하나, 인중(人中)에 가로로 주름이 진 여성은 정조관념 이 없는 불의밀통형(不義密通型)으로 앞의 박애주의적 여성보 다 다음(多淫)할 타입이다(그림 ④ 참조).

같은 바람둥이 여성이지만 이런 타입의 여성은 남자들이 칼 을 휘두르면 덤벼들 다음형(多淫型)이다. 자기의 음(淫)으로 말미암아 신세를 그르칠 운명의 여성으로서 정상적인 남성에 게는 가장 경원당하는 악녀의 상이다. 이런 여성만은 아내로 맞이하지 말 일이다.

이마의 관상법

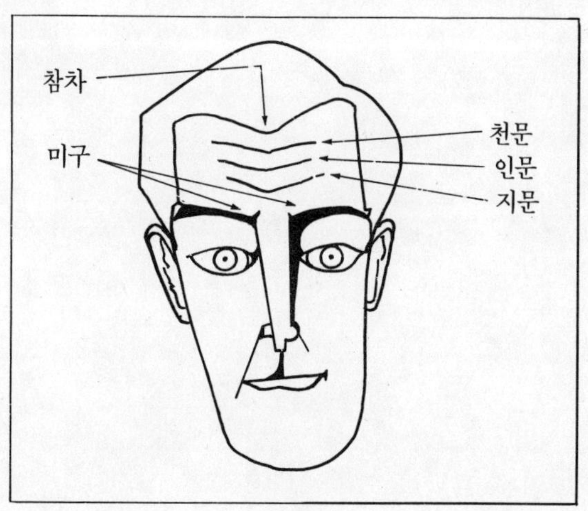

이마의 관상법

이마가 넓은 남성을 남편으로 맞으면 시어머니를 모셔야 한다

장남·차남·삼남에 따라 그 이마가 각각 다르다. 간단히 말하자면 아래로 내려갈수록 이마가 좁아진다.

그러므로 삼남, 사남이면서 이마의 폭이 넓은 사람, 즉 장남의 이마를 하고 있는 사람은 반드시 가계(家系)를 상속하여 생계를 꾸려 가야 하는 운명을 걸머지게 된다. 장남이 장남다운 이마를 갖지 않고 차남이 장남의 이마 상(相)을 하고 있을 때는, 형인 장남은 요절(夭折)하든가 아니면 집을 뛰쳐 나갈 것이다.

여성의 경우는 원래 남의 가정에 시집 갈 몸이므로 남성과 같지는 않지만, 여형제만의 경우에는 좋으나 나쁘나 친정을 돌봐 줘야 할 사람은 그 중 이마가 가장 넓은 여성이다.

그러므로 만일 대재벌의 무남(無男) 자매로 태어나 모두가 데릴사위를 맞아들였을 경우 그 재산을 상속하는 것은 이마가 가장 넓은 여성의 남편이라 하겠다. 반대로 전통 있는 상가 (商家)가 파산했을 때 그 재건이나 경리, 가권(家眷)의 양육 등 무거운 책임을 지고 애를 쓰는 것은 역시 이마가 넓은 딸 의 남편이다. 이상하게도 이것은 맞아떨어진다.

흔히 말하는 '차 있고, 집 있고, 시어머니 없는' 그런 남자 를 골라 시집을 가더라도(그 남편이 차남, 삼남일 경우에도) 형 제 중 그의 이마가 가장 넓을 때는 결국 시부모의 뒷바라지는 당신이 책임져야 한다.

결혼을 염려하고, 결혼 후 부부만의 생활을 바란다면 한 번 상대방 남성의 이마를 그들 형제와 비교해 보라.

M형의 이마를 한 여성은 남편에게 반항한다

109페이지 그림에서 보는 바와 같이 이마란 머리털이 난 아래부터 눈썹에 이르는 사이를 말한다. 이 사이를 세 부분으 로 나누어 가장 윗부분은 추리(推理), 중간부분은 기억, 아랫 부분은 직관을 관장한다고 한다. 추리 능력, 바꿔 말하자면 지 능이나 상상력이 발달해 있는 사람은 이 윗부분이 넓은 사람 인 경우가 많다. 이 그림에서 볼 때 ①에 해당하는 이마이다. 이것은 이른바 이마가 벗겨진 상(相)으로서 추리력이 발달한 지능형(知能型)의 이마라 하겠다. 이에 대해 그림 ②와 같이 이마가 동그란 사람은 이마의 윗부분보다 오히려 가운데 부분 과 아랫부분이 넓으므로 추리력보다 기억력, 또는 직관력이

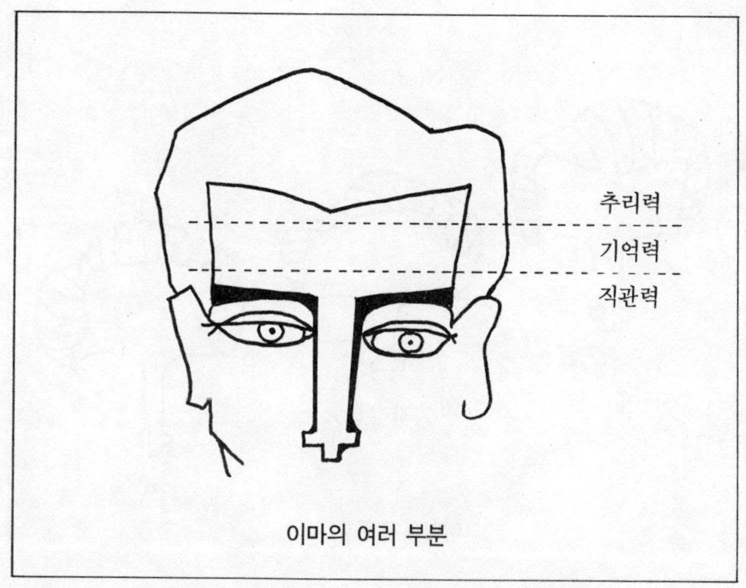

이마의 여러 부분

발달하고 성격이 과격한 감정형(感情型)이라 할 수 있다.

그리고 이마의 형태와는 관계없이 옆에서 보았을 때 눈썹 바로 윗부분이 튀어나온 이미가 있다. 이것은 미구(眉丘)가 높은 이마라고 하여 특히 직관력이 발달해 있다.

그리고 전체적으로 이마가 발달한 ①과 같은 타입은 대개 코와 광대뼈가 드러나 있게 마련이지만, 이와 같은 이마에 코와 광대뼈가 높은 사람은 몹시 예민한 사람임에 틀림없다.

대체로 이마를 크게 나누어 세 가지 형으로 분류한다. 그림 ①의 지능형(知能型)과 ②의 감정형(感情型), 그리고 그림 ③의 위가 좁고 아래가 넓은 네모진 이마이다. ③의 이마는 두뇌보다는 오히려 근골이 발달한 남성이 많다.

예컨대 ①과 ③이 짜고 범죄를 저지를 경우 틀림없이 ①이

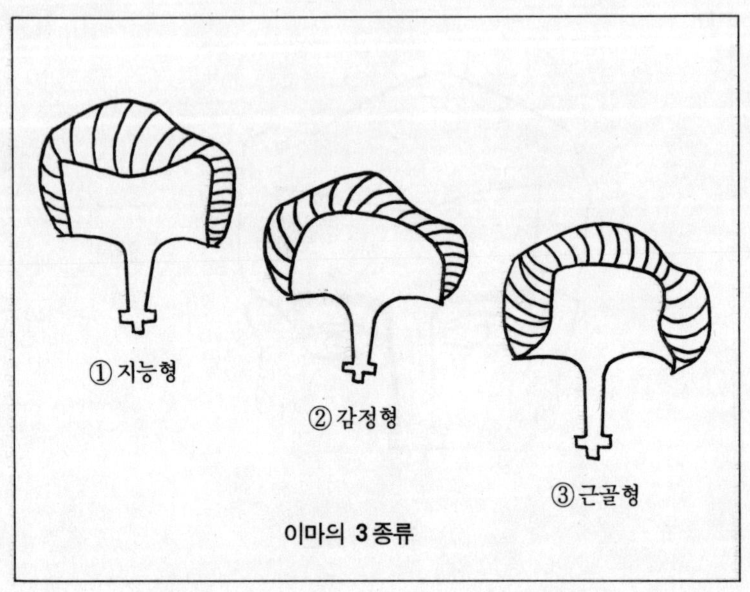

주모자(主謀者) 내지 지능범이 되고, 직접 범죄를 실행하는 하수인은 ③임에 틀림없다.

그리고 ①의 중앙부에 머리털이 난 언저리가 아래로 기울어져 있는 부분은 영양(營養)을 나타내는 것으로 ②,③보다는 ①이 영양의 혜택이 풍요한 생활을 하는 상이다.

또 이 중앙부의 처진 부분이 그림 ①과 같이 M형으로 되어 있는 사람이 있다. 이와 같이 처진 부분을 상학(相學)에서는 참차(參差)라고 하는데, 이것은 감정형·근골형·직관형 등 어느 형에도 다 나타나 있다.

참차(參差)는 111페이지 그림 ②나 ③과 같이 하나 보다는 두 개, 세 개로 그 수가 늘어갈수록 나쁘며 상사에게 반항할 상이다. 또 남에게 충고를 받아도 절대로 듣지 않는 외고집이다. ②의 남성은 화를 잘 내고, ③은 음흉한 형이다. 이 경우 ①과 같이 벗어진 이마에 참차(參差)가 생길 때 까다롭고 상사에 대해 반항하며, ②와 같은 둥근 이마에 참자(參差)가 있는 사람은 감정적으로 반항하는 타입이다.

그리고 ③과 같은 근골형에 참차가 있는 사람은 너무나 꼼꼼하여 남의 충고는 아랑곳없이 반항하는 융통성 없는 타입이다. 그 중에서도 까다롭고 반항적이며, 가장 심술 궂은 좋지 못한 형이라 하겠다.

참차(參差)가 있는 남성은 반드시 누이가 있을 것이다. 만일 누이가 없다면 자기가 태어나기 전에 어머니가 유산을 했거나 중절(中絶)로 여아를 없앴음에 틀림없다. 아무튼 참차(參差)가 있는 남성은 첫째 아이가 아님이 틀림없다.

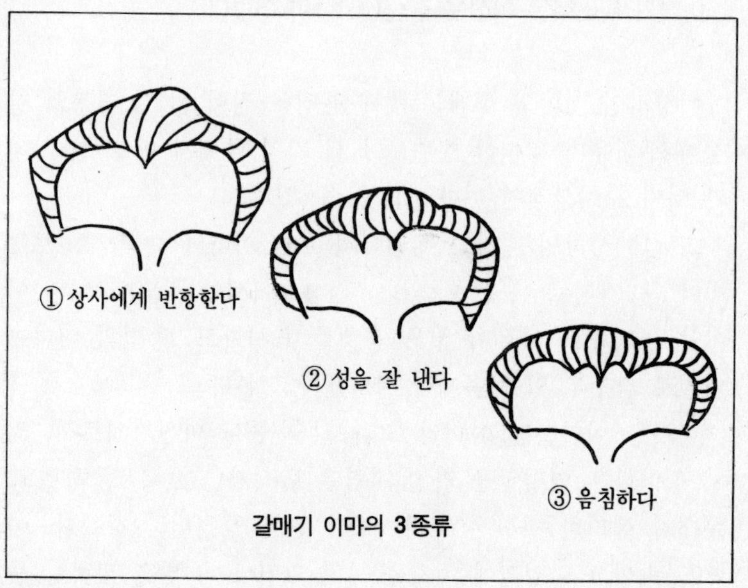

갈매기 이마의 3종류

여성의 경우, 요즈음 이마 앞머리를 자르므로 보통때는 이마의 넓이나 참차를 볼 수 없게 되었으나, 여성으로서 참차가 있을 때는 반드시 반항적이며 결혼 후 남성에게 순종치 않는 성격이다.

참차는 어느 시대에 있어서는 미모의 조건도 되었지만, 이것이 남성에게 반항하고 결국은 재혼(再婚)을 면치 못하는 이마 상이라면 이 어찌 익살맞은 운명이라 하지 않을 수 있겠는가. 특히 '이마의 세 종류'에서 그림 ①처럼 이마의 양끝이 벗어져 올라간 이마에 참차가 있는 여성은 가장 고약한 형으로서, '시집을 못 간 과부'라 하여 까다롭고 이상만 높아 결국은 혼기를 놓치고 마는 여성이다.

이마가 튀어나온 여성은 출산(出産)이 어렵다

이상적인 이마의 형태는 첫째 흉터나 점이 없고, 피부의 살결이 두꺼우며 넓어야 한다. 이 세 가지 중에서 어느 한 가지가 빠져도 이상적인 이마라고 할 수 없다.

그런데 사람의 이마는 정면에서 보는 이마와 측면으로 보는 이마 두 가지로 나눌 수 있다. 관상술에서는 정면에서 본 이마는 공개해도 지장이 없는 문제를 표시하고, 측면의 이마는 비밀로 감추고 있는 문제를 나타낸다고 본다.

이것은 이마뿐만 아니라 코나 입술 등도 마찬가지로서, 입이 튀어나온 옆얼굴을 가진 사람은 탐식가(貪食家)라 하겠고, 콧대가 예리한 사람은 프라이드가 강한 성격이라 하겠다. 아내를 속이고 비밀리에 여자를 두고 있거나 그 밖의 말못할 문제를 안고 있는 남성은 그 옆얼굴 빛이 창백하고 광택이 죽어 있어서, 늘 남편을 보고 지내는 아내의 눈으로는 쉽게 식별이 된다. 정면보다 측면이 더 정확하다고 할 수 있다.

그런데 정면에서 볼 때는 그렇지 않은데 측면의 얼굴이 몹시 쓸쓸한 사람이 있다. 이것은 그 사람의 내부나 마음속 깊이 무엇인가 쓸쓸한 사연을 내포하고 있다는 증거이다.

그런데 이마는 그 측면이 내심을 한결 명시하는 것으로, 이것을 간단히 판별하는 방법은 그 혈색을 보는 것이다. 아무리 침착하고 희로애락을 표시하지 않는 사람도 어떤 중대한 순간에 이르면 그 이마 언저리에 얼핏 핏기가 배어 나오게 된다. 반가운 순간은 틀림없이 피부빛이 생생하게 살아나게 된다. 반대로 실망할 경우에는 이마에서 관자놀이 부근에 걸쳐 핏기가 없어지고 창백하게 된다.

도박을 평생의 직업으로 삼고 있는 큰 노름꾼이나 바둑의 국수 같은 사람도 그 승패의 순간에 옆이마에 나타나는 이 변화는 무시할 수 없는 것 같다.

미구(眉丘 : 눈썹 위에 도드라진 살기)는 더구나 측면에서 볼 때 또렷하다.

미구는 직관력을 표시할 뿐만 아니라 열성(熱誠)을 나타내는 것으로, 살이 알맞게 붙고 높은 미구가 좋은 상이라 하겠다. 이와 같은 사람은 후천적인 열성과 노력에 의해 한 업(業)을 완성할 수 있는 역량의 소유자이다. 미골(眉骨)이 높은 것은 선천적인 것이기는 하나 노력을 하지 않기 때문에 같은 열성이라도 일시적이며 곧 열이 식고 마는 그런 성격이다.

하긴 미구가 높은 사람은 사사건건 열성적임에는 틀림없으나 어느 의미에서는 유물적(唯物的)이고 계산이 빠르며 철학적 사색에는 적당하지 못하다. 따라서 이마가 벗어진 ①형 (109페이지 참조)으로 미구가 높으면 주가(株價) 등의 변동에 대해 육감이 빨라 일확천금의 투기적 천분을 타고난 사람이라고 할 수 있다. 똑같이 미구가 높다 하더라도 머리털이 난 언저리가 일직선으로 네모진 이마를 한 사람은 데이터에만 의존하여 모든 것을 처리하려고 하기 때문에 투기(投機)에는 맞지 않고, 오히려 회계(會計) 같은 것을 맡겨 두는 것이 속임수 없이 유리할 것이다.

그리고 M형의 이마를 한 사람은 대체로 미구는 높지 않으며 따라서 이런 사람은 주식이나 증권 거래에는 맞지 않다. 그러면서도 M형의 이마는 회계를 맡겨 두면 적당히 속여 자기 용돈에는 궁색하지 않다.

같은 M형의 이마라도 양쪽이 벗어져 올라간 이마의 3종류 중 ①은 지능범이므로 장부 같은 것은 겉보기에는 깨끗한 것 같으면서도 내용은 엉망이다. 그러면서도 여간해서 꼬리를 잡히지 않는다. 아무튼 미구가 높다든가 이마가 벗겨져 올라간 것은 주로 남성이므로 여성에게는 관계가 없지만, 이마가 튀어나온 여성은 예외 없이 음모가 많고 짙다.

이와 같은 여성은 무엇보다 성(性)을 좋아하지만 남성측에서 볼 때는 무미건조하다. 자기만 만족하고 나면 부리나케 남성에게서 등을 돌리고 큰 소리로 코를 골며 잠드는 타입이다.

또 일설에 따르면 이마가 튀어나온 여성은 그 성기의 외음부의 살집이 두껍고, 아이를 거의 낳지 못한다고 한다.

만약 임신을 하여도 출산할 때 많은 고통을 겪어야 한다.

'안문(雁紋)'을 가진 남성은 돈이 붙지 않는다

이마에는 주름살이 잡히게 마련이다. 노년에 이르면 피부가 처지므로 아무리 애써 화장을 하는 부인도 주름을 감출 수는 없다.

그렇지만 젊을 때 벌써 주름이 지는 사람도 있다. 이것은 이마의 피부가 두꺼운 탓이며, 피부가 엷은 사람은 주름이 지지 않는다.

그런데 이마의 주름은 가로로 세 가닥이 생기는 것이 보통이고, 이것을 상학(相學)에서는 위로부터 차례로 천문(天紋)·인문(人紋)·지문(地紋)이라고 부른다. 이 중 116페이지의 그림 ①과 같이 세 가닥이 끊이지 않고 뚜렷이 나 있든가, 그림 ③과 같이 양끝이 위로 올라간 듯한 것을 가장 좋은 상이라고 하는데 이것은 그다지 흔치 않다. 대개 세 가닥 중 가운데가 끊어져 있거나 ②나 ④와 같이 '천(天)·인(人)·지(地)' 중의 어느 것이 끊어져 있거나 줄이 또렷하지 못한 경우가 많다.

이 중 천문(天紋)만이 한 가닥으로 또렷한 사람은 천(天), 즉 상사의 사랑과 지도·원조로 인해 운명을 개척할 수 있는 상(相)이다. 천문과 지문은 흩어져 있으나 인문(人紋)이 뚜렷한 사람은 남의 원조에 의해서가 아니라 자력으로 운명을 개척해 나가는 상(相)이다.

이와 반대로 천문(天紋)만이 끊어져 있는 사람은 상사의 사랑을 받을 수가 없다. 인문(人紋)이 끊어진 사람은 남과 다투기 쉽고, 지문이 끊어진 사람은 부하 중에 믿음직한 사람이

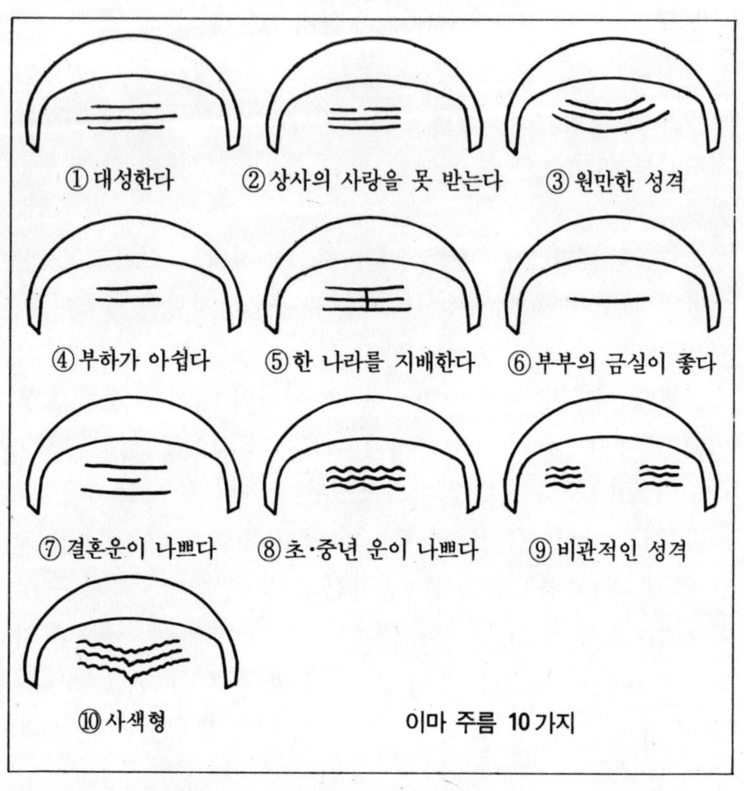

없다는 징조이다. 보통 월급쟁이 같으면 천문이 뚜렷한 사람에게 행운을 붙잡을 기회가 많다. 그리고 그림 ③과 같이 주름의 양끝이 위로 올라가 있는 사람은 성격이 원만하다.

중국의 상서(相書)에는 이 세 가닥의 선(線)이 또렷이 그려져 있고 게다가 그림 ⑤와 같이 중앙에 세로로 골이 진 사람은 왕자문(王字紋)이라 하여 한 나라의 영주가 될 길상이라고 씌여 있지만 이것은 여간해선 볼 수 없다. 그리고 인문만 있고 천·지문이 전혀 없는 사람이 있는데, 이것은 형제 간의 우애가 없다고 본다. 이런 경우 형제들이 떨어져 있으면 무방하지만 같이 있게 되면 반드시 사이가 나빠지고 싸움을 하게 된다.

다음으로 그림 ⑥과 같이 인문이 한 가닥일 때, 그리고 이것이 몹시 짧으면 부부의 금실이 나쁘며, 그렇지 않을 때는 아내가 병약함을 면치 못하는 상이므로 여성으로서는 크게 주의해야 할 상이다.

인문만이 나와 있는 것, 또는 그림 ⑦과 같이 다른 선은 뚜렷한데 인문만 짧은 것은 남성에 있어서 결혼운이 나빠 대개 실패로 돌아가는 예가 많다.

또 세 가닥이 뚜렷하지 않고 작은 주름이 몇 가닥이나 이마 전체에 뻗쳐 있을 때는 남의 뒷바라지, 남으로 말미암은 골치 아픈 일이 끊이지 않는다. 그러므로 이런 상은 고생을 면치 못하며, 여성으로 이와 같이 짧은 주름이 여러 갈래로 흩어져 있는 사람은 어쩐지 덤비기를 좋아한다. 부탁도 안 하는데 스스로 떠맡고는 고생하는 것이 바로 이 상(相)이다. 또 그림 ⑧과 같이 이마의 주름이 지렁이가 기어가듯 파상(波相)으로 꿈틀거리는 사람이 있다. 이런 사람은 초년운이 나쁘고 중년운은 더욱더 나쁜 상이다. 꿈틀거리는 주름이 중앙에서는 꺼지고 좌우 양측으로 서로 갈라져 있는 그림 ⑨와 같은 상은 자진하여 고생하는 상으로서 낙관이라는 것을 모르는 비관적인 성격의 소유자이다.

그리고 지렁이가 꿈틀거리는 것 같은 주름(그림 ⑧)은 초년·중년운이 나쁘다고 했지만 이것은 안문(雁紋)이란 것과 혼동하기 쉽다.

안문이란 그림 ⑩과 같이 마치 기러기가 하늘을 나는 주름 상이다. 이마가 좁은, 근골질(筋骨質)의 사람에게 많은 상인데, 이런 주름의 소유자는 돈벌이에는 알맞지 않다. 물질적으로 몹시 담백한 성질로서 유심적인, 사색에 몰두하는 그런 타입으로 노이로제나 신경쇠약에 걸리기 쉽다.

그림에서는 세 가닥을 모두 기러기 무늬로 표시했지만 두 가닥은 곧고 한 가닥만이 안문(雁紋)일 경우도 통틀어 안문의 이마라 볼 수 있다.

이것 역시 상업에는 부적합(不適合)하며, 정신적인 직업에 종사할 성품으로 남과의 교제도 시원치 않다. 교제가 서툴다는 것은 자기 처에 대해서도 해당하는 것으로, 스스로의 사고(思考)를 추구하기 때문에 가정에 대한 서비스도 소홀하고 부부의 금실도 좋지 못해 별거하는 경우도 있다. 따라서 부부별거(夫婦別居)의 상이라고도 하겠다.

이마의 여드름은 교통사고의 전조(前兆)

이마의 주름에는 앞에서 말한 가로 주름뿐만 아니라 세로로 난 주름이 있다. 대개 8자 주름으로 미간(眉間)을 찌푸릴 때 자연히 생기는 주름이다. 원칙적으로 세로 주름은 두 가닥인 경우가 많다(그림 ①).

때로는 세 가닥(그림 ②), 또는 十자(그림 ③) 형의 것도 있으며 어느 것이나 다 인상학상 좋지 못한 것이다. 두 가닥의 것은 쓸데없는 걱정을 많이 하는 상으로, 마흔 살까지는 운이 열리지 않는다.

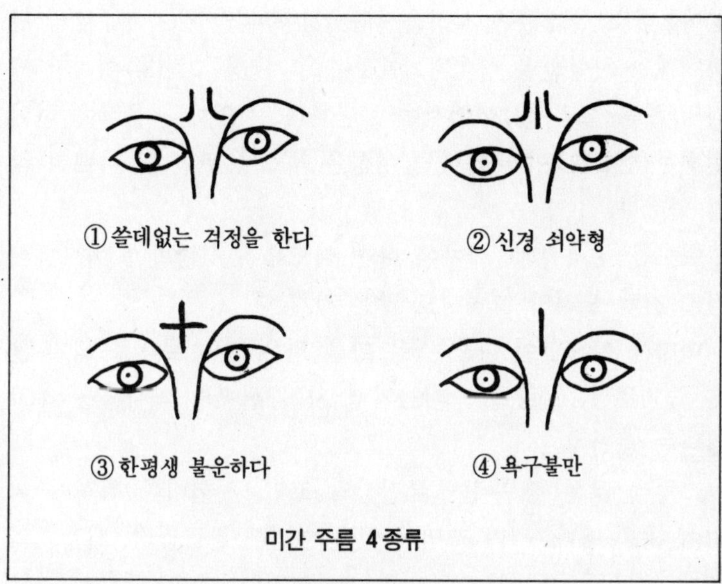

세 가닥은 더욱 나쁜 상으로 사소한 일을 비관하여 신경 쇠
약에 걸릴 상으로 고독을 면치 못한다.

더욱더 나쁜 것은 十자 형의 주름인데, 한평생 역경에서 헤
어나지 못할 상이다.

또 현침문(懸針紋)이라는 주름이 있는데 이것은 한 가닥이
다(그림④).

미간이 좁은 사람에게 이런 주름이 나타나는데, 이것은 손
윗사람——부모, 형, 상사——에게 언제나 짓눌려 자기의
의사 표시를 못하고, 욕구불만으로 애를 태우고 있을 때 이런
주름이 나타난다. 이것도 역시 고생할 상(相)이다.

하긴 여성으로서 미간을 조금만 찌푸려도 이 현침문이 나타
나는 사람은(이마가 좁은 탓도 있겠지만) 성기(性器)의 수축이

좋아, 다소 쓸데없는 걱정을 하는 경향이 있어도 아내로서 남편에게는 사랑받을 형이다. 이것이 十자 형(그림③)이지만 세 가닥 주름(그림 ②)이어서는 곤란한데, 무엇에나 울상을 하여 현침문(懸針紋)이 나타나는 여성은 섹스에 관한 한 나쁘지 않다 하겠다.

여드름 문제인데, 이마에 나는 여드름은 사랑받는 여드름이라고 전해 오지만 그렇지도 않은 것 같다.

이마에 여드름이 나는 것은 마음 먹은 일이 뜻대로 되지 않은 증거로서, 사랑을 받기는커녕 자기 편에서 짝사랑을 하고 있다는 증거이다.

그렇지 않은 경우에는 금전상의 고민, 시험이나 취직이 여의치 않을 때나, 뭔가 고민이 있을 때임에 틀림없다. 사춘기의 10대 소년들에게 나는 여드름은 생리적인 자연현상으로 하등 개의할 필요가 없고, 그것도 이런저런 고민 끝에 생긴 것이라고 보지 않을 수 없다.

결혼 연령에 이르러 나는 여드름은 중시할 필요가 없지만 그렇지도 않다.

여드름(실은 여드름이 아니고, 여드름 같은 고름 없는 붉은 종기)이 이마에 나는 것은 문제이다.

상학(相學)에서는 이것을 적포(赤苞)라고 하여 뭔가 재앙이 있을 전조로 본다.

교통 사고나 화재·수해 등을 만날 우려가 있기 때문에 조심할 필요가 있다.

미간에 여드름 구멍이 나 있는 사람이 있다. 이 구멍이 두서너 개 있는 남성은 차남 이하라도 장남의 책임을 맡아야 하

는, 이른바 가독 상속(家督相續)의 덕(德)을 갖추고 있는 사
람으로서, 만일 장남일 경우 그는 집을 나가 분가(分家)를 해
야 한다.
　이 구멍이 단지 하나만 나 있을 경우는 무슨 이유에서든 자
기의 소망이 달성될 수 없는 좋지 못한 상(相)이다. 그리고
이 구멍이 미간의 오른쪽에 치우쳐 있을 때는 위장병, 왼쪽에
치우쳐 있을 때는 심장병을 앓을 징조이다.

눈썹의 관상법

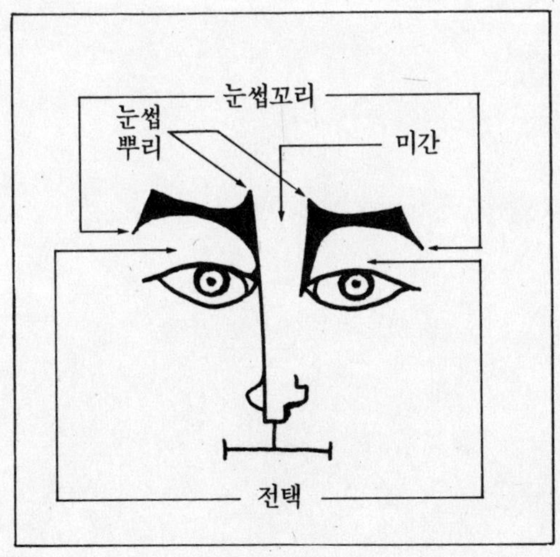

눈썹의 관상법

八자 눈썹의 남성은 페니스가 길다

눈썹은 서양 점술(占術)에서는 운명 판단의 가치가 없다고 보며 눈을 보호하는 것쯤으로밖에 취급하지 않는다. 그러나 동양에서는 크게 중요시한다.

첫째, 수명의 장단을 안다. 그리고 형제를 알 수 있다. 나아가 지능 정도, 현우(賢愚)의 판단을 한다. 그것뿐만 아니라 섹스와 재운을 식별할 수가 있다.

개나 고양이에게는 눈썹이 없다. 야만인들에게도 눈썹이 거의 없다. 이런 점에서 지능·진화(進化)와 눈썹 관계를 설명할 수 있지만 여기서는 현우(賢愚), 형제의 수(數)는 생략하고 주로 섹스 능력과 간단한 운세의 판단법을 말하겠다.

첫째, 눈썹과 섹스 관계를 보자.

우선 八자 눈썹이란 것이 있
다. 눈썹이 미두(眉頭)에서 눈
썹 꼬리 쪽으로 몹시 처져 정
면에서 볼 때 마치 '八'자로 보
이는 것이다. 이 八자 눈썹은
처운(妻運)에 있어 초혼으로는
끝나지 않을 상이다. 처지면 처

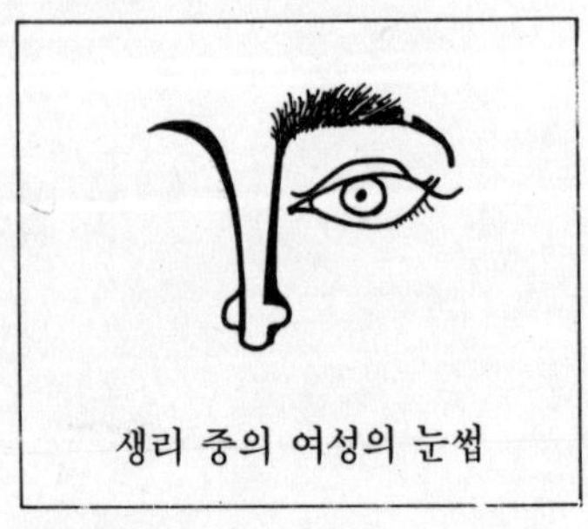

생리 중의 여성의 눈썹

질수록 여자를(호적상으로는 여하간에) 바꿔 가야 할 상이라
한다. 八자의 눈썹이 왜 여자를 자주 바꾸어야 하는가? 그것
은 섹스 관계 때문이다. 이런 상의 남성은 음경(陰莖)이 너무
길다. 상대 여성은 견뎌낼 수가 없다. 따라서 자연히 바꿔 가
야 한다는 결과가 된다. 여성으로서 이런 미상(眉相)은 과부
의 상이다.

여성에 있어서도 눈썹의 상은 그녀의 섹스를 가장 잘 나타
낸다. 계집녀(女)변에 눈썹미(眉)를 써서 미(媚) 자를 뜻한
중국인은 참으로 여성을 잘 관찰했다고 보겠다. 여자의 눈썹
은 자연 미태(媚態)를 나타내는 것으로, 옛날 무사들이 그 아
내의 눈썹을 깎은 것은 이 미태를 금하기 위해서였다.

물론 이런 눈썹은 가늘어야만 한다. 텁수룩한 눈썹은 추파
도 실감 있게 던질 수가 없다. 여성은 원래 초승달과 같은 가
느다란 눈썹이어야 한다. 너무 가늘고 위로 치우친 눈썹의 여
성은 색정이 강하여 바람기를 억누를 수 없다. 그 위에 정력
이 왕성하여 반드시 색난(色難)을 당할 상이다. 눈썹이 치우
쳐 있다는 것은 전택(田宅)이 넓다는 뜻인데, 여기에 대해서
는 뒤에서 상세히 설명하겠다.

미두(眉頭)에 분포된 신경은 생리적으로나 심리적으로나 몹시 민감하고, 여성의 경우는 월경(月經) 때 미두(眉頭)의 털이 곤두설 때가 많다. 보통 때는 누워 있던 눈썹이 생리 때만 일어선다. 어느 회사의 인사과장이 이 판별법을 익혀, 생리휴가(生理休暇)를 요청하는 여자 사원에게 '넌 거짓말을 하고 있어. 일전에 끝났을 거다'라고 하니까 얼굴색이 빨갛게 되어 물러섰다는 에피소드도 틀림없이 맞았던 것이다.

눈썹 끝이 치켜 올라간 여성은 가징주부로서는 실격

미구(眉丘)에 살이 두드러진 사람이 있다. 주로 남성에게 많으며, 특히 외국 사람이 그러하다.

이것은 노력형, 정열형이며 또 분석적인 관찰 능력이 뛰어나 있고 직관력이 예민하다 하겠다.

매나 독수리 같은 사람, 즉 독수리는 미구(眉丘)가 발달해 있으므로 하늘 높이에서 지상으로 날아 내려와 조그마한 벌레도 잡아먹을 수가 있다. 역시 육감이 빠른 탓이다. 그리고 중국의 상법에서는 '미구가 높은 사람은 귀족의 상'이라 하였는데, 이런 사람은 특히 프라이드가 강하다고 할 수 있다. 그리고 활동적인 성격, 게다가 성격이 너무나 격렬하여 지나친 행동으로 나가기 쉽고, 눈썹이 가늘면서 뻣뻣한 사람은 독단으로 흘러 이따금 오판을 하기 쉽다. 미구가 높고 약간 둥그스름하며 끝이 뭉뚝한 진한 눈썹이 이상적이라 하겠다.

끝이 뭉뚝하고 진한 눈썹이 이상적인 반면 눈썹이 지나치게 성긴 사람은 남의 위에 설 지도자의 자격이 없다고 하겠다.

그렇다고 지나치게 진하고 처음부터 끝까지 곧게 나 있는 눈썹은 자기 생각에 따라 전후 분별 없이 해치우는 비타협적인 형이다. 또 이런 눈썹의 소유자는 형제 간의 우애가 박하다고 한다. 여성으로서 눈썹 끝이 치켜 올라가고 짙은 사람은 과부상으로 음모(陰毛)는 짙다고 하며, 동성(同姓) 간에는 동정심이 없지만, 이성에 대해서는 적극적이다. 남녀 교제에서 앞장서 나오는 것도 이런 여성. 아늑한 가정주부로서 들어앉아 있을 수 없는 여성이라 하겠다.

그리고 늙어도 눈썹이 까맣게 짙은 사람은 후계자가 아쉽고, 그런 사람이 기관장이 되었을 때는 언제까지나 일선에 나가 활동해야 할 운명이다. 말하자면 남의 하는 일은 흠투성이라고 생각하여 만사를 맡길 수 없는 독존(獨尊)적 타입이다. 역시 눈썹은 늙어감에 따라 성기고 세야겠다.

눈썹이 짧으면 부부운이 나쁘다

단미(短眉)라고 하여 눈썹이 짧은 여성은 부부운이 없다.

단미의 여성은 서로 사랑하는 이상적인 남편과 결혼했다고 만족해하더라도 어느 틈엔가 불행하게 되어 버린다. 남편을 망치고 만다. 그렇지 않을 경우에는 양친과의 인연이 멀어진다.

눈썹은 눈꼬리보다 길면 긴

이복 형제가 있는 눈썹

눈썹, 눈꼬리보다 짧은 것을 짧은 눈썹이라 볼 수 있다.

약간 긴 것이 보통이고 길 뿐만 아니라 털이 고르고 윤택이 나야 좋은 미상이라 할 수 있다. 이것은 남성의 경우도 마찬가지이다.

남성으로서 단미(短眉)도 아내를 울린다. 뜬구름을 잡으려고 하고, 생활고에 허덕이고, 도박을 하고, 이유는 많겠지만 물질적으로 정신적으로 아내를 울리는 것은 면할 수 없다. 단미인데다가 끝이 처진 남성은 생활이 여의치 않고, 한때 펴지는가 하면 또 그르치고 만다. 인간의 본질은 양호하며 남의 일도 잘 맡아 하고 동정심도 후하다. 따라서 아내 되는 사람은 남편의 이런 점에 홀딱 반하고 만다. 그렇지만 조금 유복하게 되면 곧 바람을 피워 아내를 울리고 만다.

남성이나 여성이나 할 것 없이 단미는 배우자를 망치는 흉상이라 하겠다.

남편으로는 채(彩)가 있는 남성을 선택하라

좌우의 눈썹에 높낮이가 있는 것은 이복(異腹) 형제가 있는 사람이다.

그리고 말을 할 때 눈썹을 찌푸리는 사람은 만년에 고독하게 된다. 그리고 한일자로 뚜렷이 드러난 눈썹은 손끝이 무디다고 한다. 눈썹이 동그랗게 굽어 있을수록 손재주가 있다고 한다.

그리고 눈썹에 점이나 사마귀가 있는 사람은 그것이 작을수록 지능이 뛰어나다고 한다. 눈썹 가운데 어디라도 좋다. 요는 작아야 하지 커서는 아무 소용이 없다. 게다가 눈썹에 사마귀가 있는 사람은 프라이드가 강하고, 그런 사람은 손등이나 팔에도 반드시 사마귀나 점이 있다. 오른쪽 눈썹에 사마귀가 있는 사람은 오른쪽 팔에도 있는 법. 이것은 이상할 정도로 일치된다.

그런데 눈썹 끝에 사마귀가 있는 사람은 전심전력 정력을 기울인 사업이 결국 허물어지고 산재(散財)할 상이다. 투자를 해도 마찬가지로 적극적일수록 피해는 더 가중한다.

여성 관계에 있어서도 가만히 있으면 좋을 것을 손을 벌리다가 실패하는 상이다.

그리고 눈썹에 한두 가닥 특히 긴 털이 나 있는 사람이 있다. 이 한두 가닥 길게 나 있는 털을 '채(彩)'라고 하는데 극히 좋은 상이다. 특히 그것이 광택이 있을 때는 본인뿐만 아니라 가정에 크게 성공할 인물이 나게 된다. 공자(孔子)도 이 '채(彩)'가 세 개나 있었다고 한다.

남성이 그다지 미남이 아니더라도 '채(彩)'가 있는 남성이면 안심하고 몸을 맡겨도 좋다. 그의 형제에 이것이 있을 때도 마찬가지, 그이야말로 대성할 당자인지도 알 수 없다.

미간(眉間)이 좁은 여성은 색골이라 한다

미간(眉間)은 당자의 손가락 두 개가 들어갈 정도의 폭이 표준인데, 이 사이가 넓은 남성은 기우 광대(氣宇廣大)의 상이라 한다. 너무 넓은 것은 '어리석은 사람'의 얼굴이라 한다.

어린 아이들로서 미간이 손가락 셋쯤 들어갈 정도 넓은 것은 남녀를 불문하고 조숙아(早熟兒)라고 보며, 텔레비전 등에 서 어른 못지않게 훌륭한 역할을 척척 해낼 수 있는 것도 미간이 넓은 아이들이다.

성숙한 여인으로 미간이 넓은 사람은 극히 다음(多淫)한 상이다. 하지만 섹스의 맛은 그다지 좋다고는 할 수 없다. '비상(鼻相)'에서도 말한 바와 같이 영인형법(迎人形法)에 따르면, 미간은 음부에 해당하므로 여기가 넓으면 음부도 느슨하여 죄는 힘이 저어 나쁘다.

그러나 원래 여성의 성감(性感)은 성행위를 하는 남성의 기교에 좌우되므로, 미간이 넓다고 해서 반드시 맛이 나쁘다고는 할 수 없을 것이다. 요는 남성의 노력 여하에 따를 것이다. 중국의 상학에 의하면 미간이 넓은 여성을 귀부양처(貴婦良妻)의 상이라 하여 귀히 여긴다. 미간이 넓어도 코끝의 살이 빠진 여성은 '남편을 망치는 악녀'라고 하여 배척하고 있다.

반대로 눈썹과 눈썹의 사이가 좁은 여성은 성기의 수축력이 있어 좋다고 한다. 이른바 색골이라고 하는 성기의 소유자이다. 그러나 이와 같이 미간이 좁은 상은 재운(財運)이 나쁘고 결혼운도 좋지 못하다 한다.

남성으로서 미간이 좁은 것도 상학에서는 좋지 않게 본다. 쓸데없는 걱정만 하고 소심하여 일은 열심히 하나 상사의 눈에는 들지 않는 형이다. 미간이 좁을수록 이 불운은 배가한다. 그 위에 처운(妻運)도 나쁘다. 대체로 미간은 나이를 먹을수록 미두(眉頭)가 엷어져서 넓어지는 것이 보통이며 노인은 미간이 넓다.

미간이 좁아져 들어가는 것은 '요상(妖相)'이라 한다. 그리고 미간이 좁은 것을 검난(劍難)의 상이라 하여 칼을 맞거나 칼로 자살할 상이다. 특히 교통사고 등을 조심해야 할 것이다.

일설에 의하면 남자형제는 막내 쪽으로 내려갈수록 미간이 좁다고 한다. 이것은 가계를 이어갈 수 없는 상으로 가장(家長)의 역량이 없다고 상서에는 적혀 있다.

아내의 간통은 남편의 미간에 나타난다

남성의 눈썹을 보고 그의 처의 간통 여부를 알아낸다고 하면 믿어지지 않겠지만, '갑자기 남자의 눈썹에 윤이 나고 반짝일 때 그의 아내가 간통을 한다'고 상학에서 말하고 있다.

이론적, 과학적 근거는 별로 없다. 근거 운운한다면 좌우의 미두가 접근해 있는 여성은 성기가 좋다고 하는 것도 일소에 부쳐야 할 남성일 것이다.

그러나 관상술이란 역(易)과 점술(占術) 등에서 수천 년 전부터 많은 사람의 운명의 공통점을 그 체질·성격·풍모·지문(指紋)·수상(手相) 등에서 종합적으로 판단하여 이끌어 낸 통계이다. 즉, 미간이 좁은 여성은 대개 성기의 수축률이 강하고 좋다는 것은, 많은 사람들에 의해 오랫동안 전해 내려온 결과 '미간의 좁은 여성은 아래가 좋다'는 말이 퍼졌을 것이다. 이런 뜻에서 관상술은 과학적인 근거에 의한 것이라 할 수 있다.

남편의 눈썹이 갑자기 빛나기 시작하면 그 아내가 간통을 하고 있다는 증거라는 것도 많은 실례에서 끌어낸 판별법이라 하겠다. 그런 점을 감안하면 아무도 이것을 부정할 수가 없다.

이 경우, 곁에서 보아 눈썹에 빛이 나는 것을 어떻게 발견하느냐가 설(說)의 옳고 그름보다 더 중요하다 하겠다. 그것을 진작 발견하여 눈썹의 변화를 하나도 놓치지 않고 간파한다는 것이 관상술의 요체이자 관상가의 솜씨라 하겠다.

필자는 물론 그런 대가는 못 된다. 따라서 관상술의 기본을, 그 구체적인 예를 여러분께 소개하여 참고로 제공할 따름이다. 간통의 발견법도 그렇다. 옛날부터 상서에 적혀 있는 것을 여기에 소개할 따름이다.

물론 소개하는 이상 필자의 경험이나 지식으로 납득이 가는 것임은 말할 나위 없다.

이하, 그 밖의 눈썹에 관한 감정법을 소개하겠다.

남녀 할 것 없이 눈썹이 짙은 사람은 완고하고 의리가 굳으며, 눈썹 언저리에 털이 많은 사람은 남을 돕고 자기의 구원도 돕는 상이다. 다만 후천적으로 눈썹에 흠이 생겼을 때, 왼쪽 눈썹이면 집안 남자 중 누군가가 뜻밖의 병에 걸릴 것이고, 오른쪽 눈썹일 경우 집안 여성 중의 누구에게 재앙이 닥쳐온다.

또 눈썹털이 곤두서거나 흩어졌을 때는 중년에 이르러 파산을 하게 되며, 또 평소에는 가지런히 누워 있던 눈썹이 갑자기 문질러 세운 듯이 흩어져 있을 때는 재난이나 심한 악사(惡事)가 닥쳐올 전조이기 때

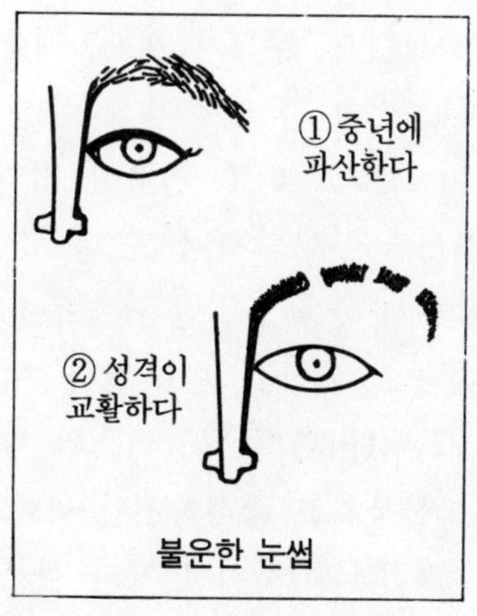

문이니 조심해야 한다고 옛사람들은 경고하고 있다.

그리고 133페이지 그림 ②와 같이 토막토막 끊어져 있는 눈썹은 간헐미(間歇眉)라고 하여, 성격이 교활하고 형제 간의 우애가 없다고 한다. 눈썹이 거의 없다시피한 사람은 집안 사람(자식들)과의 연분이 나쁘고 수치를 모르는 인간이라 한다. 이상, 하나하나 유명인사를 들어 설명하는 것은 피했지만 자세히 관찰하면 여러분 주위에도 반드시 수긍이 가는 인물들이 있을 것이다.

전택(田宅)이 두꺼운 여성은 호색가(好色家)다

눈썹은 눈꺼풀 위에 있다. 이 눈과 눈썹 사이를 인상학(人相學)에서는 전택(田宅)이라고 한다. 전택은 눈꺼풀과 거의 비슷하지만 전택이 좀더 광범위하다고 보겠다.

전택(田宅)이란 문자 그대로 전답·가택·부동산을 나타내는 것으로 이 전택이 넓은 사람은 천운(天運)의 혜택이 크다고 보겠다. 부모나 형제, 배우자의 재산을 양도받을 길상으로서 눈썹이 눈 위에 바싹 붙은 사람은 이 운이 없다고 할 것이다. 그리고 비록 전택이 넓다 하더라도 여기에 흉터나 점이 있으면 부모의 유산은 아무것도 물려받을 수 없는 사람이다. 설사 유산을 물려받을 경우에도 전택에 점이나 사마귀가 있을 때는 그 유산을 잃고 만다. 여성의 경우도 마찬가지이다.

전택(田宅)은 또 섹스와 깊은 관계가 있어서, 젊은 시절에는 불룩하고 넓적하지만 나이가 듦에 따라 꺼져 들어간다.

그런데 이것이 언제나 불룩하게 살이 올라 있는 사람은 몹시 음탕하다. 여기에 눈썹꼬리마저 처져 있으면 '황음(荒淫)'하기 그지없는, 바야흐로 젊은 사람을 능가할 정력의 소유자로 색(色)에만 골몰하게 된다.

이것은 전택에 언제까지나 지방이 차 있기 때문이며, 노소를 막론하고 이런 사람은 정력이 비상한 사람이라 하겠다.

여성의 경우도 마찬가지이다. 이런 여성은 남자 없이는 못 산다. 결혼 후에도 남자의 성이 약하거나, 직업상 남편이 집을 비우는 경우에는 반드시 다른 남성과 정을 통하게 된다. 섹스 면에서 몹시 허술하고, 그만큼 호색적이며 남자를 좋아하는 타입이다.

때에 따라 눈이 부은 듯이 전택이 부풀 때가 있다. 마치 수면부족으로 푸석푸석해진 듯이 말이다. 이것은 오랫동안 여성을 멀리했을 경우에 그러하다. 말하자면 정력이 축적되어 있다는 증거이다. 거울에 자기 얼굴을 비춰 전택을 보면 정력의 축적 정도를 판단할 수 있다.

섹스의 도가 지나칠 때는 눈은 대개 꺼져 들어가는 것이 보통이다. 즉 정력의 지나친 낭비이다.

과로의 경우에도 물론 눈은 들어가고, 운 뒤에는 부어 오른다. 그러므로 평상시의 전택을 보고 섹스의 과부족을 판별해야 할 것이다.

전택(田宅)의 살이 엷은 여성은 행복할 수 없다

앞 항과는 반대로 전택의 살이 여윈 사람이 있다. 이른바 시원한 눈매를 말한다.

이런 여성은 참으로 매혹적이다.

그런데 상학에서는 이런 시원스런 눈의 소유자를 박복하다고 말한다. 미인박명(美人薄命)의 상이다. 체질도 약하고 중년을 지나 한층 불행하게 되는 상이다.

대체로 전택이란 눈 위를 가리키는 것이므로 상학에서는 손위와의 관계를 뜻한다고 본다. 여기가 엷은 사람은 수상, 즉 손윗사람의 덕이 박하다고 한다. 이것은 남성의 경우도 마찬가지로 자기 자신의 노력이 아니면 길이 열리지 않는다.

그리고 전택이 넓고 살이 적당히 올라 있더라도 여기에 흉터나 흠이 있을 때는 부모 유산은 없고, 또 있더라도 산재하고 말 운명이다.

그리고 살이 없는데다 눈썹과 눈 사이가 딱 달라붙어 있는 사람은 처음부터 재물이 없다. 남녀를 불문하고 눈꺼풀이 두껍고 눈썹과 눈 사이가 넓은 사람은 손위 사랑도 두텁고 남의 도움으로 운명이 열린다. 여성일 경우 다소 소행이 나쁘더라도 좋은 후원자가 있어 평생을 안락하게 지낼 수 있다. 그리고 남성으로서 전택이 넓고 눈썹이 성긴 사람은 평생 바람끼가 그치지 않는 상이다. 눈썹이 엷다는 것이 조건이다.

이의 관상법

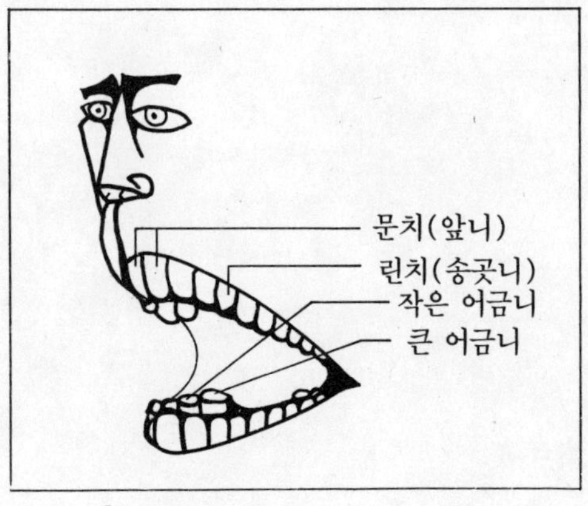

이의 관상법

의치(義齒)는 섹스에 약하다

이 밖에도 일반적으로 알려져 있진 않지만 관상술에서는 이 (齒)가 중요한 포인트를 차지하고 있다. 여자의 음모가 짙으 냐 성기냐는 그 이를 보면 알 수 있다.

주지하는 바와 같이 이에는 문치(門齒), 견치(犬齒), 구치 (臼齒 : 어금니)의 세 가지가 있고, 이 중 중앙 맨 앞줄의 두 쌍의 이, 즉 문치(門齒)가 그 사람의 성생활의 운세를 보는 데 가장 중요한 역할을 한다.

이는 원래 음식물과 밀접한 관계가 있어, 동물을 보아도 알 다시피 풀을 상식(常食)하는 동물은 어금니가 발달해 있고, 고양이와 같은 육류(肉類)를 주식으로 하는 동물은 견치(犬 齒)가 발달해 있다.

육류를 상식하는 서양인과 채소를 상식하는 동양인과 비교하면 서양인은 어금니가 다섯, 견치가 다섯의 비율이지만, 동양인은 어금니가 여섯, 견치가 넷의 비율이다. 이것은 개인에 따라 치아의 수도 차이가 있어, 문치는 상하 두 쌍 있는 사람도 있고 세 쌍이 되는 사람도 있다.

흔히 '눈·치아·연장'이란 말이 있듯이 노화(老化)의 가장 노골적인 현상이 첫째 눈, 다음에 치아, 그 다음이 섹스 능력이라고 하여, 관상술에서는 특히 정력의 상징으로 삼는 것이 치아이다. 그 중에서도 문치는 가장 중요하다.

치아는 그 사람의 육체적 건강을 보전하는 데 있어 '씹는다'는 중요한 역할을 하는 기관이다. 그뿐만 아니라 일찍 삭아 버리는 이는 정력의 결핍을 뜻하며, 치아가 나쁜 사람은 그만큼 성욕이 왕성하지 못한 사람이다. 그러나 다른 이가 아무리 나쁘더라도 문치만 건재하면 성행위는 쇠하지 않는다. 반대로 모든 치아를 의치로 해 넣을 때는 대체로 연령의 구별 없이 정상적인 섹스 기능은 감한된다.

하긴 모두 의치(義齒)로 갈아 넣고도 얼마든지 아이를 낳는 사람도 있다. 여자들 중에 미용 성형상 의치를 넣는 사람이 많다. 특히 연애인들 가운데서 그런 사람을 많이 볼 수 있는데, 물론 20대의 젊은 사람이야 현저한 성적 능력의 감퇴를 느끼지 않겠지만 갱년기에 접어들면 그 영향이 뚜렷이 나타난다.

이것은 문치를 뽑아 신경을 제거하면, 생식선(生殖腺)에 연결되어 있는 뇌하수체(腦下垂體)의 기능에 영향을 끼쳐 성적으로 약화되기 때문이라고 전문가는 말하고 있다.

그러므로 젊은 시절, 미용을 위해 문치를 뽑는다든지 의치를 해 넣는다든지 하면 호르몬 분비에 장애를 초래하여 여성은 첫째 유방이 작아진다. 흔히 패션 모델들이 가슴이 작은 것은 의치를 하기 때문이라 하겠다.

물론 성생활을 하게 되면 미혼 때와는 달리 여성의 가슴과 히프가 변하는 것은 당연하며, 대개 가슴은 작아지고 엉덩이가 크게 된다. 이와 같은 변화와는 별도로, 이를 뽑게 되면 호르몬 분비에 차질을 일으켜 중성화(中性化)된다는 것을 염두에 둘 필요가 있다.

즉 의치로 바꾼 여성이 성적 능력을 전과 그대로 유지할 수 있는 사람은 거의 없다. 치아가 강한 사람은 남녀를 불문하고 성적으로 강하다.

의치(義齒)뿐만 아니라 얼굴을 인위적으로 변형(정형수술 따위로)할 때도 외견상의 변화 이상으로 사람의 운세(運勢), 성격에 변화가 온다는 것을 명심하라.

치아가 큰 여성은 음모가 짙다

문치(門齒)가 남자와 같이 큰 여성은 음모가 짙다고 한다.

음모가 발달하고 짙은 여성은 부지런하고 자기가 맡은 바 임무에 책임을 다하며 성실하다. 그러나 이와 같은 열성과 강인성은 운명적으로 과부상에서 오는 것이라고도 보겠다. 섹스 면에서는 그다지 정서적은 못 된다. 남자측에서 볼 때는 비록 그 여성이 미모라 할지라도 치아가 큰 여성은 의외로 담백하다고 느껴질 것이다.

전치(前齒)뿐만 아니라 치아 전체가 똑같이 가지런하고 고르게 난 여성이 있다. 이런 여성은 음모가 한결 검을 것이다. 이런 형의 여성은 정열적이고 남성에 대해서도 적극적이고 행동적이어서 사랑의 기교를 몹시 요구하게 된다.

남성도 마찬가지로 대개 앞니가 큰 사람은 털이 짙다고 생각하면 틀림없다. 음모가 짙느니 성기느니 하는 분류법 외에 또 그 형태에서 오는 분류법도 있지만 이것은 뒤에 가서 설명하겠다.

치아가 작은 여성은 특수한 성기의 소유자

아래 위의 치아가 잔잔한 참외씨와 같은 여성이 있다. 이런 여성은 질내(膣內)의 구조가 극히 정교하여 행위 때 남성에게 더없는 쾌감을 준다고 한다.

질의 구조가 여느 여성과 다른 점은, 질구(膣口)의 좌우 양측에 마치 곶감과 같은 여분의 살이 붙어 있어 절정에 달할 무렵 이 살이 여성의 질구를 꽉 메워 주기 때문에 한결 쾌감을 촉진한다는 것이다. 보통 여성의 질은 성교시 아랫부분에 틈이 생기는데, 이 질은 그 틈을 메워 주기 때문에 특수한 성기라 할 수 있다. 백 명 중에 한 사람 있기 어려운 진기(珍器)이다.

치아가 작고 광대뼈가 드러난, 얼굴 하반부가 풍요한 여성에게 이런 성기의 소유자가 있다고 한다. 아랫입술이 두껍고 툭 내민 것 같은 여성을 흔히 색골이라 하는 것도, 치아를 음부에 비교해 두툼하고 아랫입술을 질구의 아래쪽에 붙은 곶감

살과 같이 본 탓이라 하겠다.

아무튼 치아가 작아야 한다는 조건이 따른다. 이때 주의할 것은 아랫니가 윗니 밖으로 나온 여성은 결코 곶감살이 붙은 성기는 아니라는 것이다. 이런 여성은 질투심이 너무 강하기 때문에 남성에게는 그다지 달가운 존재가 못 된다.

치아가 고르지 못한 여성은 가정운이 나쁘다

치아와 성격이 밀접한 관계가 있다는 것은 통계상 범죄자의 치아는 뻐드렁니가 아니면 고르지 못한 치아가 많다는 데서도 알 수 있다.

이것은 천성이나 유전에서 오는 것이라고 말할 수도 있지만

평소 치아를 소중히 하고 잘 닦는 사람은 성격도 치밀하고 신의도 있는 사람이지만, 치아를 아무렇게나 방치하여 버려 두는 사람은 그 성격부터가 나태하고 불신에 차 있다.

고래로 치아가 고른 사람은 '말에 실속이 있다'라고 했다. 치아와 치아 사이가 성기거나 고르지 못한 사람은 품성이 거칠고 거짓말을 잘한다고 일컬어져 왔다. 확실히 치아는 그 사람의 성격·운명을 나타내고 있다.

예를 들어 치아가 고르지 못하고 들쑥날쑥 나 있는 남성은 부인과의 인연이 상하기 쉽다. 성격이 급하고 고집이 세다.

여성으로 치아가 고르지 못한 사람은 집안을 망치기 때문에 조심하라고 옛날부터 전해 온다. 그리고 성미가 급하고 외고집이므로 남편이나 가족들과의 충돌이 끊일 새가 없다.

몇 번이나 남편을 바꾸는 여성에게 나쁜 치아를 가진 사람이 많다는 것도 이런 데서 오는 이유일 것이다.

아이들 가운데 치아가 고르지 못한 아이가 있을 때 그 부모는 특별히 교육에 힘쓰고, 그 성격이 비뚤어지지 않도록 조심해야 할 것이다.

치아가 고르지 못한 남성은 성불구자이다

어떻게 된 셈인지 치아가 고르지 못한 남성에게 음위(陰痿)가 많고 성불구의 사나이는 치아가 고르지 못하다고 한다.

이것은 아마 저작(咀嚼)을 맡아 보는 삼차신경(三叉神經)과 관계가 있을지도 모른다. 치아의 신경은 삼차신경의 말단으로서 삼차신경에는 자율신경이 변조(變調)를 일으킬 것이며, 따라서 자율신경이 완전하지 못한 것은 치아의 난립(亂立)에서 온다고 보아야 할 것이다.

그러므로 치아가 극단적으로 나쁘다는 것은 성불구가 아니면 반대로 성욕이 강한 쪽이 될 것이다.

삼차신경(三叉神經)이 나쁜 사람은 충치(虫齒)에 걸리기 쉽다고 하므로, 즉 충치가 많은 사람은 섹스에 약하다고 보겠다.

그리고 주의해야 할 것은 치아가 검은 사람, 이것이야말로 음탕한 사람이다. 대체로 치아는 엷은 황색이 보통인데, 너무 검거나 반대로 너무 흰 것도 좋지 못하다.

흰 치아는 마골(馬骨) —— 뽀얀 치아 —— 이라 하여 천시한다. 이런 치아는 더운 것을 잘 못 먹는다. 원숭이도 이가 흰데 뜨거운 것을 못 먹는다고 한다.

따라서 치아는 약간 누런 빛을 띠어야 한다. 치아가 검은 사람은 입술도 검고 아주 음탕한 성격이다. 성불구자나 지나치게 음탕한 자나 다 같이 여성을 불행하게 한다. 상대될 여성도 남성의 치상(齒相)을 잘 봐 둬야 한다.

문치(門齒)가 좌우로 벌어져 있는 사람은 교통사고를 당한다

치아만 보면 연인의 장래성, 성격을 일목요연하게 알 수 있다. 대표적인 예를 들어 설명할 터이니 146페이지의 그림을 참조하라.

첫째 그림 ①은 뻐드렁니를 옆에서 본 그림이다. 뻐드렁니는 주지하는 바와 같이 치아가 밖으로 뻗어 나와 있으므로 이런 사람은 솔직하고 다변가로서 속마음을 즉시 털어놓고 마는

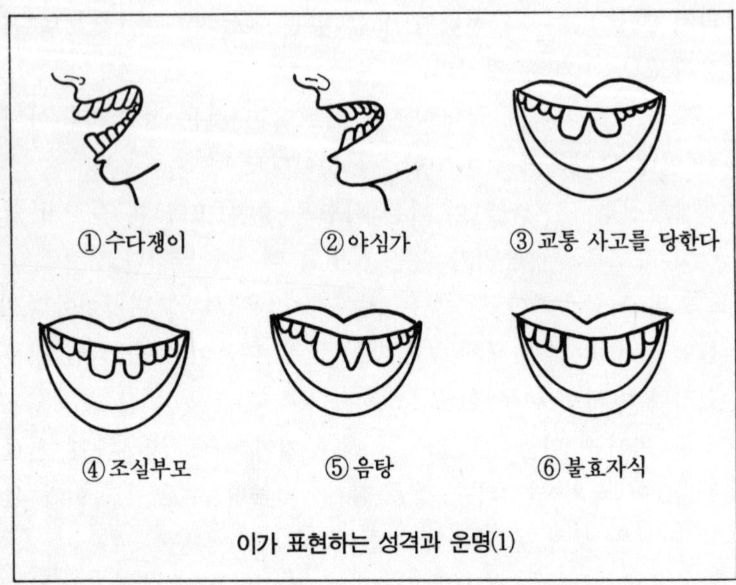

이가 표현하는 성격과 운명(1)

타입이다.

　그림 ②는 반대로 치아가 안으로 오그라진 것이다. 이런 사람은 성격이 음흉하고 남 앞에 쉽게 마음을 털어놓지 않기 때문에 마음이 검고, 책략(策略)에 능한 사람이라 하겠다. 이른바 책사(策士), 군사(軍師)의 치상이다.

　그림 ③은 문치(門齒)가 좌우로 벌어져 그 사이가 떠 있는 사람이다. 이런 치아의 소유자는 운세가 약하고 처자와의 연(緣)도 기박하다. 횡사(橫死)의 상이라고 하여 길바닥에서 죽을 상이다. 교통사고에 조심해야 한다.

　그림 ④와 같이 문치의 한쪽이 떨어져 나간 사람은 한쪽 부모를 일찍 사별(死別)할 상으로 양친이 건강할 경우에는 어느 한쪽과 별거해야 할 상이다.

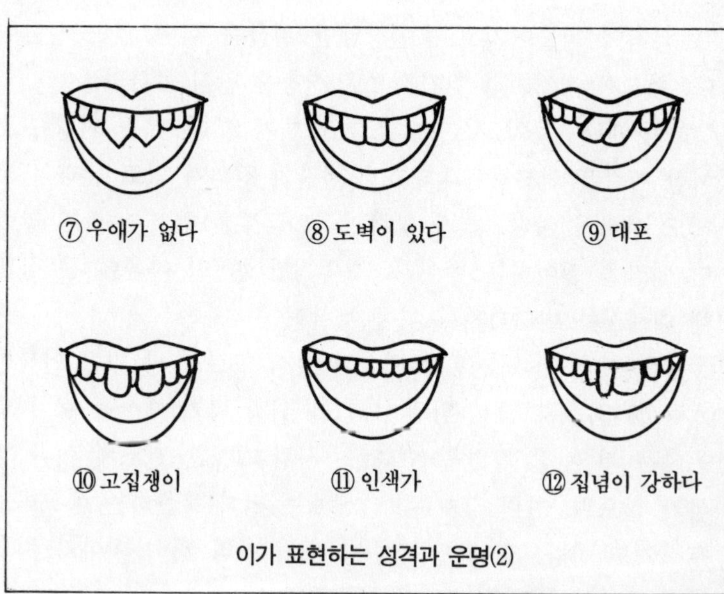

이가 표현하는 성격과 운명(2)

　그림 ⑤는 문치 사이에 견치(犬齒)가 나 앞니가 세 개 있는 것같이 보인다. 치상(齒相)에서는 이것을 황음(荒淫)의 치아라 하여 남녀가 다 몸가짐이 좋지 않다고 한다.

　그림 ⑥은 문치(門齒) 사이가 지나치게 벌어진 사람으로 이런 치상(齒相)은 단명(短命)한다. 육친과의 인연도 박하고 부모가 살아 있을 동안 불효가 그지 없다.

　그림 ⑦과 같이 문치가 두 개 다 끝이 뾰족하여 견치(犬齒)처럼 보이는 사람은 성질이 포악하고 형제간의 우애가 없으며 주인을 배신하는 반역가의 상이다.

　그림 ⑧도 좋지 않다. 문치(門齒)가 세 개로 사람을 상하게 하는 악상(惡相)이다. 또 도벽도 있다고 한다.

　그림 ⑨는 문치가 옆으로 꼬부라져 있는 것으로, 이런 사람은 성격이 비뚤어지고 호언장담만 일삼는 실속 없는 사람이다. 허술한 성격이라 인간적으로 신용을 받지 못한다.

그림 ⑩은 문치 사이에 조그만 이가 끼어 있는 치상으로, 이런 사람은 외고집인데다가 친척간의 정의가 없고 남과의 교제도 시원치 않다. 좋게 말하면 고고(孤高)하고 나쁘게 말하면 인간을 싫어하는 형이다. 그렇지만 한 번 마음에 든 상대에 대해서는 어디까지나 뒤를 보살펴 준다.

그림 ⑪은 치아 전체가 빗살과 같이 고르게 나 있는 인색한 치상(齒相)으로 남을 위해, 의리를 위해 자기 재산을 털어 넣는다는 것은 절대 있을 수 없는 사람이다. 수전노에 이런 치아가 많으며, 한편 강자(强者)에게는 절대 복종하는 에고이스트이기도 하다. 또 한편 쥐이빨〔鼠齒〕이라 하여 치아가 쥐의 이처럼 생긴 사람은 고독하다고 한다.

이 밖에 문치가 두 개 겹쳐져 있는 사람은(그림 ⑫) '요설가이며 남을 비방하는 천성으로 자기를 망치는 상'이라 한다.

이와 같이 문치(門齒)를 보는 것만으로 그 사람의 성질·운세를 알 수 있다. 이것은 남녀가 다 마찬가지이므로 연애나 결혼 상대로는 보통 정도의 고른 치아를 가진 상대를 고르는 것이 무난하다.

이상으로 윗니만의 감별법을 얘기했는데, 이것은 웃거나 입을 벌릴 때 보이는 것은 거의가 윗니이기 때문이다.

턱의 관상법

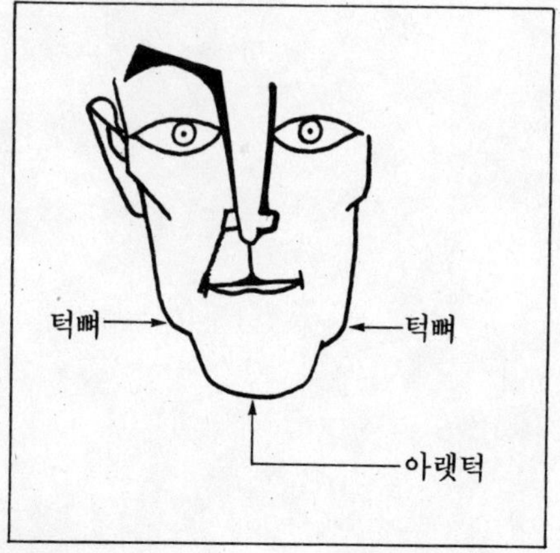

턱의 관상법

턱이 긴 남성은 애처가이다

턱이 굳세게 생긴 남성은 가슴 둘레도 넓다. 턱이 단단한 사람은 가슴과 심장이 강하다. 그래서 스포츠 선수가 되려면 턱이 단단하게 생겨야만 한다.

턱은 또 의지력과 인내력을 나타낼 뿐만 아니라 만년의 운세를 나타낸다. 152페이지의 그림을 보자. 크게 나누어 그림과 같이 ①둥근 형, ②뾰족한 형, ③네모진 형, ④넓적한 형, ⑤비스듬한 형 등 다섯 가지 형으로 나누어진다.

이 중 ①의 둥근 형은 애정이 깊고 가정에 대한 정애가 강하다. 남의 뒷바라지도 잘하며 친구들의 특별한 호의를 받는 형이다. 연애·부부 관계에서도 훌륭한 상대를 얻게 된다.

②의 뾰족 형은 애정의 혜택을 받지 못하고, 가정에서도 쓸

쏠하며, 이지적이고, 감각은 예리하지만 운이 피지 않아 비운 (非運)에 그칠 운명이라 하겠다.

③의 모가 난 턱은 성격이 완고하고 지기 싫어하는 성격으로 너무 고집을 부리기 때문에 남의 미움을 사기 쉽다.

턱이 벌어진 사람은 한 번 당한 굴욕을 결코 잊지 않는다. 그런 뜻에서 집념이 강하고 그러면서도 신경은 약하다. 잔일에 치밀한 배려를 잊지 않는 것도 이런 턱의 소유자들이다.

재미있는 현상은 턱이 모난 사람은 반드시 골반도 팽팽히 벌어져 있다. 여자처럼 골반이 넓적하다. 턱이 넓다는 것은 턱뼈가 불룩 튀어나온 관계에서인데, 이에 대해서는 뒤에서 다시 설명하겠다.

그런데 ④의 넓적한 턱은 턱이 크고 아랫입술에서 턱 끝까지의 길이가 긴 이른바 초생달 형의 턱이라 할 수 있다. 이런 형의 사람은 성격이 진지하여 애정도 깊고 표리(表裏) 없이 일을 하는 타입이며, 자신만만하며 의협심도 강하고 게다가

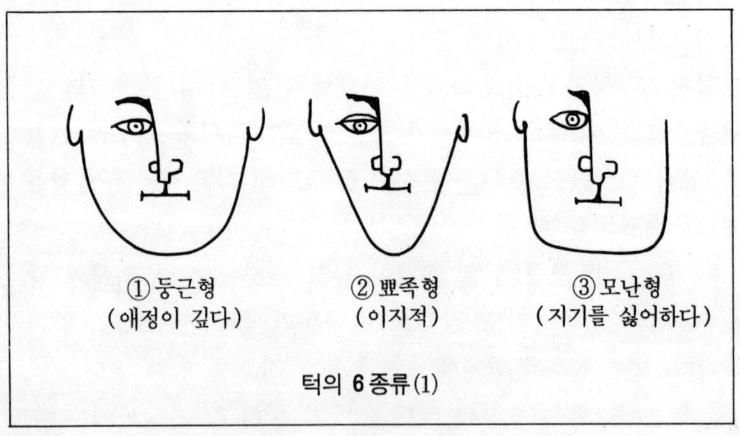

턱의 6 종류 (1)

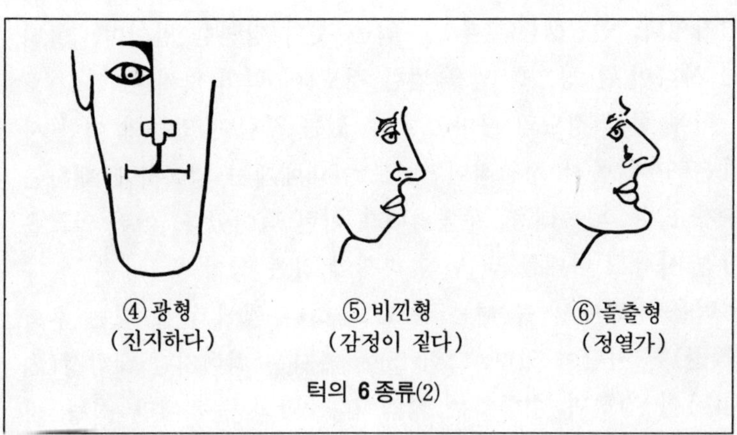

애처가이기도 하다.

턱이 뾰족한 사람은 자신(自信)만만하고 그 자신만만함 때문에 떠날 때는 은인(恩人)에게 원수를 지고 가는 결과를 초래한다. 주거(住居)도 안정되지 못하고 전전하는 타입이다.

여성으로 이런 타입은 일견 강직하게 보이나 내심은 온순하고 호인(好人)형이다. 자기 형제를 위해선 정성을 다하는 사람이고, 남에게는 표리가 없는 타입이다.

⑤와 같이 정면으로 보면 뾰족하고 옆에서 보아 비스듬히 안으로 기울어져 있는 사람은 성격이 감정적이고 희로애락(喜怒哀樂)이 극단적이다. 참을성이 없으며 감상적인데다가 몹시 경박한 타입으로 말년에 이르러 대성을 바랄 수 없다.

그리고 감정적이면서도 속된 것을 싫어하여 미술이니 음악 따위를 즐기고 다예 다취미(多藝多趣味)하다. 연애 지상주의이면서 세상살이는 졸렬하다.

그림 ⑥과 같은 턱은 옆에서 보았을 때 내밀면 내밀수록 정

열가이다. 연년생(年年生)을 얻는 것이 당연한 일이며, '불타
는 사나이'란 칭호를 얻을 법한 것도 이 턱의 탓이다.

턱에 콩알 정도의 사마귀가 나 있는 사람이 있는데 이런 사
람은 일에 몹시 정열적이면서도 아내에게는 냉혹하게 대하는
수가 많다. 나폴레옹, 무솔리니가 이런 턱이었다. 이런 얼굴을
가진 사람도 아내를 몇 번씩 바꿔야 하는 상이다.

턱을 정면에서 볼 때는 동그스름하나 옆에서 볼 때는 후퇴
(後退)한 사람이 있다. 그림 ⑤에 가까운 턱이지만 내향성(內
向性)이 강하며 치중하는 성격이다. 남의 눈치에만 신경 써
적극적인 행동으로 못 나오는 성격이다. 자기 의지나 애정을
표현하기를 주저하기 때문에 남과 사귀기 어렵다. 요는 의지
표시(意志表示)가 졸렬하여 좋아하는 여성에게도 채이고 마는
그러한 성격이다.

턱뼈가 내민 여성은 성기가 만점(滿點)

다음 그림 ①과 같이 턱뼈가 폭 들어간 사람은 보좌역(補佐
役)으로는 아쉬운 사람이다. 자기가 영락하여 외로울 때 구해
주는 사람이 없다.

그림 ②는 좋은 상으로 자기는 편안히 있어도 충실한 부하
가 나와 일을 성심껏 해 주는 상이다. 게다가 풍만한 볼을 가
지고 있으면 '앉아서 만전(萬全)을 기할 수 있는' 복상(福相)
이라 하겠다.

그림 ③과 같이 턱뼈가 너무 팽팽하게 앞으로 불거진 사람
은 평소에 남에게 인정도 많지만 일단 자기의 이해 문제(利害

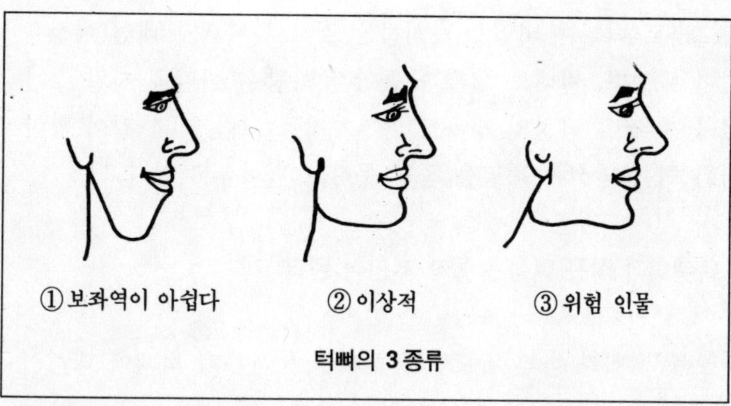

問題)에 관련되게 되면 '주인이고 부모고 살해해 버리는' 독살스런 성격이라고 상서(相書)에는 기록되어 있다.

옛날부터 턱뼈가 앞으로 불거진 사람과는 이웃하지 마라는 말이 있을 정도로 불길한 상이다. 이런 사람은 흔히 음성은 좋은 편이다.

여성으로 이런 턱을 한 사람은 질(膣)의 수축운동(收縮運動)이 무의식중에 일어나는, 수천 마리 지렁이가 꿈틀거리는 듯한 질(膣)로서 삽입하여 단 2분을 견디지 못하고 발사해 버려야 하는 명기라 한다. 이런 질은 빠르게 정액을 빨아 자궁에 보내려는 자연의 작용으로 생식의 목적에 효율적인 현상이다. 남성에게는 더없이 좋은 쾌감을 준다. 그러나 상대방 남성은 소모가 과다하기 때문에 좋다고만은 할 수 없다. 이런 여성의 남편은 기가 쇠하여 '배 위에서 죽음을 면하지 못할' 신세가 되고 만다. 이런 타입의 여성은 또 자진하여 남성을 유혹하는 적극성마저 있기 때문에 남성은 점점 진흙 속으로 끌려들어가고 만다.

그리고 턱뼈는 비밀을 표시하는 것으로 턱뼈가 내민 여성은 입이 무겁다. 반대로 턱뼈가 들어간 사람은 비밀을 지킬 수가 없다. 이것은 남성의 경우도 마찬가지로 그림 ①과 같이 깎아 지른 턱의 남성은 비밀을 참지 못하고 털어놓고 만다.

아랫턱이 작은 여성은 둘째 부인이 된다

보통 턱이라 하면 아랫턱과 턱뼈를 뜻하는데 턱뼈에 대해서는 앞에서 말하였으므로 이번에는 아랫턱에 대해 설명하겠다.

여성 중에는 아랫턱이 이중으로 된 겹턱이 있는데 이런 여성은 대개 피부가 희고, 젊을 때 여위었더라도 나이를 먹음에 따라 비만(肥滿)이 되는 타입이다.

특히 젊을 때부터 이중턱이 현저한 여성은 사견(私見)이지만 성기가 아래에 붙어 있고 음모가 짙다. 그 이중 턱의 경계가 뚜렷이 보일 때 운세가 호전하고, 경계가 희미할 때는 운세가 기울어진다. 대개는 이중턱의 여성은 만년의 운이 열리게 마련이다.

남성으로서 이중턱인 사람은 장남이라 할지라도 집안의 계통을 계승하지 못하고 남의 가계(家系)를 이어야 하는 운명이다. 자기집의 재산을 없앤다는 뜻이 아니라 앉아서 남의 집 재산을 얻을 수 있는 행운아인 것이다.

아랫턱이 작고 빈약한 여성

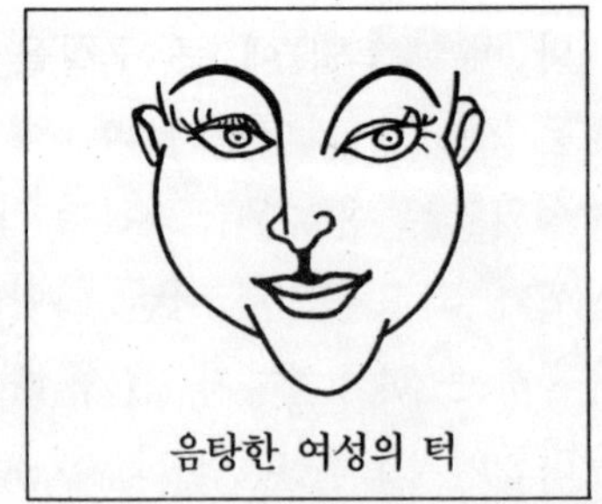

음탕한 여성의 턱

은 남의 첩(妾)이 될 타입으로서 만년에 이르러 쓸쓸하게 살아야 할 사람이다. 그리고 콩턱이라 하여 그림과 같은 턱을 한 여성이 있다. 즉 아랫턱이 인형 모양으로 뾰족하게 튀어나온 턱, 이런 턱을 한 여성은 섹스에 몹시 강하다. 말하자면 음부(淫婦)이다.

어느 호텔에서 안마하는 남자에게 몸을 맡겨 안마를 하고 있던 모 귀부인은 어느새 다리를 벌리고 안마사를 자기 배 위에 끌어올렸다는 실화가 있다. 그 귀부인의 턱은 역시 콩턱〔豆顎〕이었다는 것이다.

그만큼 섹스를 좋아한다. 그리고 이런 턱은 대개 과부상으로 33세까지 사나이를 죽이고 만다. 행위의 시간이 길기 때문에 남성은 지칠대로 지치고 만다.

보조개가 생기는 여성은 노후(老後)가 불행하다

턱에 이어 볼에 대해 설명하겠다. 볼은 여성의 표정에 있어서 때로는 우수(憂愁)를, 때로는 휘황한 환희 등 희로애락(喜怒哀樂)을 숨김 없이 솔직히 나타내는 곳이다.

볼의 선(線)은 경우에 따라서는 눈매와 콧대 못지않게 여성의 미추(美醜)에 큰 구실을 하는 것으로 볼의 통통하고 얌전한 선은 그만큼 여성다움을 나타낸다고 할 수 있다.

그런데 볼이야말로 영양(營養)의 저장소이다. 여성으로서 볼이 풍요한 사람은 그만큼 가슴도 크다.

원래 여성은 아이를 낳고 키워야 하기 때문에 아이를 위해 영양을 저장해야 한다. 그래서 영양 저장소인 볼이 풍부한 여성은 가슴 역시 큰 것이다.

그러나 풍요한 볼이라 할지라도 광대뼈가 높은 사람은 문제가 다르다.

광대뼈를 관골(顴骨)이라고 하는데, 이것은 눈 아래에서 관자놀이에 이르는 뼈로 이것이 두드러지게 높은 경우에는 통통한 볼이라고는 할 수 없다. 풍요한 볼이란 볼에 살이 많이 오른 사람을 말한다.

이런 사람은 성질도 대범하고 침착하며 사소한 일에 구애받지 않는다.

볼이 여윈 사람은 쩨쩨하여 만사에 걸쳐 소심하고 또 음식도 까다롭다.

운명적으로는 이마가 넓고 볼이 꺼진 남성은 윗사람으로부터 사랑은 받지만 은혜를 원수로 갚는다고 하며 대사업은 할수 없는 형이다. 게다가 볼이 꺼진 사람은 부하의 존경을 받지 못하는 사람으로 세세한 일에 구애되어 관대함이 부족하다.

대사업을 이룩하는 사람은 볼이 풍부하며 부하에 대해 차별대우를 하지 않는다. 다소 부하의 결점을 알고 있더라도 넓은도량으로 포용하는 배짱을 지니고 있다.

여성으로 볼이 꺼진 사람은 감정적이고 히스테릭하여 일만생각할 뿐, 곧잘 남을 원망한다.

그리고 볼에 보조개가 생기는 여성은 보기에는 앳되어 보이나 상학상으로는 그리 좋은 것이 못된다. 젊을 때는 재질도찾아볼 수 있으나 노후에 가서는 외롭고 쓸쓸한 운명으로, 보조개가 생기는 여성은 나이를 먹어 감에 따라 주의를 기울여야 한다.

얼굴 아랫부분이 불룩한 여성은 늘그막에 사랑을 한다

상학(相學)의 비전(祕傳)에 색정상법(色情相法)이라는 것이 있다. 다른 이름으로 '음상학(淫相學)'이라고 하며 섹스에 주안점을 둔 관상술이다. 이 관상술에 의하면 얼굴 상반부가 여위고 하반부가 불룩하게 살이 찐 여성은 성기도 아랫부분이 불룩하다는 것이다. 아랫부분이 불룩한 성기란 대소(大小) 음순(陰脣)이 풍부한 것으로서, 그로 말미암아 보행 기거(步行起居)에 있어 끊임없이 국부가 마찰되기 때문에 자연 쾌감이 생기고 색정을 불러일으키게 된다. 따라서 음부는 항상 물기가 마르지 않으며 노후에 이르러서도 이런 용모의 여성은 색욕이 강하다. 독신 여성의 경우에는 항상 좋지 못한 소문을 흘리고 다니는, 늘그막에 연애의 꽃을 피우는 여성이다.

또 횡골(橫骨 : 관자놀이 뼈)이 높이 두드러진 여성은 분골(盆骨)이라 하여 가슴 위, 양 어깨에 이르는 골격이 높이 솟아 있고, 치골(恥骨)이 튀어나와 있기 때문에 성행위를 할 때 이 뼈가 방해가 되어 질내로 충분히 삽입할 수가 없으므로 남성이 깊숙이 서서히 잠입하는 쾌감을 맛볼 수 없다고 한다.

요컨대 아랫볼이 불룩한 사람은 운이 좋다고 하나 횡골(橫骨)이 높이 솟은 여성은 섹스에 좋지 못하다는 것이다.

이것은 볼의 부류에 넣을 것이 못 되나 이른바 얼굴이 되바라진 여성은 음부(陰部)의 살도 두툼하고, 반대로 얼굴이 폭 꺼진 것 같은 여성은 성기의 살도 엷으며 낮다. 따라서 그것도 아래에 붙어 있다고 보아야겠다.

여성의 목이 굵어지면 처녀성을 잃은 증거

턱 밑은 목이다. 목의 상(相)이란 따로 있는 것이 아니지만 목은 곁에서 보기 쉬운 곳이므로 턱에 이어 몇 마디 언급할까 한다.

'눈'의 장(章)에서 갑상선(甲狀腺)이 발달하면 목이 굵어진 다고 했지만, 산부인과의 의사 말에 따르면 여성의 호르몬 분 비는 남성의 정액에 영향을 받는다고 한다. 처녀의 목은 일반 적으로 살이 탄탄하고 가는데, 남성을 알고 정액을 흡수하게 되면 갑자기 살이 늘어지고 목이 굵어진다. 이것은 처녀가 남 성을 알게 될 때뿐만이 아니라, 이미 남성을 안 여성도 남성 의 정액을 흡수할 때마다 눈에 띄지 않게 목이 굵어진다고 한 다.

그리하여 여성이 외도를 했는가 안 했는가의 여부를 시험하 는 방법으로 가느다란 실이나 종잇조각 같은 것을 그녀의 몸 에 꼭 맞도록 두른다는 것이다. 만일 그녀가 남 모르게 외도 를 했다면 정액의 영향으로 목구멍의 갑상선(甲狀腺)이 부풀 어올라 실을 끊어 버리게 된다. 물론 실이나 종이를 두를 때 관계가 있어서는 무효이다.

이것은 턱과는 별문제이지만 남성이 알아 두는 것도 좋을 것이다.

이런 예가 있다. 모 전기산업(電機産業)의 중역으로 텔레비 전의 신인 배우를 특별히 후원하고 있는 사나이가 있었다. 사업 관계로 약 2개월간 미국에 출장갈 사정이 생겼는데 걱정거리는 이 미녀 배우의 행실이다. 그래서 필자한테 이 배우를 감시해 달라고 청을 했다.

필자로서는 그렇게 할 시간이 나지 않았다. 잠시라도 눈을 떼지 않고 감시할 수 있었다고 가정하더라도 목석이 아닌 필자와 새로운 문제가 생기지 않는다고 보증할 수는 없는 것이다. 미모의 그 배우는 당시 19세로, 눈이 몹시 큼직하여 성격적으로 남성의 유혹에 약한 타입이었다.

그래서 필자는 그녀의 목에 가느다란 실을 감아 두는 것을 제안했다(물론 당시 나 역시 반신 반의했지만). 실 같으면, 만일 그녀에게 비밀스런 사건이 생겨서 끊어지더라도 다른 실로 바꾸어 갈면 문제가 없었다. 실이 다르다고 남자가 항의한다면 수면중 모르고 긁어 끊어졌다고 하면 되었다. 그러나 당사자인 이 중역은 괴상한 눈초리로 나를 꼬드기는 것이었다.

그녀가 외도라도 하지 않을까 하고 고민하는 정신적 고통에 비한다면 여비쯤은 싸게 먹힐 거라고 했더니, 그럴 수도 없는 처지였든지 결국 그녀의 목에 가느다란 동선(銅線)을 감아 놓은 채 떠났다. 이 동선은 머리카락보다도 가는, 끊어지기 쉬운 레이더용 코일에 쓰이는 것이었다.

그런데 2개월 예정의 출장이 업무 변경으로 한 달쯤 앞당겨 귀국하게 되었다. 비행장에 그녀가 마중 나온 것은 말할 나위 없다. 그는 심술궂게도 그 미모의 배우를 내 딸이라고 자기 부인에게 소개한 뒤, 뚫어지게 그녀의 목에 감은 동선을 쳐다보는 것이었다.

그런데 곁에 있던 부인이,

  "당신 어디 편찮은 데라도?"
라고 할 정도로 그는 갑자기 창백한 얼굴이 되고 말았다.

  동선은 거의 비슷했지만 다른 것으로 바뀌어져 있었다.

  전기(電機) 메이커의 중역답게 그 미세한 차이를 쉽게 알아
내고 말았던 것이다.

  후일, 그녀는 고백했다. 상대 역시 텔레비전(플레이보이로도
유명한) 모씨, 단 한 번 심야의 드라이브에서 간단한 장난이
었다는 것이다. 그런데 끊어지고 말았다는 것이다. 중역이 출
장간 후 3주일 만의 사건이었다.

  '섹시 무드로 그처럼 고고를 추어도 까딱없던 것이…….'

  그래서 안심하고 남자 배우의 정액을 듬뿍 흡수하고 말았다
는 것이다.

  결국 독점욕이 강한 중역은 용서하지 않았다. 동선을 일부
러 바꿔치기한 행위가 드라이브 중의 불장난보다도 더 나쁜
배신 행위라고 단정한 것이다. 그 뒤 우리들을 즐겁게 해 주
던 그녀의 날씬한 몸매를 두 번 다시 브라운관에서 볼 수 없
게 되었다.

  그녀가 이 방법을 제안한 나를 원망하는 것은 당연하다고
하더라도 중역까지 필자를 원망하는 데는 억울할 밖에…….
왜냐하면 그는 날 만날 때마다,

  "이 녀석 때문에 내가 사랑하는 그녀의 목을 자르게 됐어."
하고 푸념했기 때문이다.

  아무튼 갑상선의 변화가 여성의 외도와 관계가 있다는 것은
분명한 사실이다. 가느다랗던 소녀의 목이 눈에 띄게 굵어질
때는 요즘 남성과 자는 기회가 많구나 라고 보아도 틀림없다.

손가락의 관상법

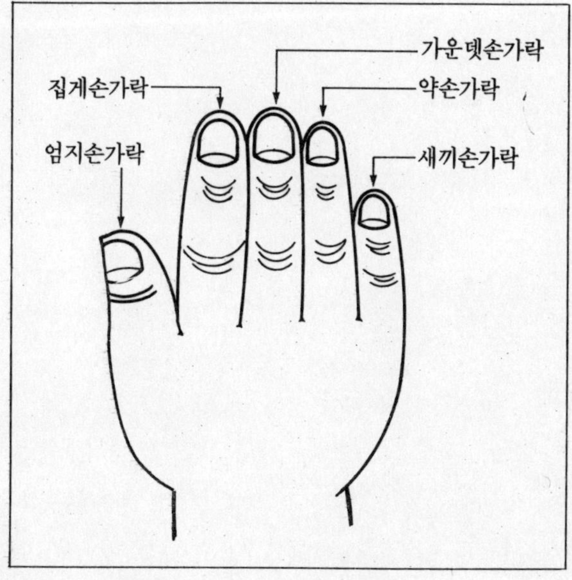

손가락의 관상법

엄지손가락이 짧은 남성은 극히 성급하다

지상(指相)은 엄밀히 말해서 수상(手相)일지 모르나 얼굴이든 손가락이든 간에 인체의 일부임에 틀림없다. 그러므로 인상(人相)으로 묶어서 소개한다. 사실 지상(指相)에서 배울 것이 많다. 엄지손가락부터 차례로 설명하겠지만 지상을 볼 때는 엄밀히 말해서 왼손은 선천적 운명, 오른손은 후천적 운세를 나타낸다. 여기서 특별히 지적하는 경우 이외에는 왼손이라고 생각하면 된다.

엄지손가락은 오지(五指) 중에서도 으뜸인 만큼 다른 손가락과는 관계 없이 단독적으로 자유로이 움직일 수가 있다. 이것은 인간에게만 있는 특징으로 다른 동물, 예를 들어 가장 진보된 침팬지도 엄지손가락만은 움직이지 못하고 나머지 네

손가락과 함께라야만 움직일 수 있다.

그런데 엄지손가락은 동양의 상학으로는 선조를 나타낸다 하고, 서양에서는 유전을 나타 낸다고 말하지만 왼손 엄지손 가락은 선천적인 것, 오른쪽 엄 지는 후천적인 운명이라고 보 는 것이 통례이다.

예를 들어, 남성으로서 왼쪽 엄지손가락은 정상적이고, 오른 쪽 엄지를 다치거나 기계 따위

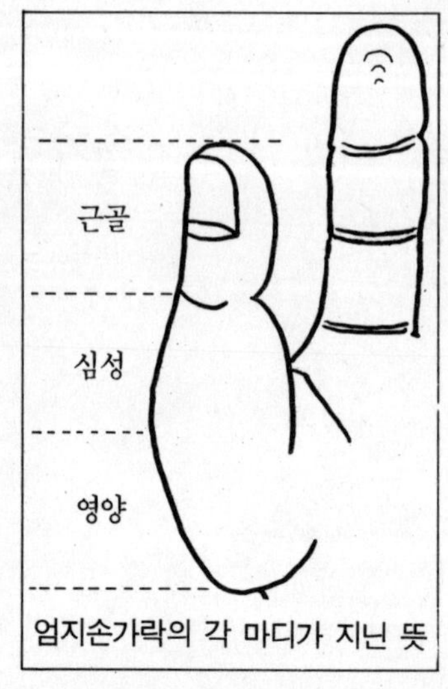

에 잘리거나 하는 경우는 그 사람이 출생한 후 가운이 기울어 진 것을 증명한다. 또 하나의 방법은 왼쪽은 부계, 오른쪽은 모계를 나타낸다. 따라서 오른쪽 엄지를 부상했을 때는 그 사 람의 외가(外家)의 가운이 기울어진 증거이다. 틀림없이 들어 맞은 경우를 필자는 알고 있다.

그런데 엄지손가락의 길이는 그의 직업의 성질에 따르는 것 이지만, 집게손가락의 끝에서 두 번째 마디쯤에 끝이 닿는 것 이 보통이다. 이것보다 짧은 엄지를 한 남성은 성급하고 경솔 한 성품이다. 감정이 흐리기 쉽고 마음 먹은 대로 행동하기 쉬운 경거망동의 타입이다.

그와는 반대로 비교적 엄지가 긴 사람은 사려가 깊고, 주위 의 상황판단에 철저한 신중파로 일단 행동을 작정하면 어디까 지나 해치우는 그런 타입이다.

그리고 앞의 그림과 같이 엄지손가락의 첫째 마디는 근골(筋骨), 둘째가 심성(心性), 셋째가 영양을 나타내는 것인데 소상한 내용은 다음 항에서 설명하겠다.

첫째, 엄지 안쪽의 손톱이 없는 쪽을 보자. 첫마디와 둘째 마디의 경계선이, 양끝이 오므라지고 가운데가 마치 눈과 같

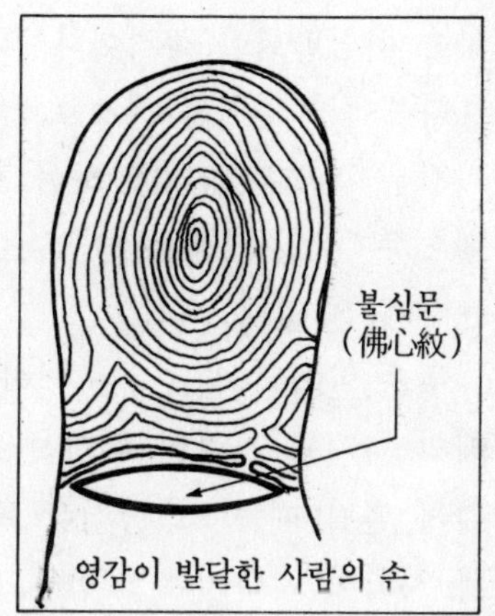

영감이 발달한 사람의 손

이 벌려 있는 모양을 한 사람이 있다. 그림에서 보는 바와 같이 선명하지 않더라도 양끝이 맺히고 중간이 눈과 같이 되어 있는 손가락을 수상(手相)에서는 '불심문(佛心紋)'이라 하여 매우 신앙심이 두터운 상(相)으로 본다. 종교에 목숨을 바치는 사람에게 이런 수상이 많으며 영감이 매우 잘 작용하는 사람이다.

그리고 무의식적으로 손을 펼 때 엄지를 집게손가락에 꼭 붙이는 사람과 뗀 채 내미는 사람이 있다. 엄지를 자기도 모르게 꼭 붙인 채 내미는 사람은 어릴 적에 부모의 사랑을 받고 성장한 표시로 왼쪽 손가락이 그런 경우는 더욱 그러하다.

그러나 엄지를 집게에 붙이는 것이 후천적인 습관에서라면 그것은 그 사람이 매우 용의주도한 성격임을 표시하며, 소심하고 인색하고 독립심이 없으며 남에게 부림을 당하게 되는 타입이다.

반대로 쫙 벌리는 사람은 성격이 활발하고 모든 것을 털어

놓는 허심탄회한 성격이나, 약간은 경솔한 편이다.

다음에는 엄지를 안으로 굽힌 채 손을 내미는 사람이 있다. 이것은 경제 관념이 강하여 정신적인 면보다 물질에 집착하는 형으로 '불심문(佛心紋)'의 소유자에는 이렇게 엄지를 구부리는 사람은 없다.

무슨 일에든 한도라는 것이 있다. 첫째 당신의 애인이나, 장래의 남편될 사람이 무의식 중 손을 펴 보일 때 너무 엄지를 넓게 벌릴 때는 그 남성은 독립성이 강하고 남성적이기는 하나 사람이 지나치게 대범하고, 독선적(獨善的)이며 지나친 낭비가이기도 하다.

만일 당신이 마이홈주의, 즉 출세는 하지 않더라도 평화스럽게 처자를 지켜 주는 샐러리 맨의 아내가 되기를 원한다면 오히려 엄지와 집게손가락을 딱 붙이는 남성을 선택하는 것이 좋다. 그런 남성은 치밀하고 지나친 야망은 품지 않으며 월급 봉투를 매월 꼬박꼬박 갖다 주는 성품일 것이다.

엄지를 딱 붙여 내미는 남성은 역시 은행원, 관리 등으로 견실한 봉급 생활자 노릇을 지망해야 한다.

엄지손가락이 뒤로 젖혀진 남성은 도박으로 망할 운명이다

엄지손가락뿐만 아니라 손가락의 첫마디, 둘째 마디, 셋째 마디는 각각 같은 길이인 것같이 보이나 실은 각각 다르다. 사람에 따라 손가락에 따라 첫마디가 길거나 둘째 마디가 짧거나 하는 등 차이가 있다. 그 장단에 따라 성격, 재능 등을 식별하는 포인트가 되기 때문에 지상(指相)은 가장 중요한 것

중의 하나이다.

페이지의 그림이 보여 주는 바와 같이 엄지손가락의 첫째 마디는 근골(의지력·체력 등)을, 둘째 마디는 심성(정신성·신경 등), 셋째 마디가 영양(사교성·물욕 등)을 기본적으로 나타낸다.

엄지손가락의 경우, 말할 필요도 없이 셋째 마디는 손바닥의 일부를 이루고 있다. 완연히 알 수 있는 부분은 첫째 마디, 둘째 마디뿐이다. 이 두 마디의 길이가 거의 같은 사람은 사리분별이 있고, 원만한 성격으로 일단 중대사에 처하면 결단력이 있다. 말하자면 이상적인 인격을 나타내는데 대개 길이가 같지는 않다.

첫째 마디가 길고 둘째가 짧은 사람은 완고한 성격으로 유아 독존적인 경향이 있는데 '독재자적인 사장(社長)'은 대체로 이러한 수상의 소유자이다. 자기가 옳다고 생각할 때는 누가 뭐라 해도 해치우는 자수성가(自手成家)할 타입이다. 성공 후에도 유아 독존적인 성벽이 고쳐지지 않기 때문에 결국은 실패를 하게 된다. 다소 상식이 결핍된 사람이다.

한편, 첫째 마디가 짧고 둘째가 긴 사람은 이른바 인텔리형으로, 생각하는 데에는 능하지만 실행력이 따르지 않는다. 따라서 사업에는 성공을 못 하지만 학문에는 가장 알맞은 수상이다.

그리고 '두형(豆型)'이라 하여 170페이지의 그림 ①과 같은 엄지손가락을 한 사람이 있는데 이런 사람은 흉악하고 포악하여 범죄자 타입이다.

또 그림 ②와 같이 엄지가 위로 젖혀지는 사람은, 그 젖혀

지는 각도가 심하면 심할수록 경제적으로 낭비가 심하고, 도
박에 열중하는 경향이 있다. 만일 당신이 여성으로 약혼자의
엄지가 지나치게 뒤로 젖혀지는 경향이 있다면 지금부터 단단
히 각오하여 방지하지 않으면 장래에 큰 곤란을 당하게 될 것
이다.

　이와 반대로 독사 손가락이라 하여 그림 ③과 같이 펴려 해
도 펴지지 않는 엄지손가락은 그 생가(生家)가 몰락한 증거로
이 경우에는 좌우의 구별에 따라 부계(父系), 모계(母系)의
경우를 식별할 수 있다. 좌는 부계, 우는 모계이다.

　그리고 엄지의 아래쪽(팔목께)에 그림 ④와 같이 뼈가 불거
진 곳이 있다. 엄지 밑에 있는 것을 관골(關骨), 새끼손가락
밑에 있는 것을 완골(腕骨)이라 한다. 관골이 높은 사람은 좋

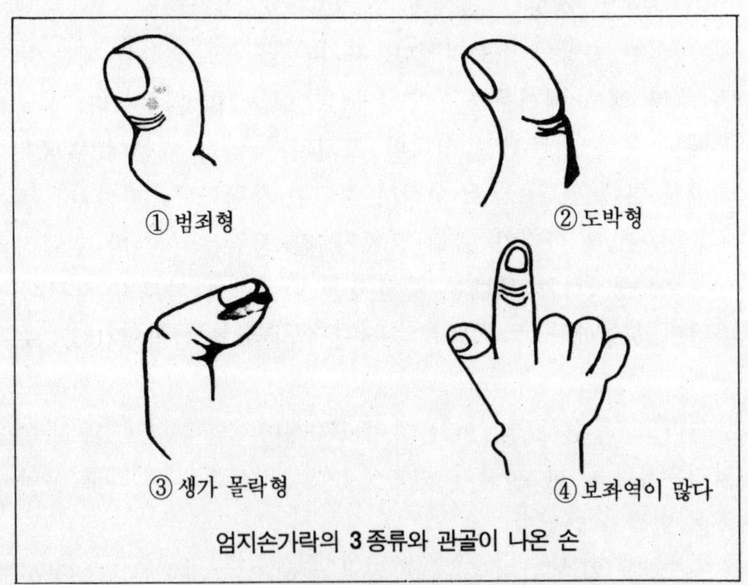

엄지손가락의 3종류와 관골이 나온 손

은 보좌역이 생기며, 주위 사람의 원조나 사랑이 두터울 운명
으로 난관에 처할 때는 누군가 와서 도와주는 양상(良相)이
다. 이것이 전혀 불거지지 않은 사람은 제멋대로이며, 항상 남
으로부터 미움을 받는 성향(性向)이므로 주의해야 한다.

한편 완골(腕骨)이 튀어나온 사람은 고민형(苦憫型)이다.
지력(知力)은 남보다 배나 있지만 쓸데없는 걱정만 하는 사람
이다. 이런 사람은 좀더 여유을 가지고 최선을 다하는 대범함
이 필요하다.

집게손가락이 뾰족한 남성이라면 몸을 맡겨도 좋다

다섯 손가락 중에서 자기 자신을 나타내는 것을 중지(中指)
라고 한다면 남을 가리키는 것이 집게손가락이다.

엄지손가락과 마찬가지로, 무의식중에 손바닥을 펴고 내밀
때 가운뎃손가락, 약손가락, 새끼손가락은 딱 붙이고 있으면
서도 집게손가락만 벌리고 있는 사람이 있다. 이런 사람은 배
타적 성향(性向)이 강하고 남과의 교제가 졸렬하다. 사교가의
손가락이라고는 할 수 없다.

그런데 집게손가락의 첫마디는 종교심, 둘째 마디는 야심
(野心), 셋째 마디는 지배욕을 나타내므로, 둘째 마디가 긴 남
성은 야심가로서 아무리 역경에 처해도 환경에 굴복하거나 물
러서는 성질이 아니다.

셋째 마디가 유달리 긴 남성은 지배욕이 왕성하므로 남의
두령이 될 운명을 지니고 있어 조합장·학교장·편집장 등등
의 직업 단체, 동료 중의 장이 될 성격과 운을 타고난 사람이

다. 그러나 이 마디가 지나치게 길 때는 오만불손하고 에고이스트로서 남의 비운이나 역경을 보고도 좋아하는 나쁜 성격의 소유자가 된다. 그러므로 남의 밑에 있기를 싫어하는 사람이다.

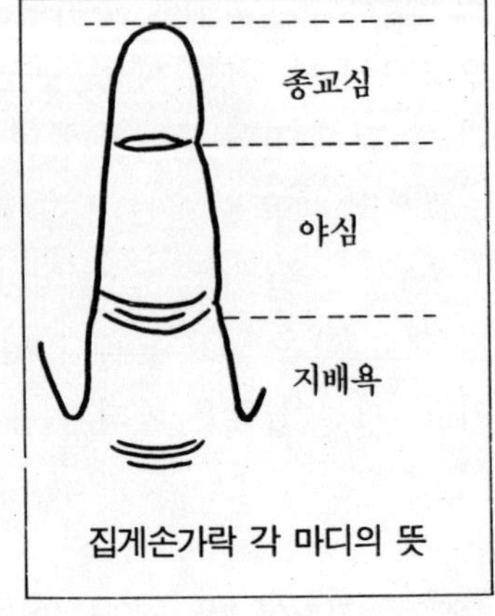

집게손가락 각 마디의 뜻

또 집게손가락으로 어학(語學)의 재능을 가늠할 수 있다.

대체로 어학에 능숙한 사람은 남녀를 불문하고 집게손가락의 첫마디가 다른 마디보다 길고 끝이 뾰족하다. 이것은 놀라울 정도로 정확하게 적중한다.

더욱이 이 손가락의 끝이 뾰족하다고 느껴지는 사람은 신비적인 것에 관심이 깊고 신앙심이 두터우며 물질에 담백함을 나타낸다. 플라토닉 러브를 하는 사람, 금욕적인 교육자가 모두 이런 손가락의 소유자이다. 만일 당신의 연인이 이런 손가락을 한 남성이라면 그는 당신을 사랑하는 나머지 오히려 당신을 떠나는 우직(愚直)을 감행할 사람이다.

본인은 그렇게 하는 것이 당신의 행복을 지켜 준다고 믿고 있기 때문에 나무랄 수는 없지만 혼자서 지레짐작으로 일을 그르치는 일이 많으므로 이런 타입의 남성은 일찍 육체관계를 맺어 놓는 것이 그를 꼼짝 못하고 당신에게 얽어매는 결과가 되어 혼기를 놓치지 않고 넘길 수가 있다. 왜냐하면 이 같은 집게손가락의 남성은 매우 책임감이 강하고, 결혼 전에 임신이라도 하게 되면 책임상 당연히 당신과 결혼하게 될 것이다.

단, 그와 같은 집게손가락의 남성일지라도 중지(中指)가 긴 남성은 주의해야 한다. 그는 틀림없이 색마(色魔)이다.

중지(中指)가 긴 남성은 색마(色魔)다

흔히 플라토닉한 사랑을 가장하여 정신적으로 여성을 못살게 구는 교묘한 기술을 가진 남성이 있다. 여성이란 원래 무드, 특히 정신적인 무드에 약하다는 결점을 잘 알고 있기 때문에 노골적으로 육체를 요구하지는 않으면서 측면에서 여성을 함락시키는 타입이다. 그야말로 호색한이다.

이런 남성은 중지를 보면 알아낼 수가 있다. 원래 중지는 나머지 네 손가락보다 긴 것이 보통이지만, 특별히 긴 사람은 선천적인 색마의 소질이 많다. 그리고 어찌된 셈인지 여자들이 좋아한다.

얼굴빛이 창백하고 얼핏 보아 양가집 맏아들 같은, 항상 침울한 빛을 눈매나 입술에 담고 있어, 남성이 볼 때는 별볼일 없는 계집애같이 보이지만 이 우수에 잠긴 듯한 표정이나 태도가 여성의 모성 본능(母性本能)을 자극한다. 일종의 천재적인 호색가로 이런 남성은 어김없이 길쭉한 중지(中指)와 화사한 손을 가지고 있다.

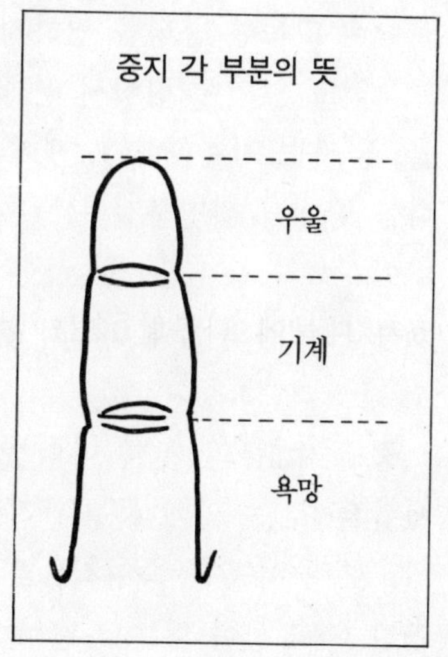

여사장(女社長)이나 주점의 마담에게 사랑받는 것도 이런 남성으로 충분히 사치한 생활이 보증되므로, 다시 제3의 여성이 그에게 반해 삼각관계(三角關係)에 빠지기도 한다. 그 중에서도 경제력 있는 미모의 여성을 택할 수 있어 돈과 색을 겸비한 행복한 생활을 할 수 있게 마련이다.

남성의 눈으로 볼 때 극히 타기할 일이기는 하지만 세상에는 이런 남성이 적지 않다. 이 책을 읽으시는 독자 여러분들은 이런 형의 남성에게 말려들지 않도록 주의해야 한다. 만일 반대로 당신의 중지가 긴 데도 불구하고 여성의 사랑을 받지 못할 때는 당신은 타고난 천분을 충분히 활용 못 하고 있는 사람이다. 애석하기 그지없다.

하지만 중지(中指)가 길어도 장점은 있다. 인내심이 강하고, 자아(自我)가 강하다. 나쁘게 말하면 음흉하지만 외견상 얌전하고 우아하게 보여 외판원에 적합하다. 너무 중지가 긴 사람은 고독한 운명을 면하지 못한다.

그리고 앞의 그림에서 본 바와 같이 중지의 첫째 마디는 우울, 둘째는 기계(機械), 셋째는 욕망을 나타낸다. 상세한 것은 다음 항에서 설명하겠다.

중지(中指)의 둘째 마디가 짧은 남성은 실업(失業)한다

중지(中指)의 첫째 마디는 우울을 나타낸다. 이 마디가 긴 사람은 무슨 일에나 비관적이며, 성격은 음성으로 내향적이다. 모든 사물을 숙명적으로 받아들이며 반항하는 일이 많지 않다. 적극성이 없는 사람이다.

가정 사정에 따라 다르겠지만 얌전한 남편, 평범한 가정에서 조용한 생활을 누리고 싶은 여성은, 또 데릴사위를 맞아 가업을 계승해야 할 사람은 이와 같이 중지(中指)의 첫마디가 긴 남성을 선택하는 것이 무난하다. 그의 귓바퀴가 양자(養子) 타입일 때는 더욱 좋다. 첫마디가 짧으면 짧을수록 성격은 양성, 외향성의 경향이 강하다.

둘째 마디는 기계를 다루는 재질을 나타낸다. 시계 수리공, 엔지니어, 파일럿, 라디오 텔레비전의 제작에서 컴퓨터까지 무엇이든 기계를 잘 만지는 사나이는 이 둘째 마디가 긴 사람이다. 수학 계산에 뛰어난 사람도 이런 손가락의 소유자이다.

따라서 널리 손 끝을 쓰는 직업인은 이 둘째 마디가 길어야 한다.

이런 사람은 기술(정신 노동에 의한, 또는 육체를 구사하는)을 몸에 지녔기 때문에 먹는 것에는 아쉽지 않다. 그런 뜻에서도 이 마디가 짧은 사람은 고정된 직장에 붙어 있을 수가 없고 실업자가 되기 쉽다.

하기야 이 마디가 짧은 것은 당연히 첫째나 셋째가 길기 때문이며, 첫째 마디가 긴 사람은 양자 타입, 비관론자, 우울형으로 소극적이다. 즉 첫째 마디의 길이에 비례하여 실업자 타입이 될 가망성이 많다고 하겠다.

마찬가지로 셋째 마디가 긴 것도 좋지 않다. 여기는 욕망을 나타내는 마디이므로, 이것이 지나치게 길면 실행력은 없으면서 야망만 커서 결국 번민만 하게 된다. 불평·불만이 많은 사람은 대개 셋째 마디가 긴 사람이다. 셋째 마디가 길고, 둘째 마디가 짧은 사람은 평생 형편이 좋아지지 않는다.

중지(中指)가 굽어 있는 남성은 의뢰심이 강하다

아래 그림을 보면 약지(藥指)의 끝이 굽어 있다.

지상(指相)의 위에서는 중지(中指)는 자기를 나타낸다. 집게는 남을 나타내고, 약지는 육친, 또는 배우자를 나타낸다. 그러므로 그림 ①이 당신의 손이라고 한다면 육친이 당신에게 기대고 있다. 말하자면 당신은 육친(또는 배우자)의 기댐을 받고 있는 것으로 육친(배우자)의 치다꺼리를 맡아 해야 하는 것이다.

그림 ②의 지상(指相)은 육친과는 떨어져 있어야 하는 대신에 다른 사람의 뒤를 보살펴 주어야 한다. 남의 짐을 맡아 그것을 돌봐야 하는 운명이다.

그림 ③은 언제까지나 육친에게 얹혀 살아야 하며, 부모 형제가 없을 때는 배우자에게 매달려 생활하는 상이다.

엄지손가락은 별문제로 하고, 나머지 네 손가락은 모두 곧은 것 같지만 실은 그렇지가 않다. 의외로 그림 ①과 ②와 같은 손가락이 많다. 개중에는 그림 ④와 같이 육친은 말할 것

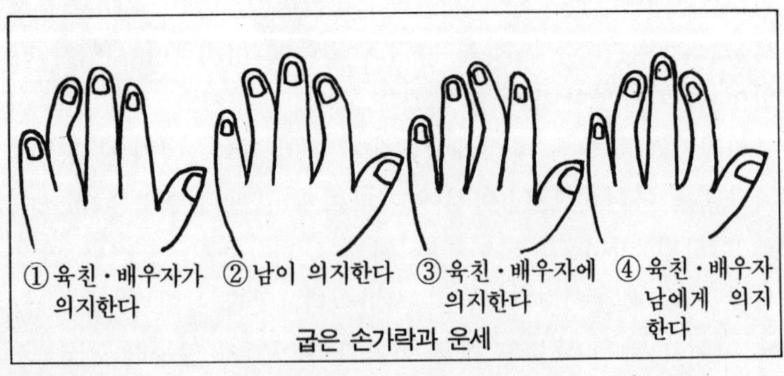

도 없이 남까지 기대는 한평생 고생스런 운명을 타고난 사람
도 있다. 그러나 남이 의지할 만한 힘이라도 있으니 오히려
남과 육친에게 기대는 것보다는 나은 편이라 하겠다.

요컨대 중지는 독립심을 나타내므로 남에게 의지해 사는 사
람의 손끝은 좌우 어느 편으로나 굽어 있다. 여성이 한평생
안심하고 자기를 맡길 수 있는가를 확인하기 위해서는 첫째
남성의 중지를 보면 된다.

만일 중지가 곧고 약지의 끝이 기대 있는 것 같은 현상은,
결국 연인인 당신이나 혹은, 아내인 당신이 한평생 그에게 의
지하여 살아야 하는 운명이다. 다소 그 자신에게는 부담이 되
겠지만 당신에게는 안성맞춤의 남성이라 하겠다.

물론 이때 아내(또는 연인)인 당신의 중지(中指)는 약지 쪽
에 기울어져 있다. 그림 ③이 당신이고 그림 ①이 그라면 지
상으로서는 알맞는 상대라 하겠다. 이것이 반대일 경우는 한
평생 당신은 남편의 생활을 떠맡아야 한다. 그리하여 그림 ①
이 당신이고 그림 ③이 그라면 당신들의 결혼 생활은 순조롭
지가 못하다.

어디까지나 이것은 지상(指相) 위에서 하는 판단으로 이 적
중률은 상당히 높다. 당신이 만일 미혼자라면, 한번 연인이나
약혼자의 지상을 본 뒤에 식을 올려도 늦지는 않을 것이다.

약지가 긴 남성은 예술적 천분(天分)이 뛰어난 사람

약지가 매우 긴 사람이 있다. 이런 사람은 사행심(射倖心),
투기심이 남보다 배나 강한 사람이다. 도박을 좋아하고 포커 ·

경마·마작에 정신이 없는 사
람은 대개 이런 사람이다. 그렇
지만 덮어놓고 나쁘다고 할 수
없다. 이런 사람은 영감(靈感)
이 예민하고 실제 승부에 있어
서도 강한 편으로 증권(證券)
이나 도박뿐만 아니라 어떤 직
업에도 이른바 야심이 있는 남
성이다.

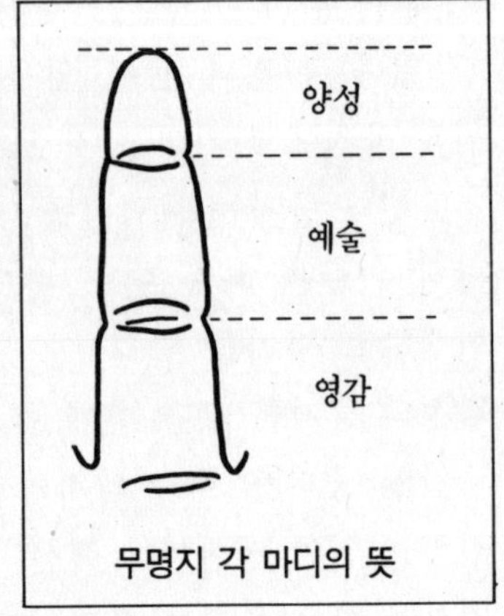

무명지 각 마디의 뜻

특히 약지가 길면 길수록 영
감은 풍부하다.

그리고 약지 첫마디가 길면 길수록 성격은 양성(陽性)이고

무명지가 긴 남성은 예술적인
천분이 풍부하다

게다가 약지 전체가 모양 좋게 뻗어 있으면 예술적 재능이 있다고 한다. 특히 둘째 마디는 예술적 의욕을 말하며, 여기가 특히 긴 사람은 천재라고도 한다. 하기야 예술이라 하더라도 여러 분야가 있어 사고력을 뺄 수는 없지만, 음악가, 연주가, 무용가 등 노력보다는 천분에 기대는 것이 많은 분야에서는 특히 약지 둘째 마디가 길어야만 한다.

예를 들면 바르샤바의 쇼팽 박물관에 남아 있는 쇼팽의 왼쪽 손의 동상을 보면, 이 피아노 시인(詩人)의 약지는 둘째, 셋째 마디가 특히 길다.

쇼팽은 확실히 피아노의 천재로서 몸은 그다지 건강한 편이 아니었으나 영감은 예민하여 주옥 같은 피아노곡을 작곡했던 것이다.

새끼손가락이 긴 여성은 정력이 대단한 사람

새끼손가락은 여성의 마음과 감정을 표현하는 데 적절한 손가락으로 겉보기와 같은 그런 시시한 손가락이 아니다. 한 양동이의 물쯤은 거뜬히 들 수 있는 힘도 있고 남자에게 물렸다 해서 맥을 못 출 정도로 취약성이 있는 것도 아니다.

그런데 새끼손가락은 자식과의 인연을 말한다. 본래 새끼손가락은 생식 능력과 깊은 관계가 있다. 새끼손가락이 긴 여성은 다산형으로 자식복이 많다. 그런 점에서 새끼손가락이 긴 여성은 정력이 절륜하다고도 할 수 있겠다. 물론 이것은 남성의 경우에도 마찬가지로 새끼손가락이 너무 긴 사람은 함부로 입에서 나오는 대로 말하는 성벽이 있다.

위의 그림과 같이 새끼손가락의 첫마디는 웅변을 나타내는
데 이것이 두드러지게 긴 사람은 웅변가이다. 즉 정치가, 변호
사에 적합한 사람이다. 여성의 경우는 매우 수다스러운 요설
가이다. RTA의 회장이 되거나 무슨 플래카드를 내걸고 세상
을 누비는 여성은 이 손가락의 첫마디가 길게 마련이다. 그리
고 전체적으로 새끼손가락이 긴 여성은 섹스에 강하다고 한
다.

새끼손가락의 둘째 마디는 인내, 셋째 마디는 근면을 나타
낸다.

새끼손가락이 짧으면 자식복이 없다

새끼손가락을 자식과의 연분이라 했는데 자식복이 없는 사
람은 대개 새끼손가락이 짧다. 손가락을 폈을 때 새끼손가락
끝이 약지의 첫째 마디까지 거의 미치는 것이 보통이다. 그런
데 이따금 새끼손가락 끝이 약
지의 첫째 관절에 미치지 않는
사람이 있다. 이것은 남녀를 불
문하고 자식복이 없는 편이다.

만일 왼손 새끼손가락이 짧
다면 딸과의 연분이 없고, 오른
손 새끼손가락의 경우라면 아
들과의 연분이 박하다고 한다.
양쪽이 다 약지의 첫마디까지
미치지 않을 때는 유감스럽게

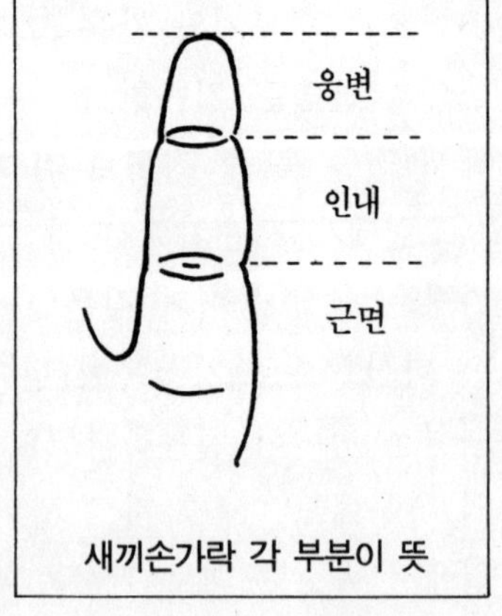

도 딸과 아들 양쪽 다 연분이 없다고 할 수밖에 없다.

이와 반대로 왼손 새끼손가락이 약지의 첫째 마디보다 길 때는 딸이 풍성하고, 오른손 새끼손가락이 그렇다면 아들이 많다고 하겠다. 그리고 이것은 자기 친자식에게만 해당되는 것이 아니라는 점이 또 흥미 있다.

예를 들어 부부 사이에 외동딸이 있다고 하자. 물론 친딸이다. 그런데 아버지의 왼손 새끼손가락이 약지 첫째 마디보다 짧은데, 오른손 새끼손가락은 길다고 하자. 이 경우 아버지는 자기의 피를 타고난 딸보다 그녀의 결혼 상대자인 남성, 즉 사위가 운명적으로 자기에 가깝다는 것을 뜻한다.

친자식이 있어도 오른손 새끼손가락이 짧을 때는 인연이 먼 자식이 되며, 불효자식이 되지 않으면 노후에 먼 곳에 있게 되어 당신의 죽음을 곁에서 지켜볼 수 없는 연분이다.

당신이 어머니일 경우에도 마찬가지다.

물론 그 중에는 자녀가 많은데 새끼손가락이 짧은 사람도 있다. 이런 사람도 죽을 때는 그 많은 자녀 중에서 한 사람도 부모의 운명을 지켜봐 줄 사람이 없을 것이라고 상학(相學)은 말하고 있다. 고독 속에서 운명을 맞이한다는 것이다.

그런데 뜻밖에도 현재 부모를 끔찍이 섬기는 자녀에 둘러싸여 있으면서 새끼손가락이 약지의 첫째 마디에 이르지 못하게 짧다면 당신은 객사를 하든가, 불시에 교통사고로 갑자기 죽어야 할 운명이라고 봐야 한다. 그런데 이런 예는 드물고, 자녀가 많은 사람은 대부분 새끼손가락이 약지의 첫째 마디를 넘어 있다.

애기가 좀 복잡하게 되었는데 대체적으로 오른손 새끼손가

락이 늘씬하게 뻗어 있으면 훌륭한 자식을, 왼손 새끼손가락
이 그런 경우라면 훌륭한 딸을 갖는다는 것만은 기억해 둘 필
요가 있다.

남편의 바람은 새끼손가락으로 알 수 있다

앞에서 설명한 내용과 관계되는 일이지만 이런 예가 있다.
어느 중년 부부가 결혼한 지 십여 년이 되어도 자식이 없었
다.
"이제 단념했어요. 친척 아이를 양자로 데려올까 해요."
하고 필자에게 의논하러 왔다. 그래서 혹시나 하고 그 부부
의 지상(指相)을 보기로 했다.
그런데 부인의 새끼손가락은 좌우가 다 짧은데, 남편 되는
사람의 오른손 새끼손가락은 약지의 첫째 마디를 훨씬 넘어
있었다.
확실히 이것은 남자 아이가 있다는 증거였다. 그날은 그대
로 보내고, 다음날 남편되는 사람을 살짝 불러
"이상해, 애가 있는데? 그것도 똑똑한 사내놈이야."
하고 말하자,
그는 얼굴빛이 파래지면서,
"어떻게 알지? 그녀를 알고 있느냐?"
하고 고백하는 것이었다. 같은 아파트에 애인을 숨겨 놓았었
고, 그 사이에 사내아이가 둘이나 있었다.
이 경우 부인이 지상에 자식과의 연분이 있으면 앞으로 남
편은 애인과 헤어져 자식을 떼 올 수 있지만 이 부인처럼 자

식 연분이 전혀 없을 때는 아이를 떼 온다는 것은 현명한 처
사가 못된다. 친자식이고, 양자고 할 것 없이 그녀에게는 자식
이 없다는 것을 지상은 나타내고 있다. 그렇다면 남편되는 사
람은 애인과 자식이 따로 있다는 것을 아내에게는 극비에 붙
여 두는 것이 현명한 처사라 하겠다. 비인도적인 처사로 부부
가 헤어지는 경우라면 몰라도 그렇지 않다면 아내에게 사실을
알려 가정 풍파를 새삼스럽게 자아낼 필요는 없는 것이다.

물론 연인되는 사람의 수상을 보지 않고는 말할 수 없지만,
원래 아내 있는 남자라고 알면서 인연을 맺있을 때는 이머니
로서의 책임과 각오가 애초부터 있었을 것이라고 짐작된다.

아무튼 세상에는 이런 경우가 허다하다. 맞는 것도 팔괘(八
卦), 맞지 않는 것도 팔괘(八卦)라는 말이 있다시피 가벼운
기분으로 당신의 남편(부인)의 새끼손가락을 조사해 보라.

손이 차가운 여성은 마음이 따뜻하다

어찌된 셈인지 주점의 호스테스나 기생들 같은 이른바 물장
사를 하는 여성들은 새끼손가락이 짧은 사람이 많다.

새끼손가락이 짧다는 것은 자식복이 없다는 것, 즉 원래 아
이를 낳는 것이 여성인데 그 여성에 자식복이 없으니 결혼운
이 없는 거나 마찬가지라 하겠다. 따라서 호스테스를 하지 않
을 수 없는 이치이다. 한번 기생이나 호스테스로 발을 들여놓
게 되면 여간해서는 발을 빼기가 힘들며, 결국 언제까지나 물
장수로 시종할 수밖에 없게 된다. 자식을 거느리고 단란한 가
정을 즐길 수 없는 비운의 여성, 새끼손가락이 짧은 것이 비

운이라 하겠다.

　근면한 노력가는 새끼손가락의 셋째 마디가 긴 사람이지만 너무 길면(특히 둘째 마디가 짧을 때는) 교활한 성질을 갖고 있기 때문에 주의해야 한다. 그리고 도벽이 있는 사람은 셋째 손가락이 짧다. 그리고 대체로 새끼손가락 전체가 빈약하게 보일 때는 의지가 빈약하다고 볼 수 있다. 이것은 또 물장사를 하는 여성에게 공통적으로 나타나는 것이다.

　여성이 생리 중에 '손을 펴 봐'라고 하면 대개 새끼손가락을 벌리고 내미는데, 이것은 휴전중이라는 뜻이므로 아가씨를 유혹할 때 크게 참고가 된다고 어느 플레이보이는 말하고 있다.

　손가락 얘기가 나온 김에 손 전체에 대해 한마디 해 두겠다. 흔히 손가락과 손 전체가 차가운 사람이 있다. '손이 차가운 사람은 마음이 따뜻하다'고 한다. 이것은 일면의 진리가 있다. 왜냐하면 손이 찬 사람은 원래 이기적(利己的)이 못 된다.

　가냘프고 소극적으로 보이지만 일단 이렇다고 믿게 되는 날에는 어디까지나 상대를 위해 정성을 다한다. 다정다감하다. 그래서 마음이 따뜻하다고 할 수 있다.

　한편 손이 따뜻한 사람은 경솔한 자가 많고, 때로 직감(直感)에 너무 기대게 된다. 게다가 호기심도 강하므로 남보기에 경망스럽고, 또 남의 부탁을 너무 쉽게 떠맡아 결과적으로 '거짓말쟁이'가 되기도 쉽다.

　다음에 손의 형태가 큰 사람과 작은 사람이 있다. 이것은 몸체와 비교한 대소(大小)를 말하는 것이지 남과 비교한 것은 아니다. 몸에 비해 손이 큰 사람은 이상하게도 글자를 작게

쓴다고 하며, 이런 사람은 정밀
기계(精密機械)를 다루는 작업
에 적당하다고 한다.

　반대로 손이 작은 사람은 세
밀한 일에는 알맞지 못하며, 성
격도, 난잡하고 글씨도 크게 쓴
다고 한다. 일설(一說)에 의하
면 그림과 손바닥의 길이는 페
니스가 발기했을 때의 길이(노
일설에서는 보통 때의 길이)와

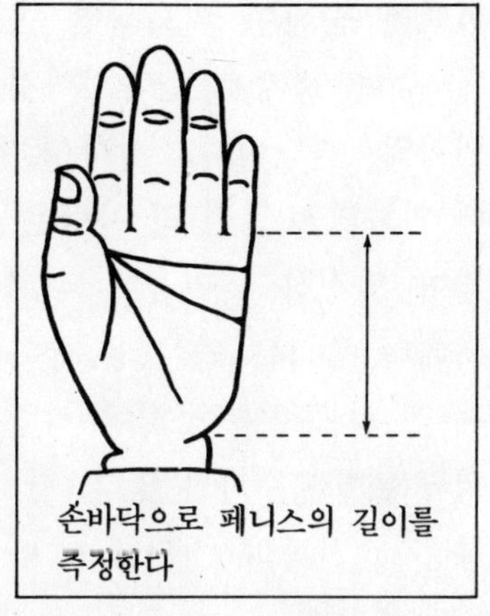

같다고 한다. 만일 그로부터 연애편지가 오면 그의 글씨를 잘
보라. 성격에 맞지 않게 조촐하고 작은 글씨로 씌어져 있다면
그의 페니스는 훌륭하다고 할 수 있다. 반대로 큼직한 글씨를
쓰는 남성은 손이 작은 편이므로 그것이 작다.

　하기야 이 설의 진부에 대해서는 세상의 부인들에게 물어볼
수밖에는 없는 일이다.

월륜(月輪)이 나온 여성은 잘 익어 있다

　손톱에도 상학상(相學上) 여러 가지 견해가 있으므로 '손가
락'에 이어 설명해 두기로 하겠다.

　첫째 대표적인 손톱 상(相)의 하나에 신기(腎氣), 즉 정력
을 손톱으로 보는 방법이 있다. 의학적으로는 혈액의 순환을
보는 방법인데, 예를 들어 손톱에 세로골〔縱筋〕이 나 있는 사
람은 피로해 있다는 증거이다. 열병으로 신진대사가 저해되어

혈액의 순환이 약화되면 손톱에 층이 생기게 된다. 이것은 의학적 판단이다. 상학(相學)에 의하면 손톱이 긴 사람은 성격이 얌전하고 마음이 너그러운데다 음식은 단 것을 좋아하는 편이다. 손톱이 짧은 사람은 성급하고 애주가가 많다. 단 손톱은 손가락의 장단에는 아무 관계가 없다.

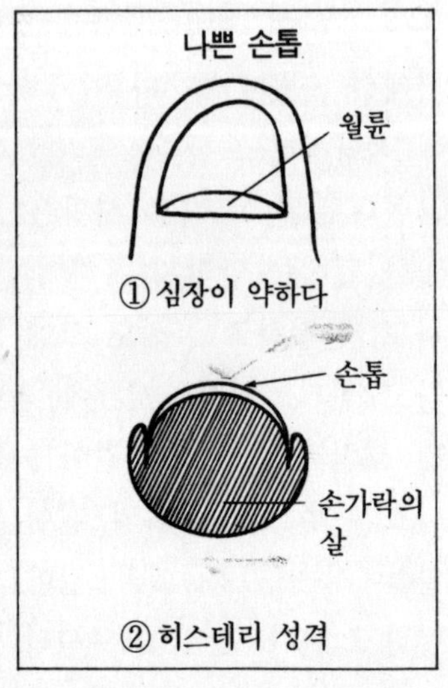

　그리고 손톱이 네모진 사람은 손끝이 재지 못하다. 손톱이 짧고 폭이 넓은 사람은 정력이 강하고 고집이 세다.

　손톱 끝이 뒤로 젖혀진 사람은 성격은 침착하고 명랑한 편이나, 반대로 손톱이 짧고 마디가 두터운 사람은 정열가이며 얇은 사람은 음침하고 거짓말을 잘 한다.

　그 외에 그림 ①과 같이 손톱뿌리가 일직선인 사람은 심장이 약하고(대체로 손톱뿌리께는 동그스름하게 돼 있는 것인데), 그림 ②와 같이 손톱의 양 끝이 손가락으로 파고들어간 사람은 남녀가 다 질투심이 강하고, 히스테릭한 성품이다. 손톱이 살에 깊이 묻혀 깎기 어려운 사람이 있는데 이것은 건방진 성품에, 너무도 자성(自省)하는 마음이 없다. 그리고 손톱을 깨무는 습관은 쓸데없는 걱정이 많은 사람이거나, 어린애로서는 야뇨증(夜尿症)이 있거나 골을 잘 내는 편이다.

　손톱에 흰 반점이 생기면 이것은 길조(吉兆)라고 하여 반기지만 상학(相學)에서는 아무런 근거가 없다. 그것보다도 더 귀중한 것을 '월륜(月輪)'(그림의 ①)이라 하겠다. 이 월륜은 엄지손가락에 가장 크게 나타나며 새끼손가락에 나타나는 사람은 적다. 평소 잘 걸어다니는 사람에게 많다고 한다. 최근과 같이 승용차가 너무 많은 세상이 되고 보니 새끼손가락의 월륜(月輪)은 거의 보기 드물게 되었다.

　그러므로 이같이 말할 수 있다. 만일 월륜이 명확하게 나온 여성이라면 섹스가 적당히 익어 있다. 왜냐하면 그녀는 매일 상당한 거리를 걷는 여성으로서, 걸으면 여성은 그 부분이 적당히 단련이 되고 감도가 좋아진다고 옛사람들은 말했다.

털의 관상법

털의 관상법

까까중은 음치(音癡)가 된다

　범죄의학에서 밝혀진 바와 같이 모발 한 가닥으로 그것이 두발이냐, 눈썹이냐, 음모냐, 남성의 털이냐, 여성의 털이냐, 그리고 연령, 신장(身長)의 정도까지 알게 되었다.

　주지하는 바와 같이 인체의 털에는 잔털을 제외하고도 두발, 눈썹, 속눈썹, 콧털, 겨드랑이털, 음모(陰毛)의 여섯 가지가 있다. 남성일 경우 여기다 다리털, 가슴털이 더 있지만 남녀에게 공통적인 털은 앞의 여섯 가지이다.

　이중 가장 굵은 것이 음모, 다음은 겨드랑이털, 콧털, 넷째가 두발, 가장 가는 것이 눈썹이다. 그중 가장 인간의 성격을 잘 나타내고 있는 것이 두발, 음모, 눈썹이라 하겠다.

　눈썹에 대해서는 별장(別章)에서 설명하겠지만, 우선 두발과 음모에 대해서 설명하겠다.

털이 하나의 혈관이라는 것은 앞서 설명했다. 현미경으로 조사해 보면 잘 알 수 있다. 남자가 머리를 깎는 것은 외관을 차린다는 것도 되겠지만 모발을 절단함으로써 두부에 모이는 피를 막고, 혈액의 순환을 조절하는 데 뜻이 있다. 이발 후 기분이 상쾌하게 되는 것은 이런 생리적 이유에서이다.

그런데 인위적으로 장발(長髮)을 하고 있으면 피의 순환이 막혀 그 결과 어쩐지 성격이 여성적으로 변한다. 현대 남성은 결단심이 강하고 '대를 쪼개듯'한 명확한 성격과 재빠른 단념을 그 특징으로 하기 때문에 여성처럼 우유부단한 데가 없다. 이에 반해 여성이 무엇이든 명확하게 결단하지 못하고 우물쭈물하는 것은 머리를 기르고 있기 때문이다.

그러므로 남성이 머리를 길게 기르고 있을 때는 이 여성적 유약성이 발로한다. 화가나 소설가가 머리를 길게 기르고 있는 것은 같은 여성적 감정을 이입(移入)하기 때문이며, 공연히 길게 기르는 것은 아니다. 누가 생각해 냈는지 이것은 놀라운 인간의 예지라 하겠다.

그룹 사운드의 젊은이들이 장발을 하고 있는 것도 비틀스족(族)들의 모방인지는 모르지만, 비틀스족들이 여자처럼 머리를 기르고 있는 것은 실은 이런 데 근거가 있다. 결코 세인을 놀라게 하기 위해 이런 모양을 하는 것은 아니다. 음악에도 여성적 감정 이입(感情移入)이 중요하다. 이것을 거꾸로 말한다면 어른이 되어도 민머리로 있든가, 혹은 단발로 있는 남성은 음악을 알 수 없는 사람, 음악을 깊이 이해할 수 없는 사람이라 하겠다.

가슴털이 짙은 남성은 '일품'의 소유자

'두발은 신장(腎臟)의 꽃'이라고 고전(古典)에서 말하고 있다. 신장의 강약은 머리털을 보면 안다는 뜻이다. 말할 필요도 없이 신장이 성기능(性機能)을 관장하는 중요 기관임은 현대 의학에서 분명히 설명해 주고 있다. 즉 고환(불알)이나 자궁을 외생식기(外生殖器), 신장을 내생식기라고 분류하는 의사도 있을 정도이다.

즉, 두발은 내생식기인 신장의 꽃이다. 모발을 보면 생식기의 건부(健否)를 알 수 있다는 것이다.

여기서 모발이란 두발을 비롯하여 가슴털, 다리털, 겨드랑이털도 포함한다.

그러면 어떤 모발이 좋은가?

지능적(知能的)인 일, 즉 두뇌를 쓰는 노동에 종사하는 사람은 털이 그다지 굵지 않으나 근육 노동자의 털은 굵은 것이 보통이다.

젊은 백발의 남성은 신허(腎虛)이다

머리털은 크게 분류하여 흑, 암갈색, 홍(紅), 금발, 아마색(亞麻色) 등등으로 나뉘어지지만, 민족에 따라 머리털이 분류될 뿐 개인에 따르는 것이 아니다.

같은 한국인 중에도 두발이 새까만 사람, 털이 뻣뻣한 사람, 부드러운 갈색 등이 있다. 같은 검은색 두발 중에도 광택이 있는 사람, 없는 사람도 있다.

이것은 어린 시절에 더욱 현저하다.

예를 들어 유치원, 국민학교에서 어울리는 같은 연령의 아이들 중에는 모발이 검은 아이, 불그레한 아이 등, 한눈으로 식별이 되는데, 그 중에서 두드러지게 모발이 검은 아이나, 지나치게 털이 성긴 아이는 체질이 허약하다고 볼 수 있다.

이것은 부모의 책임이지 아이들의 책임은 아니다. 그런 모발의 아이들은 부모가 섹스에 지나쳐 정력이 낭비되었을 때 생긴 아이들이다.

물론 두발은 유전으로 모발이 짙은 아이들은 그의 부모도 모발이 짙지만 엄밀히 말하여 지나치게 검거나, 성긴 사람은 부모의 섹스가 과도할 때, 즉 신허(腎虛 : 정력이 부족하거나 정액 결핍) 상태에서 임신한 아이들이다. 즉, 아이들의 모발을 보면 그 부모의 모발이나 수태 당시의 성생활을 알 수 있다.

또 세상에서 말하는 젊은 백발이라 하여 20대에 벌써 백발이 되는 남성이 있다. 이것 또한 일종의 신허로서 내생식기에 결함이 있는 탓이다.

상학(相學)에서는 백발이 왼쪽에 많은 사람은 아버지와의 인연이 박하고 오른쪽에 많으면 어머니와의 인연이 박하다고 한다. 여성의 경우는 이와 반대이다.

단발이 잘 어울리는 여성은 상학(相學)에서는 색이 왕성하다고 되어 있다. 단발은 짧은 것이 당연하지만 털의 성질상 아무리 길게 길러도 그 이상 자라지 않는 털이 있다. 음모도 그 중의 하나이다.

단발이 어울리는 여성은 대개가 음모가 많고, 굵고 짙은 여성이라 하겠다. 게다가 정열가이기도 하다.

수염이 성긴 남성은 포경(包莖)이다

두발은 직모(直毛 : 곧은 털)가 진짜이다. 벽모(癖毛), 곡모(曲毛)라 하여 파마한 것 같은 곱슬머리는 성격상 근기(根氣)가 없고 잘 싫증내는 사람이라 하겠다. 특히 지나친 벽모의 사람은 직업을 전전하여 일정한 장소에 정착을 못하고, 게다가 본래 성격이 음란하다. 남자가 두발을 파마하는 것은 인위적으로 색정을 왕성하게 만드는 것으로 당사자는 모르고 하더라도 결과적으로는 그러하다.

그러므로 정력이 쇠한 사람은 시험적으로 털을 곱슬곱슬하게 만들어 보라. 근기는 없어지더라도 색정이 왕성하게 되는 것은 틀림없다.

두발에 이어 콧수염에 대해 말하겠다.

남성으로 청년기가 되어도 콧수염이 나지 않는 사람이 있다. 이런 체질의 사나이는 포경(包莖)이 많다. 머리가 짙고 성긴 것은 선천적이지만 동정(童貞)이던 청년이 여성과 관계한 뒤 콧수염이 자라난 예도 있고, 포경 수술을 한 뒤 입수염이 나기 시작한 예가 있다. 성행위는 입수염과 관계가 있는 듯하다. 여성 독자 여러분들 중에 혹시 입수염이 엷은 그분을 가졌다면 시험해 보라.

젊은 여성 중에서도 입수염이 희미하게 자라난 사람이 있다. 솜털에 지나지 않지만 솜털로서는 짙은 편이다. 호르몬 관계에서 보더라도 이것은 성기에 고장이 있는 탓이다.

성기의 병이라면 치료를 하면 나을 것이고, 만약 낫게 되면 입수염도 사라진다. 이런 여성은 한번 부인과 의사와 상의해 보라.

팔에 솜털이 밀생(密生)하는 여성도 마찬가지이다. 남성의 경우에는 털이 너무 성긴 것도 정력 부족에서 오는 것이다. 색정에 있어서는 보통 이상이면서도 오히려 성기능에 결함이 있는 탓이다.

이런 남성도 의사의 진단을 받을 필요가 있다. 그렇지 않으면 변태적 색정가가 될 위험성도 있다. 입수염과 턱수염이 붉은 남성은 노후에 매우 쓸쓸하게 된다. 붉은 털을 가진 분은 주의하기 바란다.

남상(男相)의 여성은 여상(女相)의 남성과 상성(相性)이다

음모가 비록 다같이 짙은(성긴) 사람도 자세히 살펴보면 여러 가지가 다르다. 털이 나는 모양을 보면 마름모꼴과 역삼각형의 두 가지가 있는데 각각 남상(男相), 여상(女相)이라고 한다. 다시 이것을 세분하면, 음모가 남상보다 더 넓게 배꼽 아래까지 이르고 있는 것을 유녀상(遊女相), 여성의 경우 신비의 골짜기에 따라 성기게 나 있는 것을 첩상(妾相)이라고 한다.

그림과 같이 남상(男相), 유녀상(遊女相)은 주로 남성의 모상(毛相)이고, 여상(女相), 첩상(妾相)은 여성인데, 그 중에는 여성에게도 남상과 유녀상이 있다. 이것은 털이 억세고 짙은 여성의 경우, 여성으로서 다리털이 남자와 같이 짙은 여성이 있는데 이런 사람의 음모는 남상이 아니면 유녀상이다.

세계적인 통계에 따르면 '남상'과 '유녀상'의 여성은 범죄자

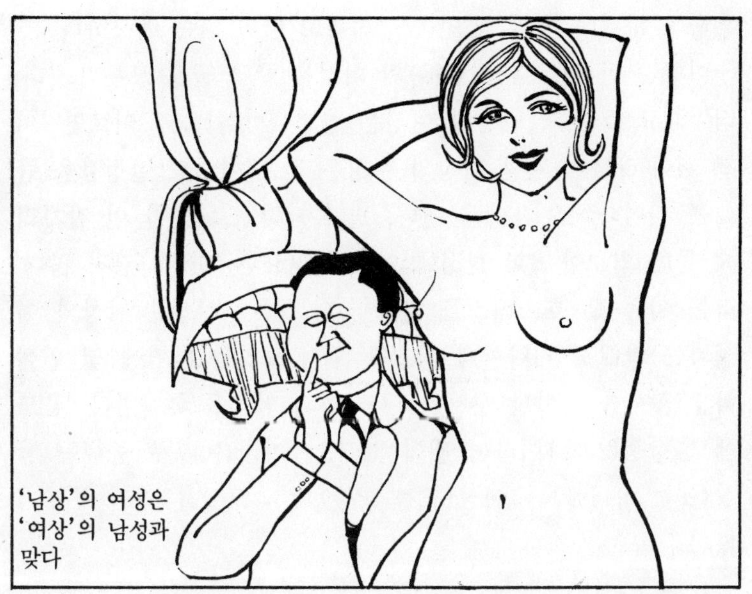

에 많다는 자료가 나와 있다는 것이다. 역시 과격파의 성격은 섹스면에서도 그만큼 맹렬하다. 그리고 이런 여성은 예쁜, 다소 마음에 걸리더라도 미남자를 좋아하는 편이다.

남성으로서 털이 짙은 유녀상 타입은 정력이 왕성한데 비해 성희(性戲)는 비교적 졸렬하다. 기교를 쓰지 않고 담박하게 덤벼 들고는 단 시간에 해치우는 형으로 그 대신 횟수가 잦다고 보아야겠다.

섹스를 향락적으로 즐기는 것은 정력가의 경우보다도 오히려 정력이 그다지 세지 않은 화사한 남성에게 많다고 볼 수 있다. 이런 남성은 횟수를 잦게 하는 생식형(生植型)의 남성과는 반대로 음모는 여상(女相)타입이다. 그와 같은 남자를 구하는 남상형(男相型)의 털이 짙은 여성은 그처럼 섹스가 농후하다 하겠다. 농후한 만큼 만족하고 나면 뒤는 깨끗하다.

이와는 반대로 첩상(妾相)의 여성은 끝날 줄을 모른다. '더, 더' 하고 보챈다. 남상의 여성은 한번 오르가슴에 이르면 '이젠 됐다'라고 하지만 첩상의 여성은 몇 번이라도 절정감을 탐내는 것이다. 또 감당해 낸다. 필자가 알기로는 한 번 잠자리에 들면 최소한 8회 절정에 이르지 않으면 '한 것 같지 않다'라는 명동 모 호스테스를 알고 있다. 이런 여성은 남상의 여성과는 반대로 지나치게 기교를 부리지 않는 반면에 몇 번이라도 횟수를 감당할 수 있는 생식형의 남성을 좋아한다. 음모에도 상성(相性)이라는 것이 있어, 사이좋은 부부 중에는 남상(또는 유녀상)과 여상(또는 첩상)의 음모상을 가진 부부가 많다.

음모가 적은 여성일수록 잘 젖는다

여음(女陰)의 신비한 골짜기에만 털이 복슬복슬 나 있는 여성이 있다. 이른바 첩상(妾相)의 음모로서 매우 상냥하고 얌전하고, 델리킷한 여성이지만 이런 타입도 일단 남성과 동침하게 되면 극히 다음(多淫)하다.

대체로 지나치게 털이 많거나 적은 사람은 다음하는 편이다. 다만, 털이 적은 여성은 동침까지는 수줍어하지만 털이 많은 사람은 주저하지 않고 결단이 명확하다.

그런데 음모가 적으면 적을수록 성적 흥분시에 애액(愛液)의 분비량은 많다고 한다. 특히 첩상의 여성은 이른바 '시트를 흠뻑 적시는' 타입이다. 반면 다모(多毛)의 여성은 분비액이 적다.

이 애액(愛液)은 음모의 색깔과 골슬곱슬한 털 모양과도 관계가 있다. 음모는 원래 검고 곱슬곱슬한 것이지만 음행(淫行)의 횟수가 잦아질수록 꼿꼿해지며 색깔도 흑색에서 아마색(亞麻色) 내지 밤색으로 변하게 된다.

이것은 성적 흥분시에 나오는 애액에 음모가 젖게 되기 때문이다.

질구의 외부에서 성적 흥분시에 배출되는 바르트린씨 선액(腺液)과 오르가슴 때 자궁에서 나오는 애액 중에는 벽모(癖毛)를 곧게 하고 음모를 탈색시키는 분비액이 포함되어 있다. 따라서 절정감을 맛보면 맛볼수록 여성의 음모는 곧게 서며 색은 바래진다. 남성의 정액에는 이런 요소가 포함되어 있지

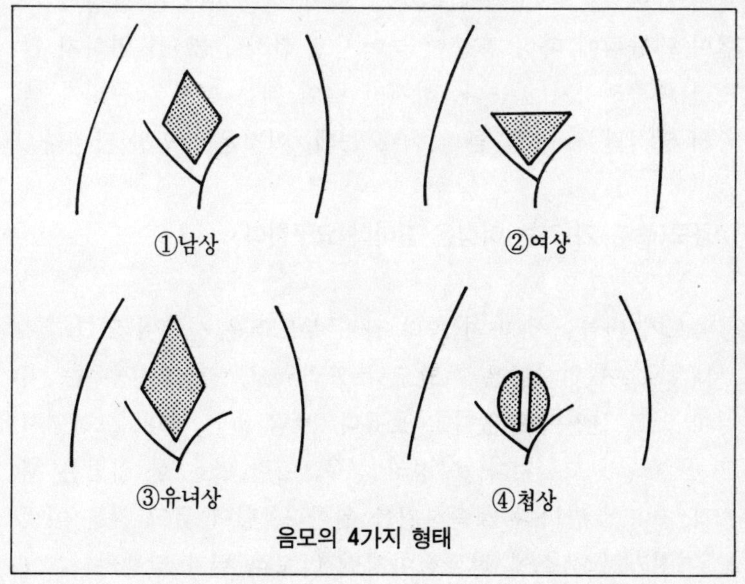

음모의 4가지 형태

않기 때문에, 애액이 넘쳐흐르는 여성과 교섭을 하지 않는 이
상 오나니에서 음모를 적시는 한이 있어도 털이 곧게 서지는
않는다.

그리고 음모의 소밀(疏密)과는 별도로 특히 성행위에 미숙
한 처녀에 있어서 애액의 용출량이 많은 것은 경험자라면 알
것이다. 남성의 경험이 많을수록 여성은 쉽게 흥분하지 않고
애액의 분비량도 적어진다. 매춘부가 좋은 예이다.

그래서 젊은 여성에게만 어색(漁色)의 손톱을 가는 에로틱
한 남성이 있다. 애액이 많은 데 집착하기 때문이다. 젊은 남
성으로서 애액이 많은 여성을 구하고 싶으면 음모가 적은 부
인을 택하라. 특히 털이 곧고 색깔이 바랜 음모를 지닌 여성
말이다.

어느 베테랑의 고백에 의하면 털이 짙은 여성은 남성의 경
험이 거듭됨에 따라 흥분이 늦어지고 전희(前戲)를 가하지 않
으면 축축해지지 않는다. 하지만 털이 적은 여성은 준비가 빨
라서 암시만 해 주면 곧 젖어 오는데, 이것은 예민한 탓이다.

음모(陰毛)가 가는 여성은 밤마다 요구한다

음모가 가늘어서 마치 솜과 같이 부드러운 사람이 있다.

대체로 이런 사람은 두발도 부드러워서, 남성의 경우는 기
백이 없고 실천력도 없다고 보겠다. 보람 없는 사내, 그러면서
도 음탕하기 그지없다. 여성의 경우, 이런 털을 한 사람은 섹
스가 좋아서 밤마다 계속하기를 원한다. 털이 굵고 짙은 여성
도 격정가로 섹스에 적극적이지만 비교적 뒤가 담백하다. 그

러나 털이 가는 여성은 만족이란 게 없다. 실신해 버리지 않는 한 언제까지나 남성의 요구를 받아들일 수 있다. 참으로 음탕한 여성이다. 그러나 이것은 이른바 털이 성기거나 적은 여성과는 별문제이다. 무성한 범위는 넓더라도 털이 명주솜같이 가는 것이다.

중국의 서적에 따르면, 양귀비(楊貴妃)의 음모는 금색으로 빛났고 음모의 끝이 소용돌이를 치고 있었다고 한다. 아마 털 하나하나가 솜털과 같이 가늘었던 모양이다. 국제적인 미녀의 대표로 손꼽히는 양귀비의 음모가 섹스에서도 마찬가지로 그녀의 교명(嬌名)을 떨치는 데 한몫을 한 것 같다.

털 중에서 가장 굵은 것이 음모이고 가는 것이 눈썹인데 그녀의 눈썹은 있는지 없는지조차 알 수 없는 가는 것이었음에 틀림없다. 하긴 이와 같이 금색을 발하는 음모는 천 사람에 하나 있을까 말까 하는 희귀한 것으로 천 명을 정복해야 한 사람을 만나게 되는 셈이다.

우장형(雨裝型)의 사나이는 출세를 하지 못한다

상학(相學)에 따르면 옛날 중국 고조(高祖)의 어머니는 음모의 길이가 두 자(尺)나 되었다고 한다. 음모가 길면 귀한 상이며, 짧으면 천하다고 전한다. 털이 긴 부인은 귀인상(貴人相)이며, 귀한 자식을 낳는다고 한다. 한여태후(漢呂太后)도 비단빛 미모(美毛)로서 금사비(錦糸妃)의 별명이 있었다. 일설에 따르면 눈썹이 아름답고 긴 여성은 음모도 길다는 것이다.

비단빛〔錦色〕이란 양귀비에 관해서도 설명했지만 끝이 소용돌이 모양이며, 이것이 음모 중에서 최고라고 한다. 반드시 귀인을 낳는다고 한다. 다음은 붉은빛으로, 이런 여성은 반드시 하나의 예능을 지닌 위에 다산(多産)할 타입이다. 몇 백 명 중에 한 사람 있을 정도라 한다. 또한 음모가 붉은 사람은 다음(多淫)하기도 하다 그 다음이 검은 빛으로 가장 일반적인 색이며, 색정 상법(色情相法)에 따르면 머리털이 난 언저리가 갑자기 짙은 사람은 음모도 뻣뻣하고 새까맣다고 한다. 다음이 회색인데 이 회색 음모를 가진 부인은 저능(低能)이라고 하며, 장래 반드시 큰 화(禍)를 입을 것이라 하여 크게 경계하는 색깔이다. 회색보다 한층 더 못한 것이 흰색 음모인데 젊은 백발처럼 나이 젊은 사람으로 음모가 하얀 여성이 있다고 한다. 그러나 필자는 이런 여성을 본 적이 없으니 상학상 다만 불길하다는 것만을 말하고 싶다.

모상(毛相)에서 재미있는 것은 솜털〔産毛〕이라 하겠다. 이 솜털로 여러 가지를 알 수가 있다.

흔히 여성인데 남성과 같이 솜털이 팔이나 다리에 나 있는 사람을 볼 수 있다. 솜털이 짙은 사람은 예외 없이 음모가 짙고 섹스도 강하다고 볼 수 있다. 그러면서 좋아하는 남자에 대해서는 아주 순정적인 이른바 다정다감한 타입이다. 그리고 여위고 가슴도 평평하면서 솜털이 짙은 여성은, 의외로 사람이 좋고 연애 문제에 있어서는 체념이 빨라 때로는 좋아하는 훌륭한 청년을 놓치는 수가 있다. 그리고 인중(人中)에 엷게 솜털이 나 있는 여성은 어쩐지 음모가 가늘고(범위와는 관계없이), 결혼에 실패하는 경우가 많으며 자식과의 인연도 박하여 노후에는 고독하게 된다고 한다.

　그리고 남성의 경우, 때로 페니스에 털이 난 사람이 있다. 음모가 아니고 페니스 몸체에 털이 난 것은 우장형(雨裝型)이라 하여 불길하다고 한다. 그리고 페니스에 상처가 있는 남성은 어떤 상처이거나 음란한 말썽이 따르기 쉽고 성공하는 사람이 적으며 노후가 불운하다고 한다.

버릇의 관상법

버릇의 관상법

항상 호랑이처럼 유유히 걸어라

사람에게는 여러 가지 버릇이 있다. 말을 할 때도 아랫입술을 물면서 얘기하는 버릇, 눈을 지그시 감으면서 얘기하는 버릇, 힐끗힐끗 상대를 쳐다보면서 얘기하는 버릇 등 헤아릴 수 없이 많다. 이것은 타고난 것이 아닐지라도 거듭하다 보면 어느새에 버릇이 되고 만다. 이런 점에서 버릇은 인상학(人相學)상 중요한 부분이라고 하겠다.

버릇은 얼굴에 국한된 것만이 아니고 몸 전체에 걸친 것도 많다.

예를 들어 걸음걸이의 경우이다.

최근 패션 모델은 책을 머리에 이고 걸으면 자세를 고친다는 설이 있는데, 이것은 근거가 있는 것이다. 왜냐하면 걸음걸이가 사람의 일생을 좌우하는 포인트가 될 수 있기 때문이다.

사람은 곧게 걷는 것이 정칙인데, 보통 마음이 바쁠 때는 몸을 앞으로 굽히고 걷는다. 느릿느릿 걸을 때는 머리를 앞으로 기울일 필요가 없는 것이다. 마음에 여유가 있으면 자연 허리에 중심이 가고 가슴을 펴고 걸을 수 있기 때문이다. 큰 회사의 사장과 항상 분주한 평사원과는 걸음걸이가 다르다.

이와 같이 걸음걸이에 따라 자연히 인격, 기질, 지위 등을 알아볼 수 있다. 이것을 응용하는 관상이 보행에 의한 상학(相學)이라는 것을 알아 두라.

걸음걸이 중 가장 좋은 것이 '호행(虎行)'으로, 즉 범이 걷듯이 몸은 육중하게, 발은 가볍게 서서히 걷는 방법이다. 운세가 핀 사람은 자기도 모르게 이와 같이 걷고 있다.

반대로 초조하고 방정맞게 걷는 사람은 거처에 번번이 변동이 생기고 고향에서는 살 수 없는 방랑의 타입이다. 사업에 있어서도 초지를 관철할 수 없이 고생만 많고 자칫하면 파산의 위험도 없지 않다.

또 '새걸음〔雀行〕'이라 하여 새가 걷는 것처럼 걸을 때에 몸 전체가 깡충깡충 뛰는 듯이 걷는 사람이 있는데 이것은 결단력이 없고, 재주가 있어도 지략(智略)이 부족하여 남성의 경우 평생 경제적으로 빈곤하다.

더 나쁜 것은 다리에 흠이 있는 사람이다. 절름발이는 노후가 불운하다. 이것은 후천적으로 다리를 상한 사람이나 타고난 절름발이나 마찬가지이다. 아무튼 다리가 부자유한 사람은 노후에 운이 나쁘다.

그리고 남성으로서 안으로 향해 걷는 사람도 노후에 고독하다고 한다. 그와 반대로 벌리고 걷는 사람도 마찬가지이다. 당신들이 연인과 데이트할 때 그의 걸음걸이를 보면 그 장래의 운을 점칠 수 있다.

'걸을 때 몸을 흔들지 않으면 재물을 쌓아 부족이 없다'고 하듯이 앞서 말한 '호행(虎行)'의 사람은 설혹 가난한 집에 태어나더라도 반드시 이름을 떨쳐 출세할 인물이다.

요컨대 운이 좋은 사람은 걸음걸이가 육중하고, 발은 가벼우며 호랑이(또는 고양이)같이 소리 없이 조용히 걷지만, 운이 나쁜 사람은 발걸음이 무겁고 상체가 흔들린다.

어느 정도 의식하여 노력만 하면 이것은 교정할 수 있으므로 불운을 자초(自招)하기 싫다면 항상 범과 같이 육중히 걷는 습관을 가지도록 하자.

발을 벌리고 걷는 여성일수록 죄는 힘은 강하다

옛날 사람은 발끝을 안으로 향해 걷는 사람이 많았다. 그것이 여성으로서 단정한 보행이라고 생각했기 때문이다.

그러나 지금은 다르다. 하이힐이나 부츠 등을 신고 발끝을 안으로 하여 걷는 것도 꼴불견이라 할 수 있다. 원래 여성의 걸음걸이는 의복에 좌우되므로 남성의 경우처럼 크게 운세에 영향을 미치지는 않는다고 보겠다.

그 증거로 7, 8세쯤 되는 아이들은 발끝을 밖으로 벌리고 걷는다. 그러나 성장함에 따라 차차 안으로 발끝을 돌리게 된다.

이 일반적인 보행의 경향에 예외적인 진설(珍說)을 펴는 사람이 있다. 즉, '발끝을 안으로 향해 걷는 여성은 무릎이 항상 부딪쳐 비비적거리게 된다. 따라서 다리의 모양은 X형이다. 두 다리는 여성의 국부를 기점으로 뻗어 나와 있기 때문에 두 무릎이 닿게 되면 기점인 부분은 넓게 벌어진다.

반대로 밖으로 발끝을 돌리는 여성(양 무릎을 떼고 걷는 여성)은 오히려 국부가 밀착하게 된다. 말하자면 A형으로서, A형은 정점이 붙어 있기 때문에 발끝은 밖으로 펴진다(A형의 정점이 떨어지면 H가 된다).

즉 발끝을 양쪽으로 벌리고 걷는 여성은 그 반대의 여성보다 당연히 국부의 죄는 힘이 강할 수밖에 없다.

그 진위는 필자도 알 수 없으나 발끝이 안으로 향하는 여성은 들러붙는 곳은 무릎이지 성기(性器)는 아니다. 상서(相書)에는 이런 말이 써 있지 않기 때문에 단언할 수는 없다.

상서에는 '위를 쳐다보고 걷는 여성은 단명(短命)하고 간통할 위험성이 있다. 남성은 다소 위를, 여성은 아래를 보고 걷는 것이 좋다'라고 써 있다.

그리고 흔히 머리를 기울이는 여성은 음부도 왼쪽으로 치우쳐 있으며, 이런 여성은 노후에 운이 나쁠 뿐만 아니라 어느 한쪽의 부모와 인연이 박하며 비록 부유한 집에서 태어나더라도 중년 이후의 운세는 기울어진다.

젊은 여성으로 만일 머리를 젖히고 걷는 버릇이 있는 사람은 지금부터라도 고치도록 힘써야겠다.

그리고 말을 할 때 눈썹을 찌푸리는 사람은 남녀 모두 음란한 성격이다. 그리고 엉덩이가 뒤로 튀어나온 여성은 성격이 완고하다.

입술을 빨면서 말을 하는 여성은 거짓말쟁이이다

남성으로 의자에 앉자마자 자꾸 머리를 만지작거리는 사람이 있다. 이런 사람은 성격이 난폭하고 음란하며, 겉으로는 얌전한 체하면서 마음속은 음흉하다. 40을 넘어서면 운세가 나빠진다고 상서에서 말하고 있다. 단, 재능은 있기 때문에 남의 귀여움을 받게 된다.

남성으로 가래가 나오는 것도 아닌데 자꾸 침을 뱉는 사람이 있다. 이것은 초년은 부하고 노후는 쇠할 징조이다. 장수도 못 한다는 것이다.

그리고 상서에 의하면 '심히 뜨거운 음식을 즐겨 먹는 자는 하천의 상(相), 가운이 반드시 쇠한다'고 한다.

남과 대화할 때 먼저 미소를 짓고 응대하는 여성은 음부(淫婦)의 상이다.

그리고 아무것도 아닌 것을 '아이구머니' 하고 크게 놀라는 시늉을 하는 여성도 다음(多淫)하고, 늘 소맷자락이나 깃끝을 고치는 여성도 색이 세고 간통의 소지가 많으며 말을 하면서 이로 가끔 아랫입술을 깨무는 버릇이 있는 여성은 식언(食言)을 하는 성격이다.

말을 할 때, 상대의 눈을 똑바로 보고 분명히 발음하는 남성은 자신만만한 사람으로 남의 말에 쉽게 넘어가지 않는 사람이다. 근본은 정직하여 중년 이후에는 반드시 무언가 사회적 지위를 얻게 된다.

마찬가지로 남과 대화를 할 때, 생각하고 또 생각하며 자기 의견을 서서히 진술하는 남성은 얼핏 보면 무뚝뚝하나 중년

이후 노후에 걸쳐 운이 트인다.

반대로 혼자서 뭐라고 중얼거리는 사람은 고독하고 운이 기울어진다. 얘기 중 입에 엿을 물은 듯이 차진 음성을 내는 사람은 심중에 좋지 못한 계략을 품고 있기 때문에 안심할 수 없다.

음성이 항상 낭랑한 여운을 풍겨야만 좋은 계책이 풍성하고 중년 이후부터 큰 발전을 거둘 수 있다. 대재벌에는 이런 사람이 많고 여성의 경우도 동일하다.

눈을 감고 얘기하는 사람은 마음이 검다

눈버릇〔眼癖〕도 관상학상 무시할 수 없는 것으로, 예를 들어 눈을 감고 얘기하는 사람은 마음이 검다고 한다.

그리고 눈이 항상 젖어 있는 여성은 음란하며, 말을 할 때 눈동자가 좌우로 움직이는 사람은 결단력이 없는 둔한 타입이다.

다같이 눈동자가 움직이더라도 눈알에 힘이 차고, 시력이 빛나는 사람은 신경질적이기는 하나 득재(得財)할 운세라고 한다.

눈꺼풀이 실룩실룩 경련을 일으키는 여성은 섹스 과로거나 신경 쇠약의 전조를 나타낸다.

뭐니뭐니 해도 눈은 자안(慈眼)이 제일이다. 자안이란 자기 자식을 안고 어르는 순수한 애정에 찬 눈매를 말하는 것으로 자기 자식뿐만 아니라 남에게도 항상 이런 눈매로 대할 수 있는 사람은 성인(聖人)이라고 하겠다.

여성이란 모두가 미인이다

　상법(相法)에 따라 남녀의 운세를 여러 가지 방법으로 설명하였으나 마지막으로 한마디하고 싶다.

　도대체 미인이란 어떤 여성을 두고 하는 말인가?

　어느 시인은 '여성은 모두가 다 미인'이라 했다. 남성의 눈으로 볼 때, 모든 여성은 모두 미인이다. 이 말이야말로 색도(色道)의 극의(極意)를 밝혀 낸 고금 무쌍의 명언(名言)이라고 필자는 생각한다.

　'하늘은 두 가지를 주지 않는다'라는 말과 같이 미인에게도 반드시 결함은 있다. 역시 추부(醜婦)에게도 미점(美點)이 있다.

　요컨대 미인의 기준은 시대와 더불어 변천한다. 어제의 미인이 반드시 내일의 미인이 될 수는 없다. 팔등신(八等身)의 미인은 옛날 같으면 도깨비라고 하여 시집 오라는 곳도 없었다.

　다시 말하지만 미인은 한갓 유행에 불과하다. 결국 여성은 모두 아름답고 따라서 다 행복하게 될 평등의 권리가 있다. 구태여 남녀의 결합에 행·불행이 있다고 하면 그것은 자기에게 알맞은 상대를 선택하지 못했다는 것뿐이다. 결코 상대가 나쁜 인간인 탓은 아니다.

　그렇다면 모든 인간이 행복하게 되는 길은 각자의 개인차(個人差)에 어울리는 상대를 선택하는 것이다. 그러기 위해서 필자는 상법(相法)에 따른 성격, 운세의 감정법을 여기에 소개한 것이다.

독자 여러분이 이 책으로써 조금이라도 좋은 상대를, 그리고 자기의 결함이 있을 때는 반성하여 행복한 생활을 누리는 데 도움이 된다면 필자의 다행은 이에 더할 바 없다.

아무쪼록 행복에의 추구에 이 책이 도움이 되기를 빌어 마지 않는다.

부 록

부록 Ⅰ 연예운과 결혼운
부록 Ⅱ 아름다운 여성의 인상학
부록 Ⅲ 인상에 따른 성격과 직업

연애운과 결혼운

1. 이상적 상성(相性)

인상에도 '내조(內助)의 공'이 있다

우리는 태어나서 죽을 때까지 여러 형태의 만남과 이별을 반복하면서 살아간다. 그 만남 속에서 남으로부터 영향을 받고 혹은 남에게 영향을 주면서 일생을 살아가는 것이다. 그것은 우리 인간의 몸 안에서 눈에 안 보이는 방사선(放射線) 같은 것, 말하자면 영혼의 에너지를 방사하고 있는 것이다

이 영혼의 에너지를 '기(氣)'라고 하는데 그런 몸 속의 기는 우리의 육체 중에서도 그 사람의 마음을 정면으로 비춰 주는 부분, 즉 얼굴 위에 상(相)이 되어 나타난다.

흔히 말하기를, '형사가 되면 인상이 나빠진다'라고 한다. 그것은 형사가 직책상 아무래도 사람들을 의심해야 하므로 그

눈초리가 날카로워지기 때문이다. 다시 말해서 우리는 많건 적건 간에 평소 접하는 사람들의 기(氣)를 받아들임으로써 자신의 인상이 바뀌어 갈 수도 있다는 것을 알아둬야 한다.

그런 의미에서 인간의 인생을 고찰할 때 우리가 일상생활 속에서 남의 영향을 제일 많이 받게 되는 것은 결혼했을 경우의 그 배우자일 것이다. 인간이 방사하는 영혼의 에너지 가운데 가장 그 영향력이 강한 '사랑'이라는 기(氣)를 서로 나누면서 한 마음, 한 몸이 되어 매일 얼굴을 마주하고 살아가는 것이 부부라고 할 수 있다. 더구나 인간이 한평생 중에서 제일 많은 시간을 소비하는 시간이 수면 시간까지도 함께 지내면서 아기를 낳게 되는 부부가 아닌가.

이만큼 상대에게 영향을 끼치고 또 상대의 영향을 강하게 받는 관계가 또 있을까? 그러므로 결혼은 자신의 운명을 바꾸는 것이며 그 인상까지 바꿀 수 있는 절호의 찬스인 것이다.

예컨대 결혼 적령기가 되어 상대를 선택할 때 부상(富相), 귀상(貴相), 수상(壽相) 등의 양상(良相)을 가진 사람과 만나면 그 사람의 영혼 에너지는 확실히 정화되며 인상도 바뀌어진다. 또 상성(相性)이 좋은 상대라면 서로 협력하여 이상적인 가정을 영위할 수 있는데 그렇게 되면 그 좋은 환경이 정신적 여유를 가져다 주어 운기(運氣)를 바꾸고 인상도 바뀌게 된다. 배우자가 가지고 있는 운세가 이쪽에 확실히 영향을 끼치기 때문이다.

특히 여성의 코는 남편의 운명도 지배한다. 납작코인 여성을 아내로 맞으면 남성이 양상이라 하더라도 점차 쇠운으로 떨어지게 된다. 이와는 반대로 양상인 여성을 아내로 맞게 되면 남성의 운세가 바뀌어 호운을 맞게 된다.

인생이란 결혼을 하기까지는 혼자서 인생을 걸어왔지만 결혼을 계기로 하여 두 사람은 부부가 되어 인생을 살아가게 마련이다. 그런 의미에서도 남편의 인상은 아내의 운세에, 아내의 인상은 남편의 운세에 영향을 주게 된다는 것을 쉽게 상상할 수 있다.

결혼은 자신의 운명과 인상을 바꾸어 놓기까지 하는 대단히 중요한 전환점이 되는 것이므로 인상학을 반드시 참고하기 바란다.

정반대인 인상이야말로 이상적 상성(相性)

결혼 적령기를 맞은 여성에게 이상적인 남성상이 무엇이냐고 물으면 얼마 전부터 일반적으로,

"집이 있고, 자동차가 있고, 시부모를 안 모시는……."
등등의 답변들을 하는 경향이 있다. 즉, 남성에게 경제력이 있고 시부모를 안 모시고 조용하게 살고 싶다는 것이 일반적인 여성의 희망 사항인 것이다.

그러나 그것에 앞서 생각해야 할 일이 바로 상성, 다시 말해서 성격이 잘 맞느냐 안 맞느냐이다.

상성에는, 예를 든다면 육성점술(六星占術)로 보는 상성도 있고, 이름풀이로 보는 상성 등 여러 가지가 있겠는데 여기서는 물론 인상학적인 상성을 소개하겠다.

그럼 어떤 상과 어떤 상이 이상적인 만남이 되는 것일까?

결론을 먼저 말한다면 얼굴 각 부분의 상이 가급적 정반대

로 되어 있는 것을 인상학에서는 이상적 상성으로 친다. 눈이 큰 사람에게는 눈이 작은 사람, 관골(광대뼈)이 불거져 나온 사람에게는 그와 반대로 관골이 나오지 않은 사람, 눈썹이 두 텁고 검은 사람은 눈썹이 얇으면서 초승달 모양인 사람 등등 의 식으로 말이다.

그 이유를 설명하려면 '음양 상성(陰陽相性)'의 원리까지 거 슬러올라가야 한다. '음양 상성의 원리'란 이 세상을 구성하고 있는 것은 모두 음과 양의 상대되는 관계로부터 성립되었다는 사고 방식으로 중국 고대 사상에 뿌리를 이루는 것이다.

예컨대 하루는 낮(양)과 밤(음)으로, 인간은 육체(양)와 영 혼(음)으로, 그 몸은 살(양)과 골격(음)으로, 식물(植物)은 지표면에 나온 줄기와 잎(양), 그리고 뿌리(음)로 성립되어 있 다는 사고 방식이다. 이렇게 생각해 나가면 당연히 남성은 양 이고 여성은 음이 되는 셈이다.

다시 말해서 음양의 원칙이란 흔히 말하는 플러스와 마이너 스가 아니라 생명의 근본을 이루는 것이 음이고, 그 음의 힘 을 빌려 활동, 발전, 분화(分化)하는 것이 양이라고 생각한다.

초목을 예로 들어서 생각하면 싹을 내고 뿌리를 뻗으며 가 지와 잎을 무성하게 만들어 내는 기능이 곧 양이다. 그 양의 움직임이 활발하여 꽃과 열매를 맺게 하고 식물의 세력을 확 장시켜 나가는 것이다. 그러나 뿌리(음)가 없으면 식물 그 자 체의 생명력은 단절되고 만다. 이렇게 생각하면 음양은 표리 일체이므로 그 어느 쪽도 상대방을 지탱해 주기 위하여 없어 서는 안 될 존재임을 알게 될 것이다. 말하자면 양자(兩者)는 서로 보완해 주는 관계인 것이다.

　인상학도 그 '음양 상대의 원리'를 기본으로 하고 있는 것이므로 부부 관계의 상성도 남편은 아내를, 아내는 남편을 보완해 주는 인상이 좋은 상성의 인상이 된다.

　예를 들면 눈이 그러하다. 눈은 마음의 창이라고도 하는데 눈이 큰 사람은 마음도 개방적이어서 숨기는 일이 없다. 성격도 활달하려니와 섹스도 개방적이다. 한편 눈이 작은 사람은 소심하고 기(氣)도 허약하여 결단이 더디고 소극적인 성격이다. 그렇다면 눈이 큰 사람끼리 만나면 서로 숨기는 일이 없어서 밝은 가정을 꾸밀 것 같지만 실은 그렇지 않다.

　개방적인 마음을 가진 사람끼리, 또는 적극적인 성격인 사람끼리 만나면 좋을 때는 좋지만 일단 나사가 풀어지기 시작하면 브레이크를 잡는 사람이 없기 때문에 서로가 충돌하여 파괴적인 부부관계가 되는 법이다.

　또 숨기는 일이 없다는 것은 너무나 개방적이어서 야무지지 못하다는 것을 의미한다. 부부 모두 당장 생활할 돈이 없어도 신경을 쓰지 않는 낙천가들이라면 가정의 재정은 엉망진창이 되고 말 것이다. 그리고 눈이 큰 사람은 섹스도 개방적이기 때문에 결혼을 한 후에도 태연히 바람을 필지 모른다. 상대가 하면 나도 하겠다는 식의 사람이 바로 눈이 큰 사람의 특징이다.

　반대로 눈이 작은 사람은 언제나 소심하여 진취력이 없으므로 어둡고 차가운 가정이 되고 말 것이다. 그런 가정은 꿈이 있을 수 없다. 그런 까닭에 박진감이 있는 남편에게는 브레이크 역할을 할 수 있는 아내가, 그리고 낙천적인 아내에게는 신중히 사물을 생각하는 남편의 존재가 필요한 것이며, 그런 형태로 상호 보완하는 것이 좋은 상성의 부부라 하겠다.

　단, 서로가 서로를 보완해 간다고 하지만 코만큼은 예외이다. 만약 남편의 코에 살붙음이 좋더라도 그 아내의 코가 신통치 못하면 남편이 하는 사업의 운세라든가 금전운(金錢運)까지 나빠진다.

2. 연애운이 좋은 인상

남자가 좋아하는 인상

연애와 결혼, 두 가지를 생각해 볼 때 결혼이란 깃은 이느 의미에서 어려운 요소가 많이 있다. 왜냐하면 독신 시절에는 인기가 많았다 하더라도 그것이 오히려 화근이 되어 혼기를 놓치고 마는 경우가 종종 있기 때문이다. 그러므로 연애운이 좋다고 해서 반드시 결혼운도 좋다고는 할 수 없다

그런데 연애운을 보는 것은 비교적 간단하다. 이른바 남성들이 말을 걸어 오기 쉬운 인상, 속된 말로 '남성이 줄줄 따라 다니는 얼굴'이면 되는 것이다. 남성들이 좋아하는 인상이란 남성들 입장에서 본다면 사귀기 쉬운 여성이란 뜻도 된다. 연애를 잘하는 남성은 실로 그런 인상의 여성에게 포인트를 맞추어 선택하게 마련이다.

어느 큰 병원의 경영자는 독학으로 관상학을 공부하여 '접수 창구에는 반드시 남성이 좋아하는 인상의 직원을 배치하고 있다'라는 이야기를 한 적이 있다. 남성이 좋아하는 여성은 원래 애정이 풍부하고 세세한 점에까지 신경을 써 주며 사람을 가리지 않고 친절하게 대해 준다. 그 때문에 젊은 남성들뿐 아니라 노인이라든가 어린이에게도 친절히 대한다. 이것이 좋

은 병원이란 소문을 나게 하여 병원 경영에 대단한 공헌을 한다는 것이다.

관상학을 그런데까지 적용했다고 하는 이야기를 듣고 감탄하기도 했는데 결혼운이 있고 없고 간에 남성의 이목을 끌기 쉬운 상, 즉 남성쪽에서 본다면 교제하기 쉬운 상이란 어떤 상인지 소개해 보겠다.

① 미간이 넓은 여성은 어이 없는 연애를

미간, 양미간(눈썹과 눈썹 사이)이 유난히 넓은 여성은 조숙하며 정열에 빠지기 쉬워서 남성의 유혹에 넘어가기를 잘한다. 성격적으로도 우물쭈물하지 않으며 시원시원하기 때문에 뒤탈이 없다. 바꾸어 말하면 이렇기 때문에 남성들의 이목을 끈다.

미간에 손가락 세 개를 겹쳐 넣을 수 있을 정도면 인상학에서는 '다음(多淫)의 상'으로 본다. '한 남자로 평생을 만족할 수 없는 상'인 것이다.

섹스도 변덕스럽기 때문에 감칠맛이 없다. 그렇기 때문에 자신도 만족할 수 없다. 그래서 남성을 바꾸어 보려는 것인지도 모른다.

또 여성 중에 눈썹 꼬리가 유난히 올라간 사람도 있다. 이런 여성은 이성에 대하여 적극적이다. 디스코장이나 카바레 등에서 먼저 남성에게 이야기를 건네는 여성은 대개 이런 타입의 눈썹을 가진 사람이다. 이성에게 적극적이므로 아무래도 차분한 가정 주부는 되지 못한다.

이것과는 반대로 눈썹 꼬리가 아래로 처져서 여덟팔자[八]

눈썹인 사람은 남녀를 불분하고 바람기가 있어서 이성을 바꾸는 타입이다. 특히 눈썹이 꼬리 쪽으로 갈수록 가늘어지면서 여덟팔자인 타입은 좋게 말해서 솔직한 자유인(自由人), 나쁘게 말하면 제멋대로인 성격이다. 금전적으로도 구속받기를 싫어하므로 결혼과 같은 속박된 생활을 싫어하고 자유로운 것을 좋아한다.

한편 여성의 눈썹은 가늘고 긴 초승달 눈썹을 최고로 치는데 너무 가늘어도 안 좋다. 남성 쪽에서 강력히 나오면 결국 정을 주게 되기 때문에 색연(色戀)의 트러블에 말려들게 된다. 이런 눈썹의 상을 가진 여성은 남성들에게 인기는 있으나 아무래도 슬픈 연애를 하는 경향이 많은 것 같다.

그런가 하면 자기 의사로 남성을 고르는 여성은 눈썹이 옆으로 길게 뻗은 이른바 한일[一]자 눈썹의 여성이다.

원래 한일자 눈썹은 남미(男眉)라 하는데 이런 눈썹을 가진 남성으로서 눈썹에 윤기가 흐르는 사람은 금전적으로도, 그리고 지위적으로도 장래가 보장된 복상이다. 그러나 이런 눈썹을 가진 여성은 사정이 다르다. 목적을 위해서는 주위 사람들이 깜짝 놀랄 만큼 무슨 짓이든지 한다.

예를 들면 예술을 위해서는 전라(全裸)도 사양하지 않는 사람이다. 단, 결단력이 있는 반면 처세술에 있어서는 허술한 면도 있다.

② 젊은데도 눈꼬리에 주름이 잡히면

• 눈── 눈은 앞에서도 말했지만 마음의 창이다. 그러므로 눈이 큰 여성은 마음이 풍부하고 행동적이기도 하다. 또

한가지 섹스도 개방적이라고 할 수 있다.

물론 눈이 작은 여성보다 유혹에 넘어가기 쉽고 구설수에 잘 오르내린다. 그런데다가 미간까지 넓으면 플레이보이들에게 있어서는 더없는 놀이 상대라 할 수 있다.

또 눈은 마음의 상태를 나타낸다. 만약 연인과 이야기하던 중 그녀의 눈에 물기가 흐르면 그녀의 여성 자신도 물기가 흐르기 시작한다는 표시이다. 돈환 기질이 있는 남성이라면 이런 찬스를 놓치지 않는다.

• 전택(田宅)·누당(淚堂) —— 전택, 즉 윗눈꺼풀이 부풀어 오른 눈, 그래서 살이 소복하게 보이는 눈을 가진 여성은 사랑을 많이 했다는 증거이다. 특히 연상의 남성이라든가 유부남과 사랑을 나누기 좋아한다. 말하자면 불륜 관계에 빠지기 쉬운 상인 것이다.

전택은 또 섹스하고도 깊은 관계가 있다. 전택은 섹스 경험이 적을 때는 부풀어오르지 않지만, 나이가 들어서 섹스에 자유스럽게 되면 차츰 부풀어오르고 늘어지게 마련이다. 대개는 결혼한 지 2~3년 지나면 이 부풀어오르는 증세가 가라앉는다.

그런데 언제나 살붙음이 좋고 부풀어오른 것처럼 느껴지는 사람은 대개가 음분상(淫奔相)이다. 결혼을 했더라도 남편이 성적으로 약하다든가 집을 자주 비우게 되어 만족감을 충분히 얻을 수 없으면 다른 남성과 금방 놀아난다. 섹스의 유혹에 아주 약하며 또 남성들이 좋아하는 타입이기도 하다.

전택과는 반대인 아랫눈꺼풀을 누당이라고 하는데 이곳이

부풀어오른 여성도 남성을 좋아한다. 누당은 정력을 보는 포인트로 이곳의 살붙임이 좋은 남녀는 두말할 것도 없이 정력이 왕성한 타입이다. 따라서 섹스의 욕구도 강하므로 술이라도 마시면 자기 남성을 찾아가는 적극성을 띤다.

• 어미(魚尾) ── 그리고 눈꼬리에도 주의할 일이다. 눈꼬리를 가리켜 어미(魚尾)라고 하는데 이곳에는 대개 나이가 들어 감에 따라 주름이 생긴다.

그런데 결혼 적령기 전후인 젊은 여성이건만 웃을 때 이곳에 주름이 깊게 잡히는 것은 복수(複數)의 이성 경험을 가진 다음상(多淫相)이다. 눈꼬리의 주름은 섹스 경험이 많으면 많을수록 여러 개가 생긴다. 그것을 숨기려고 애쓰는 사람도 있지만 그런 여성들의 어미를 잘 관찰하면 그 행상(行相)은 일목요연하다.

또 이 어미에 검은 사마귀가 있는 여성은 정조 관념이 희박하다고 한다. 결혼을 해도 남편 이외의 남성과 교제하기를 강력히 원하는데 독신 시절에야 더 말할 게 없다.

특히 오른쪽 눈꼬리에 검은 사마귀가 있는 것은 자발적으로 남성을 찾는 타입이다. 왼쪽 눈꼬리에 있으면 남성의 유혹을 기다리는 타입으로, 그 어떤 경우에도 눈꼬리의 검은 사마귀는 색난(色難), 다정(多情)의 상이라고 할 수 있다.

한편, 이런 검은 사마귀가 눈꼬리로부터 관자놀이의 머리털이 난 쪽으로 치우쳐 있으면 숨겨 놓은 남성이 있는 상인데, 그 남성은 연하의 남성일 가능성이 많다. 눈머리에 있는 검은 사마귀도 다정다감하다는 증거이다. 어쨌든 눈 주위에서 눈썹

언저리까지에 있는 검은 사마귀는 연애를 많이 하는 타입이라
고 생각해도 좋다.

③ 인중(人中)에 가로 주름살이 있는 여성은

인상학에서는 코를 보고 명예심·의지력·애정 등을 판단한
다. 따라서 코의 길이가 두드러지게 짧은(이마의 머리털 난 데
서부터 턱 끝까지를 3등분하고 2,3분지 1 이하) 여성은 의지가
박약한 사람이 많다. 그러므로 강력하게 유혹당하면 결국은
호텔까지 따라가는 다감한 상이다.

• 산근(山根)·인중(人中) —— 코에서 주목해야 하는 것은
코 윗부분의 산근이다. 이곳은 지력(知力)이라든가 명예심을
보는 포인트인데 이곳이 낮고 움푹 패어 있으면 남성의 경우
명예심, 자존심이 전혀 없는 게으름뱅이의 상이다.

만일, 여성이 그러하다면 윤리 관념이 없으므로 관능의 충
동을 억제하지 못하고, 이 남자 저 남자를 바꿔 가며 사귀는
음부의 상이다.

또 코 밑에서 윗입술로 뻗은 골, 즉 인중이 짧은 여성은 이
성(理性)보다도 감정이 앞서기 때문에 설득당하기 쉽다.

인중은 또 여성의 경우 자궁(子宮)으로 보는데 이곳을 보고
그 여성의 연애운을 점친다. 먼저 이 인중에 검은 사마귀가
있는 여성은 혼기가 되면 중매를 기다리지 않고 자유 연애를
한다고 본다. 이것은 섹스에 대하여 아주 적극적이기 때문에
그렇게 되는 것이다. 더구나 검정 사마귀가 인중 아래쪽, 다시
말해서 윗입술 가까이에 있으면 남녀 모두 그 품행이 좋지 못

하다는 증거이다. 특히 여성은 두드러지게 음란하여 혼인하기 전까지 처녀성을 지킨다는 것은 무리다.

또 인중의 골이 얕고 넓으면, 다정한 박애주의자(博愛主義者)로 남성의 요구가 있으면 거절하지 못하는 타입이다.

한편 웃을 때 인중에 가로로 주름이 잡히는 여성도 있다. 이런 여성은 간통, 사통(私通)하는 상으로 결혼을 한 후에도 남편 이외의 남성과 연애를 즐기는 타입이다.

혼인 전에 섹스를 지나치게 즐기는 여성의 경우에도 이 가로 주름이 있다. 남성에게는 리브 헌드를 하기 쉬운 여성임에 틀림없다.

코의 상에서 제일 먼저 눈에 띄는 것은 정면을 보았을 때 콧구멍이 보이는 얼굴로, 즉 들창코가 있는데 이런 여성도 유혹에 약한 상이다. 쉽게 호텔까지 따라가는 타입의 대표적인 여성이다. 또 코는 아니지만 코에서 뺨에 걸쳐 주근깨가 많은 여성이 있다. 이런 여성도 조숙하고 다정 다감한 상이다. 스스로 적극성을 띠며 몸을 내맡기는 예가 많고 연애운은 활발하다.

단 이 주근깨가 많은 여성은 다른 한 면으로 집념이 강하다. 따라서 이런 여성에게 손을 댄 남성은 끝까지 책임을 져야 하는 경우가 많으므로 장난삼아 건드렸다가는 혼쭐이 나게 될 것이다.

④ 입술에 세로 주름이 있으면

입은 생명력의 근원, 즉 살아가기 위해 필요불가결한 식(食)과 성(性)을 보는 곳이다. 따라서 입의 상을 보고 섹스

및 연애운을 점칠 수 있다.

우선 입이 큰 사람은 눈이 큰 사람과 마찬가지로 양증이며 밝은 성격이다. 그래서 생활력이 왕성한 사교가 타입인데 이성(理性)에 대해서도 적극적이다. 침실에서도 절정에 이르면 남성이 여성의 입을 틀어막고 싶을 정도로 큰 소리를 지른다고 한다.

물론 입이 큰 여성과 작은 여성이 있을 경우 놀기 재미있는 쪽은 역시 입이 큰 여성 쪽이다. 그러므로 연애면에서의 발전성도 입이 큰 여성이 좋다고 볼 수 있다.

큰 입을 가진데다가 입술이 두툼하고 탄력성이 있으면 섹스의 감도(感度)가 아주 좋다. 특히 아랫입술이 두툼하면 그 감도는 최고이며 남성 쪽에서 유혹해 오기를 기다리는 타입이다.

입술에 여러 개의 세로 주름이 잡히는 여성도 있다. 이 세로 주름은 입술이 두툼하면 두툼할수록 더 잡히는데 인상학에서는 '환대문(歡待紋)'이라 하여, 사람 초대하기를 좋아하는 타입으로 본다. 나아가서는 자기 침대에까지 맞아들이는 서비스 정신과 애정이 풍부한 정열적 여성의 상이다.

더구나 입이 큰 여성은 남편을 먹여 살릴 정도로 생활력이 왕성하므로 연애 상대로는 평생 손상이 없다 하겠다.

웃을 때 입술이 삐뚤어지는 여성은 다음(多淫)의 상이다.

입의 상에서 마지막으로 이를 보고 점치는 연애운에 대해서 알아본다.

웃을 때 잇몸을 드러내 보이며 웃는 여성이 있다. 이런 여성은 유혹에 굉장히 약한 타입이다. 열심히 구애하면 거절하지 못하고 운명에 모든 것을 맡긴 채 침대로 올라가는 경향이 있다. 좋게 말하면 의지가 약하고, 나쁘게 말하면 정조가 없는 이른바 정조 관념이 박약한 타입이다. 신경은 강한 편이어서 누가 뭐래도 개의치 않는다.

한편 잇몸을 드러내고 웃는 여성은 예능에 천부적인 재질이 있다. 그러므로 영화나 연극의 대사를 그럴 듯하게 외면서 유혹하면 몸을 맡기고 만다. 단, 어느 정도 심술궂은 면도 있어서 함부로 유혹하다가 자존심이라도 상하게 만들면 표면적으로는 싹싹하게 대하지만 속으로는 이쪽을 경멸한다.

한편 여성의 경우 입술과 잇몸 등이 시커멓게 보이면, 인상학에서는 '황음상(荒淫相)'으로 본다. 음욕에 빠져들기 쉽고 섹스에 탐욕하되 앞뒤를 돌보지 않는 상이다. 스캔들이 많고 비참한 결말을 맞게 되는 연애운인데 남성에게도 고맙지 않은 상대이다.

3. 결혼운이 좋은 상, 나쁜 상

남자의 흉상을 고르지 않기 위하여

결혼운이 좋은 상이라고 하면 이른바 '꽃가마 탈 상'을 가리킨다. 이 상은 우선 부모라든가 조상의 음덕이 있어서 결혼 상대를 잘 만나는 예로, 또 한 가지 본인 자신의 착한 심성, 그리고 여성다움이 얼굴에 나타나서 상대를 잘 만나는 경우 등 두 가지가 있다.

한편 결혼운이 나쁜 상이란 남성운이 나쁜 상을 말한다. 그리고 이 경우 역시 두 가지 경우가 있는데, 첫째는 그 여성 자신의 문제, 또 한 가지는 결혼을 했지만 상대편 남성과의 상성(相性)이 나쁘다든가 남성 자신의 운이 약해서 좋은 가정 생활을 할 수 없는 상대적 문제이다.

여성의 행복이란, 어떤 의미에서 볼 때 남편에게 달려 있는 것이라고 할 수 있다. 따라서 일반적으로 말한다면 운세적으로 나쁜 남성을 남편으로 선택하면 행복한 결혼생활을 할 수 없을 것은 당연한 일이다.

그렇기는 하지만 운세적으로 강한 남성인지, 약한 남성인지는 상대방의 인상을 잘 보면 사전에 알 수 있는 것이므로 나쁜 남성을 남편으로 선택한 자기 자신이 더 나빴다는 결과가 된다.

쉽게 말해서 인생의 절반도 훨씬 넘게 같이 살아야 하는 결혼 상대로 운세가 나쁜 남성을 고르지 않기 위해서도 인상학을 공부하여 먼저 자신을 알고 상대방을 안 후에 결단을 내리지 않으면 안 된다.

여기서는 먼저 여성의 문제부터 다룬 다음 남성의 상에 대해서도 언급하기로 하겠다.

① 남편을 극(剋)할 상

우선 얼굴 전체의 인상에서 보는 결혼운을 소개한다.

인상학에서는 부부를 논할 때의 기본이 '남성은 남성답고 여성은 여성답게'라는 것이 대전제가 된다.

이것은 인상학의 근본이 '음양상대(陰陽相對)의 원리'를 기초로 한다는 점만 보더라도 이해가 될 줄 믿는다. 남성은 남성답고 여성은 여성답게라고 말하면 성급한 일부 남녀 평등론자들은 '무슨 말을 하는 게야? 고리타분하게……'라며 비판할지도 모른다. 그러나 이것은 결코 남녀의 불평등을 주장하는 것도 아니며, 더구나 남녀를 차별하는 것도 아니다.

남성과 여성은 각기 다른 역할을 떠맡고 있으며 그 역할을 제대로 해냄으로써 음과 양 한 쌍이 되어 행복하고 멋진 인생을 살아갈 수 있는 것이다.

남성과 여성은 골격도 다르려니와 생리라든가 체내의 호르몬질, 분비량까지도 본질적으로 다르다. 여성의 사회 진출이 두드러진 세상이 되었다고는 하지만 예를 들어 마라톤에서는 남자가 2시간 6분대에 돌입한 데 비하여 여자는 겨우 2시간

23분이란 기록을 내고 있을 뿐이다.

　물론 여성의 마라톤 따위는 생각하지도 못했던 시대를 생각한다면 이것도 비약적 발전을 한 것이겠으나 20분 가까운 차이가 있다는 것은 곧 남녀간의 골격, 생리 등의 본질적 차이에 따른 것이다.

　따라서 남성은 남성의 특질을, 여성은 여성의 특질을 충분히 안 다음 상호간에 그 역할을 분담하고 모자라는 부분을 상호 보완해 나가는 것이 결혼생활을 행복하게 할 수 있는 첫번째 관건이다. 그러므로 인상학상 그런 상대를 고르는 것이 우선 조건이 된다.

　그럼 구체적으로 그것을 알아보자.

　얼굴의 튀어나온 부분, 즉 이마, 좌우의 볼, 턱, 코 등 다섯군데는 안면에서 높은 상을 구성하고 있는데, 이것을 오악(五岳)이라고 한다. 이 오악은 크고 높고 튀어나와 있을수록 그 사람의 의지력이라든가 신념, 끈기가 있음을 나타낸다. 따라서 남성이라면 힘의 상징이 되는데, 오악이 크고 높고 튀어나와 있는데다가 그 주위에 살붙음이 좋을 경우 그 사람은 운세적으로 더할 나위 없다.

　그런데 여성의 경우, 오악이 너무 높고 크고 튀어나와 있으면 사정은 달라진다. 일반적인 인상으로 보더라도 여성은 남성보다 살붙음이 좋고 동글동글하며 부드러운 것이 특징인데, 오히려 남성보다 광대뼈가 불거져 나왔고 살붙음이 안 좋으며 까칠까칠한 인상을 줄 경우, 남면(男面)이라 하여 성격과 기질이 남성과 같다.

　특히 오악 가운데 양쪽 볼(광대뼈)과 그것을 제외한 이마,

코, 턱 등 세 가지에서 두 가지가 튀어나와 있으면 인상학에
서는 '삼관면(三顴面)'이라 하며 '남편을 극(剋)할 상, 세 남
편에게 시집가도 모자라는 상'이라고 한다. 한 개, 두 개까지
는 그래도 괜찮은데 세 군데의 산이 높으면 나쁘다는 말이다.

이 삼관면의 여성은 남성 이상으로 남성적이다. 다시 말해
서 힘과 기(氣)가 너무 강하다. 더구나 자기 억제를 할 줄 모
르는 까닭에 어떤 일을 하려 할 때는 주위 사람의 만류를 무
릅쓰고 차수한다.

물론 이런 사람은 여성의 역할, 다시 말해서 심세힌 가정사
라든가 육아에 전념하지 못하므로 가정에서까지 남편의 역할
을 떠맡는다. 그리고 무의식중에 남편의 힘을 빼앗으므로 남
편은 일찍 죽든가 아니면 무용지물이 되고 만다.

어쨌든 남편이 있더라도 남편 이상으로 강한 성격이기 때문
에 스스로 직업를 찾으며 반드시 밖에 나가서 일을 하게 된
다. 당연한 일이지만 결혼운, 가정운도 약하다. 따라서 차라리
직업을 가지고 발랄하게 살아가는 편이 충실한 인생을 보내는
방편이 될 것이다.

②앞짱구인 여성은 결혼 운이 좋지 못해

• 이마 —— 이마는 추리력과 기억력을 보는 곳이다. 이 이
마가 발달한 이른바 앞짱구인 사람은 남녀 관계없이 총명하
다. 지능지수와 공부하려는 의욕, 이해력 등이 우수하다. 그런
데 여성의 결혼 운에서는 이 앞짱구가 반드시 길상(吉相)은
아니다.

말이 많고 핑계를 잘 대며, 이상(理想)이 높기 때문에 남에

게는 호감을 주지 못한다. 정서적인 면에서는 **현명하다든가** 이성적이란 점이 도리어 방해가 되는 까닭에 남녀 **관계에** 있어서도 잘 되어 나가다가 그만 물러서게 된다. **총명이 원인이** 되어 비극을 맞게 되는 타입인 것이다. 따라서 앞짱구인 여성은 후처의 상이다.

또 앞짱구는 성격적으로도 이기주의적인 면이 강하고 **섹스**를 하더라도 자신이 만족을 얻으면 즉석에서 **남성에게 등을** 돌리고 자는 경향이 있다. 섹스 자체도 대체적으로 **정서적이** 아니라고 한다. 만약 앞짱구인 여성이 결혼을 한다면 그녀의 이성이라든가 식욕을 충족시켜 줄 수 있는, 훨씬 연상의 남성과 하게 될 것이다.

그러나 그런 남성이더라도 그녀의 섹스를 만족시켜 주지 못하면 실망하게 될 것이므로 이래저래 결혼생활을 제대로 영위해 나가기란 어려울 것이다.

결국, 앞짱구인 여성은 자기 혼자서도 충분히 **생활해 나갈** 수 있을 정도의 능력과 총명을 가지고 있으므로 **자신의 매력**과 총명을 과시할 수 있는 상대, 말하자면 연하의 **남성을** 귀여워해 가며 독신으로 지내는 경우가 많은 것 같다.

한편 앞머리를 뒤로 젖혀서 붙잡아 매고 이마를 **강조하는** 헤어스타일을 좋아하는 여성이 있다. 이런 여성은 일부러 앞짱구를 과시하려는 것이다. 즉, 총명함을 본인 자신이 과시해 보려는 데서 나오는 행위이며, 어떻게 해서든지 **상대방이** 가까이 못하게 강한 인상을 주려는 것이다. 따라서 결혼 인연은 점점 더 멀어질 수밖에 없다. 결혼을 원하는 사람은 가급적 앞머리를 내려 지나치게 이마를 강조하지 않는 편이 좋겠다.

③ 미간의 세로 주름은 남성이 필요 없는 상

• 미간·이마 —— 눈썹과 눈썹 사이, 즉 미간이 넓은 여성은 한 남자로 평생을 만족할 수 없는 다음(多淫)의 상인데, 이와는 반대로 미간이 너무 좁아도 결혼운이 좋다고 할 수 없다. 미간이 좁으면 소심한데다가 소견이 좁아서 처세를 잘못하며 고생이 많고 금전운과도 인연이 없다.

이것과는 달리 미간에 세로 주름이 뚜렷하게 나타나는 사람이 있다. 대체적으로 미간이 좁은 사람에게 이런 주름이 많이 잡히는데 이것을 인상학에서는 '현침문(懸針紋)'이라고 한다. 일반적으로는 손윗사람 즉, 부모·형·상사·선배 등에게서 언제나 억압당하여 욕구불만으로 불안·초조해하면 이런 현침문이 잡히게 된다. 이 역시 고생할 상이다.

그와 동시에 여성으로서 이런 현침문이 나타나면 남성운이 희박하다. 가령 결혼을 하더라도 이별하게 되며, 결국 남성이 필요치 않은 상이라고 할 수 있다. 결혼 이야기가 무르익기도 전에 결혼 후의 번거로움을 앞질러 생각하는 타입이기도 하다.

눈썹에서 또 한 가지 결혼과 인연이 없는 상을 소개한다면 눈썹의 길이가 눈의 길이보다도 짧은 '단미(斷尾)'인 여성 역시 부부운이 없다. 인상학에서는 '남편을 극(剋)한다'라고 하며, 서로 사랑하는 이상적 남성과 결혼하더라도 언젠가는 남편을 불행하게 만들 상이다.

④ 눈매가 시원한 여성의 결혼운

• 눈·전택(田宅)·누당(淚堂) —— 눈매가 시원한 여성은

미인의 조건 중 하나인데, 결혼을 고려할 경우 그다지 길상 (吉相)이라고는 할 수 없다. 그 이유는 눈매가 시원한 여성은 전택, 즉 윗눈꺼풀의 살붙음이 시원치 않기 때문이다. 따라서 부모의 유산을 받지 못한다. 이 유산 중에는 가옥 등 부동산 과 부모의 음덕도 포함된다. 바꾸어 말하면 부모의 찬성을 얻 지 못하는 결혼을 하기 쉬운 것이다.

또 눈매가 시원한 여성은 성격은 명랑한데, 좋고 싫은 것을 분명히 말하는 타입으로 애매모호한 것을 싫어한다. 연애면에 서도 대단히 엄격한 사랑을 하는 사람이다.

좋아지면 서슴없이 그에게로 달려가지만 그렇다고 해서 어 떤 경계를 넘는 일은 없고, 자신의 입장을 분명히 주장하는 까닭에 포기도 그만큼 쉽다. 그러므로 슬픈 결말을 맞게 되는 예가 많다.

누당, 즉 아랫눈꺼풀에 살붙음이 시원치 못해도 결혼과는 인연이 멀다. 설령 결혼을 한다 해도 본인에게 관대한 성품과 온화한 성품이 결여되어 있는 까닭에 원만한 가정생활을 기대 할 수 없을 뿐 아니라 대개는 실패하는 상이다.

또 눈이 튀어나오고 둥글면 청상과부 상으로 본다. 남편이 일찍 죽거나 생이별하는 등 초혼을 유지해 나가지 못하고 고 독한 인생을 보낸다.

그리고 눈 속의 흰동자가 좌우·상하 모두 보이는 것을 사 백안(四白眼), 좌우와 아랫부분만 보이는 것을 삼백안(三白 眼)이라고 하는데 이처럼 흰동자가 두드러지게 보이면 인상학 에서는 '눈속에 백(白)이 많은 것은 여자인 경우 남편을 극 (尅)한다'고 한다. 남성의 경우 삼백안·사백안은 '처와의 인연이 없다'고 하며 여성과 마찬가지로 결혼운이 없다. 삼백안, 사백안은 남녀 불문하고 고독 상이자 고생할 상이다.

결혼을 안 하는 게 나은 상은?

예로부터 좋아하기 시작하면 곰보도 보조개로 보인다는 말이 있다. 연애 관계로 접어든 남녀의 심정을 지적한 말이다. 그러나 결혼을 하고 난 다음에는 보조개로 보이던 것이 곰보임을 확인하게 된다.

그렇게 되면 이혼 문제를 들먹이게 되고…… . 요즈음 젊은 이들은 이혼에 대한 죄책감이 옛날보다 희박해진 탓인지 간단히 헤어져 버린다. 그 결과 그 부덕(不德)은 자기 자신뿐 아니라 자손에게까지 뚜렷이 이어져 악영향을 끼치게 된다.

그러므로 이혼은 가급적 하지 않는 것이 좋다. 다시 말해서 이혼을 하지 않기 위해서는 상대를 결혼하기 전에 판별하지 않으면 안 된다. 어떤 인상을 가지고 있는 사람이 자신에게 제일 적합할까? 그것을 설명하기에 앞서 이것만은 피해야 한다는 인상에 대해서 소개하겠다.

먼저 눈썹꼬리가 아래로 처진 여덟팔자〔八〕눈썹인 사람이다. 이런 눈썹에 대해서는 연애운에서도 설명했거니와 남녀 불문하고 바람기가 있어서, 결혼을 한 후에도 태연히 이성 관계가 복잡하다. 특히 눈썹털이 눈썹꼬리에 갈수록 이상할 만큼 가늘어지면서 아래로 처져 있는 사람은 성격적으로도 개운한 맛이 없고 금전면에서도 불분명하므로 가정생활을 이어나갈 수가 없다. 상대방을 컨트롤하는 능력이 있어 보이는 사람이 아닌 이상 결혼 상대로 생각지 않는 편이 무난할 것으로 생각된다.

또 앞에서 단미(斷尾)인 여성은 결혼운이 없으며 남편을 극(剋)한다고 했는데, 남성 역시 단미인 사람은 아내를 울리게 된다. 바람을 피거나 생활고 등등 그 이유는 여러 가지인데 물질적, 정신적으로 아내를 만족시켜 주는 사람은 결코 아니다.

한편 눈썹털이 성긴 사람은 원래 지혜로운 상인데, 눈썹털이 성긴데다가 단미인 남성이라면 주의를 요한다. 소위 끼가 있는 상이다. 이런 상을 가진 사람은 눈썹 이외의 부분, 예컨대 전택의 살붙음이 좋아서 부모의 재산을 상속받는다든가 식록(食祿)이 풍부하여 재산운이 좋다 하더라도 여자 도락을 너무 하며 평생을 두고 그칠 줄을 모른다.

자신의 성격을 분석해 보고 질투심이 강하다고 생각이 드는 여성이라면 단미에 눈썹털이 성긴 남성은 애당초부터 결혼 상대로 생각하지 않는 편이 좋을 것이다.

또 미간에서 조금 내려가면 코가 시작되는 산근(山根)이 있는데 이 부분이 낮고 우그러든 상을 가진 남자일 경우, 명예심이라든가 자존심이 없는 게으름뱅이이다. 만약 여자가 그런 상을 가지고 있다면 정조 관념이 없는 한편, 가정을 팽개치고 놀러 다닐 위험성이 있다. 아이를 낳더라도 돌보지 않는다. 육아의 책임감 등은 눈곱만큼도 없는 사람이니, 이런 상의 여성도 결혼 상대로는 숙고할 필요가 있다.

또 한 가지 눈꼬리 부분인 어미(魚尾)가 치켜 올라가 있는 상은, 남성일 경우 강운(強運)이지만, 여성인 경우에는 식견

이 높고 자기 주장이 강한 편이다. 남성의 경우도 자존심을
내세우려는 사람은 역시 숙고해야겠다.

반대로 남성의 경우 눈꼬리가 지나치게 처져 내려온 사람은
성격에 맺고 끊는 맛이 없는가 하면, 하는 일에도 열의가 없
는데 여성과 노는 데만은 열심이다. 단미인데다가 눈썹털이
성긴 남성을 남편으로 맞은 경우와 마찬가지로 가정 불화가
끊이지 않을 위험이 있다.

여성의 코가 빈상인 경우는 남편의 운세를 갉아 먹는다. 그
럼 어떤 코가 남편의 운을 쇠운(衰運)으로 만드는 것일까?

1. 코가 낮다. 즉 납작코이다.

2. 콧날이 휘어 있다.

3. 준두(準頭)의 살붙음이 늘어지거나 혹은 금갑(金甲)의
살붙음이 안 좋은 상

그 이유는 코가 낮으면 가정사에 골몰하지 않기 때문이다.
또 콧날이 휘어져 있으면 고집이 센데다가 핑계가 많은 까닭
에 가정이 조용할 때가 없다.

준두(準頭)에 금갑이 빈약하면 금전운이 없고 축재하는 재
주가 없어서 살림할 돈을 맡기지 못한다. 즉, 남자가 밖에 나
가서 열심히 일할 수가 없는데 그것은 집안일이 걱정되기 때
문이다.

입매를 주의 깊게 관찰하면 치열이 안 좋은 사람을 볼 수
있는데, 이런 상은 남녀 불문하고 배우자를 바꾸게 된다. 특히
여성은 가정운을 기울게 할 수도 있는 흉상이다. 성격이 조급
하고 심술궂기 때문에 남편이나 시부모와 충돌이 잦고 최악의
경우에는 집에서 뛰쳐나가기도 한다.

또 아랫입술이 불거져 나온, 속칭 합죽이인데다가 아랫니가 윗니 밖으로 나오는 상을 가진 여성은 질투심이 유난히 강하므로 남성에게는 실로 짜증스런 상이다.

배우자로 꼭 선택하고 싶은 상

이상 남편(아내)으로 선택해서는 안 될 상을 소개했는데, 그럼 배우자로 꼭 선택하고 싶은 상은 어떤 상일까? 배우자로 선택해도 결함이 없는 상이란 대체 어떤 상일까?

그것은 첫째로 자기 자신과 상성(相性)이 잘 맞는 상이다. 자기와 상성이 잘 맞는 상이란 곧 자신의 상 가운데 빈약한 부분을 보완해 주는 상을 일컫는다. 그런 배우자를 선택하면 자신의 결점을 보완할 수 있어서 운세를 바꾸고 기(氣)를 바꾸며 얼굴의 상까지도 바꿀 수가 있다.

예를 들면 삼관면(三顴面)인 여성은 성격이 거칠고, 자기 주장이 강하여 밖에 나가서 직업을 갖게 되는 타입이라고 했다. 그 때문에 일반적으로는 남편의 역할까지 뺏고 말며, 남편을 일찍 죽게 만든다든가 남편을 무능한 인간으로 만든다. 즉 남편을 극(尅)할 상이다.

그런데 만약 빈상인 남성, 다시 말해서 오악(五惡)이 없는 상이라면 뜻밖에 좋은 남편감이 되어 준다. 그런 남성은 성격적으로도 여성에 가까운 면이 있으므로 삼관면의 아내하고도 제법 어울리게 되며 그런대로 가정을 꾸려 나갈 수 있다.

또 한 가지는 덕이 있는 상, 부상(富相), 수상(壽相) 등의 길상인 상대를 고를 일이다.

242

현명한 독자는 이미 감을 잡았을 것으로 생각되는데, 지금
까지 소개해 온 남편 또는 아내감으로 선택하고 싶은 상과 선
택해서는 안 되는 상의 내용은 모두 이제까지 덕상, 수상, 부
상, 빈천상, 고독상, 요상(夭相) 등의 여러 가지 상으로 분류
해서 다루어 온 바와 같다.

견해를 좀 달리 한다면 결혼운이 안 좋은 상이란, 결혼운만
나쁠 뿐만 아니라 덕도 없고 성격도 안 좋게 마련이다. 그런
가 하면 장수운, 재산운과도 인연이 없어서 결국에는 결혼운
두 나빠지게 되는 것이다.

따라서, 결혼운을 좋게 할 생각이면 빈천, 고독, 단명 능의
원인을 알아내고 그것을 극복하도록 노력하지 않으면 안 된
다. 그렇게 하지 않고 결혼운만을 개선하려 하는 것은 아무런
의미가 없다는 것을 꼭 알아 두기 바란다.

아름다운 여성의 인상학

1. 이상적인 여성의 얼굴

여성 인상의 이상상(理想像)

여성의 인상학은 남성의 그것과 구별해서 논하고 있다. 그
것은 여성에게는 남성이 할 수 없는 역할, 다시 말해서 임신,
출산, 육아 등등의 큰일이 있으며 또 가정에 있으면서 남편을
섬기고 남편 뒷바라지를 해 줘야 하는 막중한 임무가 있기 때
문이다.

남편을 섬기면서 뒷바라지를 해 준다는 것은 얼른 생각하면
손해만 본다는 인상도 받게 되겠지만 참된 의미는 그렇지 않
다. 부부생활이라든가 가정의 운명, 혹은 출산, 육아 등은 인
간 생명의 뿌리에 해당하는 부분이며, 자자손손에게 가계(家
系)를 전해줄 뿐 아니라 인간이 인간답게 살아가기 위한 근간

을 떠맡고 있는 셈이 된다.

그러므로 평소에는 한가하게 지내면서 자손을 남기고 그 자손을 보존하는 데 열중할 뿐이지만 유사시에는 자신의 생명과 맞바꾸기까지 하면서 외적(外敵)으로부터 자손을 지켜야 하는 경우도 있다. 말하자면 남성 이상으로 인생의 출처 진퇴(出處進退)를 떠맡아야 하는 것이 여성인 것이다.

고대(古代) 중국 사람들은 여성의 이러한 임무와 의의를, 그리고 역할의 중요성을 충분히 인식하고 있었다. 그러기에 인상학을 논하면서 굳이 여성에 대해서만 독립시켜 논한 부분이 있는 것이다. 《신상전편(神相全編)》이란 책이 바로 그것인데 그 책에서는 여성의 이상적 얼굴 모양의 포인트를 9개로 나누어 다음과 같이 논하고 있다.

1. 대머리가 원형이고, 이마가 평평한 것을 일선(一善)으로 친다.

2. 뼈가 가늘고 피부가 보드라운 것을 이선(二善)으로 친다.

3. 입술이 빨갛고 이가 하얀 것을 삼선(三善)으로 친다.

4. 눈이 길고 눈썹이 아름다운 것을 사선(四善)으로 친다.

5. 손가락이 뾰족하고, 손바닥이 두터운데다가 손금이 엉클어진 실 모양으로 가느다란 것을 오선(五善)으로 친다.

6. 목소리가 물과 같이 맑은 것을 육선(六善)으로 친다.

7. 웃어도 이가 보이지 않는 것을 칠선(七善)으로 친다.

8. 걸음걸이가 침착하고 가벼우며 앉을 때나 누울 때는 조용하고 그 자세가 흐트러지지 않는 것을 팔선(八善)으로 친다.

9. 기(氣)가 맑고 온화한 것을 구선(九善)으로 친다.

이것을 훑어 보면 예로부터 여성에게 요구되는 본질은 조금도 변하지 않았다는 것을 알 수 있다. 다만, 한 가지 주목해야 할 일은 여기서 목소리라든가 걸음걸이, 그리고 앉거나 누울 때의 자세까지 언급했다는 사실이다. 그리고 평소의 마음가짐〔氣〕도 다루었다는 점도 간과해서는 안 된다.

이것은 얼굴의 상이란 어떤 의미에서 시간이 걸려서 만들어지는 것인 만큼 일조일석에는 변하지 않음을 지적한 것으로 생각된다. 그러나 자세라든가 마음가짐은 본인의 결심 여하에 따라 금방 고칠 수 있을 것으로 생각된다.

그리고 마음가짐과 자세 등에 신경을 쓴다면 자연히 얼굴의 상도 양상(良相), 선상(善相)으로 변한다는 것을 전해 주고 있다.

덕이 있는 여성의 얼굴은?

또 《신상전편》에서는 덕이 있는 여성의 얼굴에 대해서도 다음과 같이 기록하고 있다.

"삼정(三停 : 얼굴을 세로로 3등분하되 이마의 머리털이 난 데서부터 눈썹까지, 눈썹에서 코밑까지, 코밑에서 턱끝까지)은 평등하고 오악(五岳)은 균형이 잡혀 있으며, 두피(頭皮)는 두텁고 얼굴은 둥글며, 턱은 풍만하다. 등은 원형을 이루되 등줄기가 두텁고 배는 크되 아래로 처져 있으며 앉은 모양은 못 박은 듯하고 목소리는 맑으며 온화하다. 가슴은 넓고 유방은 크지만 늘어지지 않으며 어깨는 둥그스름하고 뼈는

가지런하고 살붙음은 좋다. 목소리는 변종(邊鐘)처럼 울리고 기(氣)가 맑으며 이는 석류와 같고 입은 연꽃을 물고 있는 것 같다. 눈썹은 초승달 같고 눈썹과 머리는 부드러우면서도 검은데, 향을 뿌리지 않더라도 자연히 향기가 난다.”

이 내용은 굳이 설명을 하지 않더라도 이해가 될 줄로 생각한다. 그러나 사족을 붙인다면 삼정은 본문 속에서 설명을 했고, 오악은 ‘연애운과 결혼운’의 장에서 설명한 바 있다. 턱이 풍부하다는 것은 이른바 이중턱을 가리킨다.

또 등이 둥글다는 것은 꼽추란 말이 아니라 완만한 곡선을 그리고 있어야 한다는 의미이다. 이가 석류와 같다는 것은 아래위 이가 작고 마치 석류씨와 같이 나란히 배열되어 있는 모양을 의미한다. 이런 이를 가진 여성은 질(膣) 속의 구조가 정밀하기 짝이 없어서 남성에게 극락 정토를 맞볼 수 있게 해 준다고 했다. 그러나 섹스할 때의 느낌이란 어떤 의미에서는 상대적인 것이므로 누구나 모두 극락 정토로 안내받는다는 뜻은 아니다. 단지 상상하건대 이런 이의 모양을 갖추고 있는 여성은 마음 씀씀이가 치밀하여 남성에 대해서는 극진한 애정을 쏟는다는 뜻이다. 그런 애정과 마음 씀씀이가 남성을 다시없는 천국으로 인도해 주는 것이 아니겠는가.

악상인 여성의 얼굴은?

여인 구선상(九善相)이 있다면 당연한 일이지만 여성으로서 두드러지는 결점인 ‘여인 구악상(九惡相)도 있어야 할 것이다. 그것은 도대체 무엇일까? 《신상전편》에서는 그 아홉 가지의 포인트를 다음과 같이 설명하고 있다.

1. 얼굴이 추하고 광대뼈가 나와 있으면, 일악(一惡)으로, 틀림없이 시집 가족들을 죽게 만든다.

2. 목젖이 있고 이가 노출되어 있으면, 이악(二惡)으로, 은밀히 외간 남자와 정을 통한다.

3. 언제나 흐트러진 머리를 가지고 있는 것은 삼악(三惡)으로, 조석의 끼니 걱정을 해야 한다.

4. 꾸불꾸불 걷거나 쥐처럼 방정맞게 걷는 것은 사악(四惡)으로, 영락하여 심히 가난해진다.

5. 눈썹이 붙어 있고 성글며 곳에 따라서는 이중으로 겹치는 것은 오악(五惡)으로, 육친을 훼방하고 대립한다.

6. 코밑에 갈고리 무늬가 있는 것은 육악(六惡)이며, 자녀와 남편을 훼방하며 또 자신의 몸도 약해진다.

7. 양안(羊眼), 사백안(四白眼)은 칠악(七惡)으로, 마음속에는 독약과 같이 엉큼한 생각이 굳어져 있다.

8. 거센 목소리와 여위어 있으면서 기(氣)가 격한 것은 팔악(八惡)으로, 헤아릴 수 없을 만큼 난폭하다.

9. 검정 사마귀나 수염이 난 것은 구악(九惡)으로, 고집이 세고 우둔하여 신용할 수가 없다.

여인상은 이상 위에서 든 것 가운데 한 가지 악이라도 있으면 선상(善相)이라고 할 수 없다.

《신상전편》은 또 설명하고 있다.

"코가 작고 머리가 숙어진 자는 정처(正妻)가 되지 못한다. 비록 의식(衣食)은 해결되더라도 안방에 들어가지는 못하는 것이다. 이마의 뼈가 돌출해 있어도 반드시 남편을 죽게

만든다. 이마가 튀어나온데다가 눈이 처져 있는 여성은 초
혼에 실패하고 이혼한다. 허리가 작고 눈썹이 성근 자는 매
사가 꼬이게 된다 ……."

이 내용에 대해서는 굳이 설명할 필요가 없을 것 같다. 지
금까지 연애운·결혼운에서 설명해 온 흉상(凶相)과 악상만을
열거하며 설명했으니 말이다.

위 설명에서 코 밑의 갈고리 무늬란 인중(人中)의 가로 주
름을 가리키는 것이며, 양안(羊眼)이란 양눈처럼 둥근 눈이
튀어나온 상을 기리키는 것이다.

흉운(凶運)을 불러오는 버릇과 행위

《신상전편》에서는 여성이 그때그때 나타내 보이는 버릇이
라든가 행위에서도 악상·흉상을 설명하고 있다. 이 열 가지
의 버릇과 행위는 빈천한 상을 나타낸다고 했는데 이런 성벽
이 있는 여성은 평생 동안 비참하게 살아간다는 것이다. 그럼
어떤 버릇과 행위가 그렇다는 것일까?

1. 아들이 문에 기대어 서곤 한다.
2. 사람이 찾아와도 눈을 아래로 깔고 본다.
3. 팔꿈치나 손으로 턱을 괴고 손가락을 깨문다.
4. 이유도 없이 옷을 매만진다.
5. 앉으나 서나 쉴 새 없이 발을 흔든다.
6. 아무도 없는데 낮은 목소리로 노래를 부른다.
7. 창문을 열어 젖힌다.
8. 침으로 찔러도 입을 열어 말하려 하지 않는다.

9. 말을 시작하기 전에 웃는다.

10. 반드기 비밀을 갖는다.

이상 열 가지의 버릇과 행위는 빈천상이다.

부연 설명을 조금 한다면 '아들이 문에 기대고 서 있다'라는 것은 그 아이가 의뢰심이 많다는 것을 나타낸다. 아들은 원래 딸보다 부모로부터 독립하려는 의지가 빠른데, 특히 엄마로부터는 일찍 독립하고자 하는 법이다. 그런데도 문에 기대고 서 있다는 것은 집 안에 있는 엄마에게 관심이 강하여 엄마에게서 떠나지 않으려는 증거이다.

이런 어린이로 자라나게 된 것은 엄마의 자녀 교육, 가정 교육에 문제가 있다고 보아야 한다. 현대에는 아들이 대학에 입학하고 사회에 진출한 다음까지도 부모에게 의지하려는 자녀가 많은 것 같다.

어머니가 할 일 가운데 하나가 자녀를 길들여 독립시키는 일이라면 그것을 할 수 없는 엄마는 어머니로서 최악의 빈천상인 것이다.

네 번째의 '이유도 없이 옷을 매만진다'라는 것은 남과 이야기할 때 옷단이나 깃을 손가락으로 매만지는 것뿐 아니라 머리카락을 치켜 올린다든가 옷을 터는 등 침착하지 못한 모습을 가리킨다. 이런 버릇이 있는 여성은 인상학상 '색정(色情)이 많아서 간통할 소지가 있는 상'으로 본다.

또 이야기할 때 혀로 입술을 핥는다든가 윗니로 아랫입술을 자근자근 무는 여성은 거짓말을 잘한다. 겉치장을 잘하고 허영심이 많으며 어떻게든지 자기 자신을 꾸미려고 애쓰는 것이다.

그야 어쨌든 이런 버릇은 운세적으로 쇠운을 가져온다 하여 빈상(貧相)으로 분류하는데 그 가운데 제일 심한 것은 다섯 번째로 든, 발을 흔드는 버릇이라 하겠다.

원래 사람이 다소 발을 흔드는 것은 긴장이 심할 때 그것을 억제해 보려는 수단에서 나오는 것인데 이것이 버릇된 것은 본인의 마음이 동요되어 있어서 불안감을 감추지 못한다는 것을 의미한다. 다시 말해서 소심하여 쓸데없는 근심을 많이 하는 성격이다. 이것도 역시 빈천상에 해당한다.

일곱 번째로 '창을 열어 젖힌다'라는 것은 창문뿐 이니라 모든 문단속이 안 좋다는 것을 의미한다. 지갑 단속도 좋지 못하려니와 입 단속도 나쁘다. 즉, 수다스러워서 쓸데없는 이야기를 하며 여기저기 돌아다니는 여성을 가리킨다. 그러므로 당연한 일이지만 중요한 때에는 아무도 상대해 주지 않는데 이런 여성이 부엌 살림을 맡게 되면 그 집안의 가운은 기울게 된다.

아홉 번째의 '말을 시작하기 전에 웃는다'라는 것은 요컨대 소리를 안 내고 웃는 미소를 일컫는 것인데 이런 버릇이 있는 여성은 정조 관념이 약하다. 마음의 틈을 남에게 드러내 보이기 쉽고 그곳을 잘 찔리게 되므로 빈천상이라고 본다.

어쨌든 이런 버릇과 행위들은 의식적으로 고치려는 생각을 하고 노력하면 고쳐지게 마련이다.

구극적으로 이상상이란 달마부인상(達磨婦人像)

끝으로 달마부인상을 소개하겠다. 달마는 중국 선종(禪宗)

의 개조(開祖)로 서기 50년경에 실존했던 인물이다. 이 달마 선사는 인상학을 연구하여 《신상전편》의 기초가 되는 《달마 상법비결》을 저술했다.

이것도 지금까지 설명해 온 것의 총괄적인 것이므로 특별히 해설을 할 필요는 없을 것 같다. 그저 한 번 읽고 마음속으로 해석하면 좋으리라 생각된다.

"무릇 부인의 상을 볼 때는 다음 것들에 유의한다. 골격이 고상하고 기(氣)에는 위엄이 있으며 신중하고 아첨하는 일이 없어야 하는데 오악(五岳)은 넓고 행동은 물 흐르듯 부드러우며 목소리는 돌 속의 옥이 소리내듯 하면 후비(后妃)의 상이다. 또 오악이 가지런하고 두터우며 골격과 기가 모두 뛰어나서 보기에도 비범하다면 부인(夫人 : 貴人)의 상이다. 만약 얼굴이 추하고 머리가 헝크러져 있으며 뱀처럼 걷고 참새마냥 뛰며 돼지 같은 눈초리에 거북 같은 가슴을 가지고 있고, 눈썹이 치켜 올라가 있으며, 목소리는 우렁차고 입에 수염이 나 있으며 엉덩이가 높은 등, 이상 열 가지 악(惡)이 있으면 그것은 빈(賓)·천(賤)·고(孤)·음(淫)의 상이다……"

한 가지만 부연 설명한다면 지금까지 몇 차례나 되풀이했거니와 이 가운데 몇 가지가 해당된다 해도 크게 걱정할 필요는 없다. 인상을 양상(良相)으로 고치는 방법도 이 책에 소개되어 있기 때문이다.

2. 화장으로 자기 얼굴을 고치는 법

화장법 한 가지로 운세를 좋게 만든다

최근에는 화장품 메이커의 선전 공세 때문인지 혹은 세상이 화평스러워서인지 남녀 모두 화장에 열을 올리고 있다. 그러나 화장이라고 하면 역시 여성의 전매 특허라고 할 수 있을 것이다.

화장은 잘만 하면 그 사람의 인상을 바꾸어 놓는다. 본래의 상을 가짜 상으로 바꾸어 놓는 것이 화장이란 의미이다. 역학(易學)에서는 화장이 숙명에 저항하는 것이 아니라 오히려 숙명을 적극적으로 활용하여 자기 인생을 바꾸어 가는 '입명(立命 : 숙명을 세운다)' 혹은 '화성(化成 : 화하여 이룬다)'과 그 근원이 같은 것으로 본다.

한편 화장은 오늘날에 와서는 자신이 아름답게 보이기 위해서 하는 것이 보통인데 본디 그 근원을 찾아보면 신앙상 부적 또는 주법(呪法)의 일종으로 하던 것이었다.

오늘날에도 미개 지역의 토인들은 제사 때 남녀 불문하고 얼굴에 화장을 진하게 한 다음 그 제석(祭席)에 참가한다. 신(神)을 섬기는 인간이 신과 자신의 기(氣)를 상통시키기 위하여, 혹은 액을 제거하기 위하여 얼굴에 여러 가지의 색깔이라든가 모양을 그렸던 것이 화장의 시작이다.

예컨대 입은 인간이 살아가기 위하여 음식물을 섭취하고 호흡을 하는 중요한 기관이다. 그래서 이 입을 통하여 재앙이 몸속에 들어가지 않기를 원하여 입 가장자리(입술)에 빨강색이라든가 검정색을 칠했었다. 이것이 립스틱의 시작이 되었던 것이다.

또 아이섀도는 이집트 등지의 사막 지대에 맹독을 가진 벌레가 있는데 이런 벌레가 눈에 들어가지 못하도록, 다시 말해서 벌레를 쫓는 약초를 칠했던 것이 그 시초이다.

그야 어쨌든 화장하는 행위는 인간이 태어나면서 가지는 숙명적으로 허약한 점을 감추고 운세가 좋아지기를 원하는 동시에 재액을 제거한다는 의미가 있었던 것이다. 화장법이 발달한 오늘날에도 이것을 그저 장식하기 위해서만 사용하지 말고 운명을 바꾸기 위해 적극적으로 활용한다면 그 사람의 일생은 더욱 풍요로운 열매를 맺게 될 것임에 틀림없다. 여기서는 운세를 좋게 만드는 화장법을 소개하기로 한다.

최대의 포인트, 아이 라인의 사용법

인상학적으로 길운(吉運)을 가져다 주는 화장법의 포인트는 우선 눈썹에 있다.

눈썹이 성글고 짧으면 단명(요절)의 상으로 보는데 이것은 또한 결혼운이 나쁘고, 남편을 극(剋)할 상이다. 그러므로 눈썹이 성근 사람은 털의 결을 따라 분명하게 그린 다음 솔로 다소 부풀리면 좋은데, 이 때는 눈 길이보다 약간 길게 그리도록 한다.

또 눈썹털이 윗눈꺼풀인 전택(田宅)에 소복히 나 있는 것은
좋지 않다. 그러므로 눈썹털의 아랫부분은 정성껏 밀어서 전
택을 넓게 만들 필요가 있다. 하지만 전택이라든가 눈썹 부분
에 상처나 흠집이 있으면 재산운에 안 좋다. 신경을 써서 손
질하지 않으면 안된다.

한편 쌍꺼풀이 아닌 외꺼풀 눈인 사람은 이성운(異性運)을
좋게 하기 위해 윗눈꺼풀의 속눈썹을 따라 아이 라인을 긋는
다. 이럴 경우 예컨대 쌍꺼풀인 여성으로서 주름이 눈머리로
부터 떨어져 있으면 첩(妾)의 눈이라고 보며 붙어 있으면 본
처의 눈으로 본다. 따라서 아이 라인도 반드시 눈머리로부터
윗눈꺼풀의 가장자리를 따라 그리도록 하자.

아랫눈꺼풀의 경우는 눈머리까지 그리지 말고 중간 정도에
서 눈꼬리 쪽으로 속눈썹을 따라서 그린다.

또 아이새도는 입는 양복이라든가 한복에 맞추어 블루계,
그린계 등을 고르고 윗눈꺼풀(쌍꺼풀)에 칠한다. 아랫눈꺼풀
의 아이새도는 낮의 경우에는 칠하지 말고 밤에만 칠하는 것
이 좋다. 이곳이 너무 진하면 환자 같은 느낌이 들므로 흐릿
하게 칠하는 것이 포인트이다.

한편 아이새도를 칠할 때는 눈머리 부분은 칠하지 말고 눈
꼬리에는 새하얀 것이라든가 핑크색 계통을 칠하여 눈을 돋보
이게 한다.

눈꼬리〔魚尾〕는 인상학에서 여성의 이성운, 또는 부부운,
섹스운을 보는 부분이다. 이곳이 어두우면 위에서 든 운세들
이 모두 기울고 마는 것이니, 꼭 밝은 색깔로 화장하는 것이

좋다. 한편 눈꼬리에 흠집이나 색깔이 나쁜 검정 사마귀가 있
는 것은 간통 상이라 하며, 인상학에서는 정조를 지키지 못하
는 상으로 본다. 이런 사람은 특별히 흠집·상처·검정 사마
귀 등을 감추도록 해야 한다.

립스틱은 윤곽선을 뚜렷하게

코는 낮으면 낮을수록 비천한 상이다. 결혼을 한 경우는 남
편의 운세를 망가뜨리고마는 흉상이므로 양 옆에 노스새도를
칠하여 그림자지게 하여 콧날을 높게 보이도록 할 필요가 있
다. 또 코 윗부분〔山根〕은 다소 밝게 파운데이션을 칠하는 것
이 좋다. 인상학에서는 산근이 낮은 사람은 지성도 낮은 것으
로 본다. 따라서 이곳만은 밝게 하여 총명한 사람으로 보이도
록 연구할 필요가 있다.
양쪽 볼은 여성의 경우 너무 높게 보이지 않도록 하는 것이
좋다. 그래서 관골, 즉 광대뼈가 높은 여성은 다소 연약한 색
깔의 볼연지를 관골 부분에 맞추어 둥글게 칠한다. 관골이 낮
은 사람은 살집이 좋은 것처럼 보이도록 칠한다. 어쨌든 볼에
뼈가 불거져 나오면 인상학적으로 볼 때 아주 안 좋으므로 그
곳을 부드럽게 보이도록 하는 것이 화장법의 비결이다.
립스틱은 입술의 가장자리를 먼저 칠하고 그 속을 칠하는
것이 순서이다. 입술은 가정을 나타내는데, 입의 윤곽이 깨끗
하고 뚜렷한 사람은 경제적, 정신적으로 여유 있는 가정에 들
어갈 수 있다. 그러므로 실수를 해서 립스틱을 잘못 칠하는
일이 있어서는 안 된다. 물론 본래 입술의 선이 드러나는 화

장법은 실격이다. 스스로 자신의 운세를 악화시키는 결과가
되기 때문이다.

　턱은 여성의 애정운을 좌우하는 아주 중요한 곳이므로 풍요
롭게 보이도록 하는 화장법을 생각하지 않으면 안 된다. 아랫
입술 밑의 옴폭한 부분에 다소 흐린 검정색을 칠하여 턱 끝이
풍요롭게 입체감이 나도록 한다.

　이상이 인상학에서 복된 운세를 가져다 주는 화장술의 포인
트이다. 모두 익혀 행운을 잡기 바란다.

인상에 따른 성격과 직업

1. 인상과 성격

인상에 나타나는 성격

2천 년 이상의 역사를 가지는 인상학(人相學)은 인간을 관찰하는 비법(秘法)을 집대성한 것이다. 여기에서는 인상에 나타나는 그 사람의 성격을 읽는 법에 대해서 설명하겠다.

만물의 영장이라고 하는 인간은, 다른 동물에 비하면 성격과 심리가 수십 배나 복잡하다. 따라서 한 인간의 성격과 심리를 이해하기란 결코 쉬운 일이 아니다.

현대는 평균 수명이 늘어나서 20대에 결혼을 하면 은혼식(銀婚式)이라든가 금혼식(金婚式)을 맞는 커플이 많아졌다. 그런데 결혼을 하고 50년이나 지나도 서로 상대방을 완전히 모르고 사는 일이 허다한 것이다.

선진 국가에서는 이혼하는 커플이 많은데 요즈음에는 우리 나라에서도 이혼이 마치 유행처럼 번져 간다. 그것도 결혼 후 20년 30년이 된 숙년(熟年)의 부부가 말이다.

이혼 이유는 불륜(不倫), 생활고, 성생활(性生活)의 혐오, 성격의 차이다. 이 가운데서 이해하기 어려운 이유가 성격의 차이이다. 성격적으로 잘 맞지 않았다면 결혼 직후에 헤어질 일이지, 수십 년씩이나 생활을 함께 하고 아이들도 낳아서 기르다가 성격이 맞지 않는다며 헤어지는 것은 대체 뭐란 말인가? 그것은 다음 두 가지 케이스로 나눌 수 있다.

첫째는, 상대방의 성격에 강력한 혐오감은 있었지만 지금까지는 아이가 어렸고 세상 체면도 있어서 헤어지지 못하고 차일피일해 왔다. 그러나 아이들도 컸고(혹은 독립했고) 몸도 한가해졌다. 이제 와서도 세상 체면 운운하며 자신이 희생하는 것은 너무나 바보스럽다. 그래서 결연히 이혼하고 상호간 새 길을 걷기로 했다.

둘째는, 오랫동안 동거생활을 해 왔으니 상호간 상대방에 대해서 잘 알고 있었을 것인데, 실은 제대로 이해하지 못하고 있었다. 그처럼 나쁜 성격이라는 것을 알게 되면서, 들었던 정도 모두 얼음장처럼 식어 버란다. 더 이상 함께 살 수가 없어서 이혼했다.

둘째 번의 경우는 인간의 성격을 이해한다는 것이 얼마나 어렵고, 또 얼마나 많은 기간이 걸리는 일인지를 설명하고도 남음이 있다. 실로 사람의 성격이나 생각하는 바를 완전히 파악한다는 것은 너무나 어려운 일이다. 모든 사업 가운데에서

도 인간을 상대로 하는 일, 즉 리더십이라든가 휴먼 릴레이션
(human relation)이 가장 어렵다는 것은 이 때문이다.

이처럼 사람이 사람을 이해한다는 것은 용이하지 않다. 그
것도 단기간에, 혹은 첫인상만으로 판단한다든가 평가하는 것
은 거의 불가능하다고 해도 좋다. 그래서 상대방의 인상, 골상
(骨相), 수상(手相) 등을 보고 그 성격을 판단하며, 그 능력을
평가하는 것이다. 그럼 인상을 보아 성격을 판단하는 몇 가지
를 소개하겠다.

성실한 사람의 인상

'성실'이란 인간의 기본적인 성격 중 하나로서 세계 어디를
가든 인간의 성격을 분류할 때, 제일 먼저 드는 케이스이다.
영어로는 'earnest', 중국어로는 '라온시이〔老宰〕'라고 한다.

성실한 성격은 다음과 같은 사항과 관련된다.
- 정직하고 속임수가 없다.
- 견실하며 가벼운 짓을 하지 않는다.
- 정신적으로 안정되어 있으며 부화뇌동하는 일이 없다.
- 완고하여 융통성이 없다.
- 냉정하고 간단히 흥분하는 일이 없다.
- 신중한 편이다. 현대식으로 말한다며 '경박단소(輕薄短
小)'하지 않다.

동양에서는 예로부터 인간 세계의 모든 현상을 '음(陰)'과
'양(陽)'으로 나누어서 보는 이원론(二元論)을 신봉했다. 이원
론으로 나누면 이 '신중성'은 '음'이며 정(靜)과 동(動)

으로 나누면 정(靜), 예(銳)와 둔(鈍)으로 분류하면 둔(鈍)
쪽일 것이다.

《사기(史記)》 '소진열전(蘇秦列傳)'에 '미생지신(尾生之信)'
이란 고사(故事)가 소개되어 있다.

미생이란 사나이가 어느 날, 마을 옆을 흐르는 강에 놓인
다리 밑에서 애인과 데이트하기로 약속했다. 약속 장소인 다
리 밑에서 기다리고 있었으나 한 시간이 지나고 두 시간이 지
나도 애인은 나타나지 않았다. 그러는 동안에 큰 비가 내려서
강물이 불어났는데, 미생은 애인의 사랑과 성의를 믿은 나머
지 그곳을 떠나려 하지 않았다. 그러다가 마침내는 교각(橋
脚)을 부둥켜안은 채 익사(溺死)하고 말았다. 그 후 어리석게
성실만을 내세우는 자, 혹은 약속을 굳게 지키는 자를 비유할
때, 이 '미생지신'이란 말을 썼다. 이와 비슷한 말에 '포주지
신(抱柱之信)'이란 말이 있는데 그 출전(出典)은 모두 같다.

얄팍한 인심의 현대에서는 생각할 수 없는 이야기인데 이
미생과 같은 사람이 '성실한 사나이'의 원형(原形)일 것으로
생각된다.

이 성실한 성격의 인상은,

첫째, 얼굴 전체의 형(型)은 각형(角型)이며 얼굴 면적은
넓은 편이다. 이는 견실성, 우직성을 나타낸다.

둘째, 이마가 넓다. 이는 양식(良識)이 많고 성실한 성격의
소유자임을 증명하는 것이다.

셋째, 턱이 견실하게 보인다. 이는 의지가 강하여 마음이 동
요되는 일이 드문 성격으로 때로는 완고하다.

넷째, 눈의 움직임이 아주 침착하다. 성실한 성격인 사람은

결코 눈을 두리번거리거나 힐금힐금 눈짓을 하지 않는다. 눈이 크지는 않다.

다섯째, 입은 크고 언제나 꽉 다물려 있다. 행동력이 있지만 성실하고 약간 보수적이다. 주어진 일은 확실하게 달성시키는 타입이다.

다른 사람과 분쟁이 많은 인상

인간은 사회적 동물로서 혼자서는 살아갈 수가 없다. 사회 생활 혹은 조직 생활을 스무드하게 영위해 나가기 위해서는 남과의 협조, 주변 사람과의 타협이 중요하다. 그런데 세상에는 이 협조성이 모자라서 남과 언제나 다툼질을 한다거나 옥신각신하여 손가락질을 받는 사람도 있다.

협조성이 없는 사람은 성격적으로 다음과 같이 분석된다.

• 자의식(自意識)이 강하고 남에게는 상당히 비판적이다. 이른바 '남에게는 엄하고 자신에게는 유(柔)하다'는 성격. 능력적으로는 자기 자신이 가장 뛰어나다고 으스대기 때문에, 남이 하는 일은 모두 마음에 들지가 않는다. 그러다가 마침내 그런 말을 입 밖에 냄으로써 마찰을 일으키게 된다.

• 성질이 급하고 화를 잘 낸다. 사소한 일에도 금방 화를 내기 때문에 냉정을 찾아볼 수가 없고 문제를 잘 일으킨다.

• 투쟁심이 강하다. 허영심이 많아서 남의 윗자리에 앉고 싶어하며 남의 밑에 들기를 싫어한다. 그런 때는 투쟁 본능을 발휘하며 남과 싸우게 된다.

• 자기 본위이며 희생과 봉사를 싫어한다.

삼국시대(三國時代) 촉(蜀)나라의 장비(張飛)는 1장(丈) 8척(尺)의 창을 잡으면 천하무쌍의 호용(豪勇)을 자랑했다. 단 그의 제일 큰 약점은 성격이 난폭한데다가 항상 남들과 분쟁을 일으키는 일이었다. 더욱 나쁜 것은 술버릇이 좋지 않아서 술만 취하면 그 난폭성이 더했다. 주군(主君)인 유비(劉備)는 성격이 원만했는데 일찍이 장비의 그런 나쁜 버릇을 걱정하던 나머지,

"그대는 남과 옥신각신을 너무 많이 일으키오. 그리고 부하들을 심히 괴롭히고 ……. 그러다가 스스로 화(禍)를 자초하게 될 것이오. 성격을 고치도록 주의하기 바라오."

라며 경계했었다.

서기 222년, 촉나라 황위(皇位)에 오른 유비는 관우(關羽)의 원수를 갚기 위해 대군을 이끌고 오(吳)나라로 원정을 떠났다. 이 원정을 떠나기에 앞서 장비는, 자신이 이끌고 나갈 부대에 출진 준비 명령(出陣準備命令)을 내리고, 사흘 안에 소복(素服)을 전군(全軍)이 갖추라고 하달했다. 그러나 아무리 서둘러도 수만 벌이나 되는 소복을 불과 사흘 안에 갖춘다는 것은 결코 쉬운 일이 아니었다. 부장(部將)인 범강(范彊)과 장달(張達)이 찾아와서 진언했다.

"사흘의 기간은 무리입니다. 장군, 며칠만 더 유예 기간을 주십시오."

"뭣이라고! 그대들은 내 명령을 거역할 셈인가?"

화가 난 장비는 두 명의 부장을 몽둥이로 두들겨 팬 다음,

"만약 사흘 안으로 그것을 갖추지 못하면 너희 목숨은 살아남지 못할 것이야!"

라고 엄명을 내렸다.

이래도 죽고 저래도 죽게 된 범강과 장달은 그날 밤, 술에 만취하여 잠을 자는 장비를 죽이고 적군에게 항복해 버렸다. 흥분 잘하는 장비, 성질 급한 장비는 이렇게 터무니없는 최후를 맞았던 것이다.

남들과 잘 다투는 사람의 인상은,

첫째, 이마가 좁다. 이는 급한 성격과 협소한 견해를 가지고 있음을 나타낸다.

둘째, 사각(四角)진 눈을 가지고 있다. 인상학에서는 이를 '각안(角眼)'이라고 한다. 그리고 이는 시의심이 강하고 자신에게는 유(柔)하지만 남에게는 매우 엄한 성격을 지님을 나타낸다.

셋째, 관골(顴骨)이 튀어나왔다. 이런 사람은 투쟁심이 강하다.

넷째, 코가 크다. 자의식(自意識)이 과하여 남에 대한 우월감이 강하다는 것을 나타내고 있다.

다섯째, 입이 튀어나왔다. 논쟁하기 좋아하는 것까지는 괜찮지만 도가 지나쳐서 남과 싸우는 일이 많다.

여섯째, 귀에 살붙음이 좋지 않아서 얇게 보인다. 마음이 좁은 사람에게 이런 귀가 많다. 남과 옥신각신하는 것은 이처럼 마음이 좁기 때문이다. 귀의 전체 모양은 늑대 귀 모양이다.

일곱째, 이야기를 할 때 눈썹이 잘 움직인다. 이런 사람은 특히 연상(年上)인 사람과 다투는 일이 많음을 나타낸다. 눈썹은 짧은 편이다.

여덟째, 눈썹과 눈썹 사이, 즉 미간(眉間)이 좁다. 이는 성질이 급하고 불평불만이 많다는 것을 나타낸다.

침착 냉정한 인상

평소의 학업 성적이라든가 편차치(偏差値)로 보아 충분히 합격할 것 같던 학생이, 시험장에서 그만 흥분한 나머지, 일상시에는 충분히 풀 수 있는 문제조차 틀린다든지, 혹은 무심코 실수를 헤 버리는 수가 있다. 이런 학생은 기(氣)가 약해서 무슨 일이 있으면 금방 머리가 멍청해지는 타입이다.

이와는 반대로 뱃심이 좋고 대담하여 아무리 큰 무대 위에 오르더라도 당황하는 기색 없이 평소의 실력을 충분히 발휘할 수 있고, 그래서 뜻밖의 성적을 내는 학생도 있다.

그래서 진학 지도를 하는 학원이나 학교에서는 학과 공부 외에 수험 테크닉을 정성껏 가르친다. 어떤 경우에도 학생들이 당황하는 일 없이 시험을 치를 수 있도록 충분히 훈련을 시키는 것이다.

특별한 경우에 침착 냉정할 수 있느냐, 아니면 주위를 의식하고 당황하느냐는 주로 그 사람의 성격에 달려 있다.

명랑하고 언제나 침착한 사람은 다음과 같은 성격도 동시에 가지고 있다.

• 겁이 없다. 이런 타입의 사람은 아무리 많은 사람 앞에 나서더라도 겁을 내거나 적극성을 잃는 일이 없다. 이른바 '배짱이 두둑한' 사람이다.

• 임기응변에 뛰어나다. 아무리 돌발사고가 나더라도 침착

하므로 원칙에 따라 사건을 처리할 수 있다.

• 용기가 있고 실행력이 뛰어나다. 어떤 변(變)에 따라 쾌도난마(快刀亂麻)의 활동을 하려면 용감하고 또한 과단성이 있어야 한다. 특히 전쟁터의 지휘관이라면 이런 성격이 꼭 요구된다.

• 견인불발(堅忍不拔)의 강한 의지력을 가지고 있다. 시원시원한 한편 희로애락의 감정을 그다지 겉으로 나타내지 않는데 속으로는 강렬한 개성과 의지를 비장하고 있다.

위(魏)나라 무제(武帝), 즉 조조(曹操)는 아직 어렸을 때, 당시 유명한 관상가(觀相家)로부터,

"…… 난세(亂世)의 간웅(姦雄)이로다."

란 말을 들었었다. 그는 냉정 침착하고 변(變)에 따라서 일을 임기응변으로 처리하는 재주가 뛰어났다.

후한(後漢) 중평(中平) 6년(서기189), 궁중에서 일어난 쿠데타 때, 낙양(洛陽)에 진주한 지방 군벌 동탁(董卓)은, 순식간에 도읍을 제압하고 궁중 세력을 한 손에 거머쥐었다. 횡포하고 강인한 성격이었던 동탁은 황제를 깔고 뭉개며 사실상 왕자(王者)가 되어 도읍에 군림하게 되었다.

민주주의가 발달하지 못했던 사회에서 군인 출신의 독재가들은 모두 비슷한 성격을 가지고 있었다.

그 공통적 특징은, 무슨 일이든 힘을 가지고 해결하려 하고 대화라든가 설득 따위를 싫어한다. 그리고 성질이 급하고, 자기 본위로 개혁을 서두르며 지성과 모럴을 기피하는 것이다.

진시황제(秦始皇帝), 동탁, 장개석(蔣介石), 프랑코, 히틀러, 무솔리니, 아민, 마르코스 등이 모두 이런 타입의 독재자들이

었다.

동탁의 불손한 행상(行狀)이 한왕실(漢王室)의 옛 신하들과, 다른 군벌의 반감을 사게 될 것은 두 말할 나위도 없다. 그 중에서도 원로(元老)인 왕윤(王允)은, 그 때까지 3대의 황제를 섬겨왔던 터라, 특히 동탁의 월권을 미워했다. 그는 어떻게든 이 폭군 동탁을 무찔러야겠다고 생각했다. 그런 때에 낙양 근방까지 다시 온 화북(華北)의 명문 군벌 원소(袁紹)로부터 밀서(密書)가 날아들었다.

원소는 일단 낙양에 입성한 적이 있었는데 동탁이 너무나 무법적으로 횡포를 부렸으므로 일단 화북으로 물러갔다가 다시 온 것이다. 밀서에는 동탁을 응징할 것과 만약 왕윤이 일어서면 자기도 곧 정병을 이끌고 낙양으로 쳐들어가겠다는 내용이 씌어 있었다.

왕윤은 어느 날 생일 잔치를 빙자하여 뜻이 통하는 구신(舊臣)들을 자기 집에 초대했고 원소의 밀서를 보여 준 다음 동탁을 응징하려는 상담을 했다. 황건적(黃巾賊) 평정에 무공을 세운 바 있는 조조도 그 자리에 초대받고 나와 있었다.

무장 봉기를 해야겠다는 데까지는 뜻이 모아졌지만, 연로한 문관(文官)이 많았던지라, 분개하거나 슬퍼만 할 뿐 잔학한 동탁을 칠 구체적 안은 나올 수가 없었다. 용기가 없었던 것이다. 한숨만 내쉬고 앉아 있는 중신들을 보자 조조가 나서며 말했다.

"이 일은 이 조조에게 맡겨 주십시오. 마침 나는 동탁으로부터 효기교위(驍騎校尉 : 기습 부대 사령관)로 임명을 받고 있습니다. 당장 내일이라도 그놈의 저택을 급습하여 목을 베어오겠습니다. 왕윤 대감께는 전래의 보검(寶劍)이 있으시지요? 그것을 잠시 빌려 주십시오."

왕윤으로부터 보검을 빌리자, 다음 날 아침 조조는 동탁의 저택으로 문안 인사를 하러 갔다. 동탁은 아직도 침실에 있었다. 동탁 옆에는 힘으로는 누구도 당할 수 없는 동탁의 경호원인 여포(呂布)가 있었다.

"하필이면 여포란 놈이 ……."

조조가 이런 생각을 하고 있을 때, 동탁이 큰 소리로 말했다.

"오오, 맹덕(孟德 : 조조의 字)인가? 사령(辭令)을 곧 받으러 오라고 했거늘 너무 늦게 왔구먼."

"예, 좋은 말이 있어야지요. 효기교위의 영광된 자리에 오르려면 적어도 제가 타는 말이라도 명마(名馬)여야겠는데 ……. 그래서 지금까지 말을 찾으려고 이렇게 늦었습니다."

"그래? 그럼 명마를 골랐소?"

"아뇨. 쓸 만한 말이 영 없지 뭡니까."

"그것 안됐군. 진작 내게 말을 하지 않고 ……. 나는 산서(山西)에서 올 때 좋은 말을 여러 필 끌고 왔거든 ……."

그렇게 말한 동탁은 옆에 있던 여포를 향하여 명했다.

"봉선(奉先 : 여포의 字), 나가서 적당한 말을 한 필 골라 오도록!"

방에서 나가는 여포, 그 바윗덩어리 같은 여포의 등을 보면서 조조는 마음속으로 중얼거렸다.

'됐다. 기회는 지금이야 …….'

뚱뚱보 동탁은,

  "그럼 잠시 기다리시오."
라며 체면 불고하고 침대에 누우며 등을 이쪽으로 돌렸다. 그
순간 조조는 허리에 차고 있던 보검(寶劍)에 손을 댔으나 재
빨리 눈치를 챈 동탁이 벌떡 일어나 앉았다.
  "맹덕, 무슨 짓을 하려고?"
  온갖 무술을 다 터득한 동탁이다. 그는 지난 밤 황음불면
(荒淫不眠)했는데도 불구하고 전혀 허술한 틈을 보이지 않았
다.
  '틀렸구나!'
  문득 이렇게 생각했으나 침착한 조조는 안색 하나 변하지
않고 무릎을 꿇으며 보검을 끌러 두 손에 받쳐 들더니,
  "저를 인정해 주시고 거기에다가 명마(名馬)까지 주시겠다
  니 이처럼 송구스러울 데가 어디 있겠습니까? 이것은 저희
  조씨 문중에 대대로 전해 오는 명검입니다. 변변치는 않습
  니다만 승상 대감에게 바치겠습니다. 너그러이 보셔서 받아
  주십시오."
  임기응변으로 아뢰었다. 동탁이 그 칼을 받아 살펴보니 과
연 명검이었다. 그때 여포가 돌아왔다. 조조는,
  "대감께서는 그 칼을 감상하십시오. 저는 나가서 말을 시승
  (試乘)하겠습니다."
  아무래도 수상쩍다고 생각한 동탁이 부하를 시켜 조사해 본
결과, 조조는 그 길로 자기 집에도 들르지 않고 낙양 교외로
달아났다는 것이다.
  "죽일 놈. 나이도 얼마 안 된 송사리가 ……. 그럼 그놈이
  처음부터 내 목숨을 노리고 기어들어왔었단 말인가?"

동탁은 격노하여 얼굴이 시뻘겋게 달아올랐지만 그것은 행차 뒤의 나발이었다. 조조라는 사나이의 임기응변과 침착성, 그리고 용기와 찰나적인 기전(機轉) 등을 엿볼 수 있는 에피소드이다.

인상학에서는 이처럼 냉정 침착하고, 무슨 일이 있어도 덤벙대지 않는 성격은 다음과 같은 특징을 가지고 있다.

첫째, 이마는 각형(角形)이고 시원하며 옆에서 보면 절벽처럼 곧다. 이것은 강직한 성격에 겁이 없음을 나타낸다.

둘째, 눈썹은 길고 힘차 보인다. 이것은 어떤 일에도 동요되지 않고 적극성이 있음을 나타낸다.

셋째, 눈은 큰 편은 아니지만 검은 눈동자가 약간 위로 치켜 올라간 느낌이다. 그래서 눈빛이 날카롭게 보인다. 이른바 '안광형형(眼光炯炯)'의 눈으로서 용기와 의지가 강하다는 것을 나타낸다.

넷째, 코 끝부분, 즉 절두가 풍요롭고 콧구멍은 옆으로 크다. 콧구멍이 크다는 것은 침착성이 있고 거기에다가 곤란한 일을 당해도, 또 강한 상대에도 두려움을 느끼지 않는다는 것을 나타낸다. 또 콧날이 선 것은 강직하고 의협심이 강한 성격임을 나타낸다. 이른바 '의(義)를 보면 용기가 솟아난다'는 유협도(遊俠徒)에 이런 코를 가진 사람이 많다. 중국이라면 《수호지(水滸誌)》에 나오는 영웅들이 이런 코를 가졌을 것이다. 스포츠 선수 중에는 유도, 레슬링, 복싱 선수에 이런 코가 많은데 후천척으로 코가 부서진 사람도 더러 있다.

다섯째, 입은 크고 늘 꽉 다물고 있어서 힘차 보인다. 의욕적이고 대담함을 보여 준다.

여섯째, 귀는 딱딱하고 귓구멍이 크다. 귓구멍이 작은 사람, 특히 남성은 그 성격이 여성적이다. 귓구멍이 크다는 것은 남성적이고 용감함을 상징한다.

일곱째, 턱은 견실해 보인다. 이는 의지가 강하다는 것을 나타내며 웬만한 일에는 끄떡도 하지 않는 성격이다.

정열이 많은 인상

예로부터 뜨거운 사랑에 몸을 불사르며 로맨스를 쫓던 정열가는 어느 시대 어느 나라에나 있었다. 그리고 그러한 정열은 시인(詩人)의 발상(發想) 원천이 되는 것이므로 유명한 시인 중에는 이런 정열가가 많다.

바이런, 하이네, 괴테, 이태백(李太白), 두보(杜甫), 백낙천(白樂天) 등등이 그 좋은 예이다. 정열에 불타는 성격은 파생적으로 다음과 같은 성격도 가지게 된다.

• 충동적이다. 애정이라든가 정열에 몸을 내맡기게 되면 한계를 잃고 마는 수가 있다. 이른바 양식(良識)이 있는 어른이라면 세상 체면과 자기 타산 때문에 충동적인 행동을 취할 수가 없다. 어쩌면 정열가란 그만큼 순수하고 몰아적(沒我的)이라고 할 수 있다.

• 예술이라든가 문학의 센스가 풍부하며 직관력(直觀力)이 날카롭다. 앞에서도 말한 것처럼 정열은 시적(詩的) 발상(發想)의 원동력이기도 하다. 시인, 작가(作家), 화가(畫家), 음악가(音樂家), 디자이너 등 넓은 의미의 아티스트는 정열적이 아니면 좋은 작품을 만들 수 없다.

• 뜨거워지기 쉽고 식기도 쉽다. 정열가는 열을 올리는 것
도 빠르지만 포기도 빠르게 한다. 몸을 불태우는 듯한 정열은
마치 끓는 물 같은데 그것이 오래 지속될 수 없는 것은 당연
한 일이기도 하다.

• 유혹이라든가 꾀는 말에 약하다. 시원시원하고 자기 타산
에 강한 사람은 정열가가 될 수는 없다. 어느 경우든 상대방,
또는 자기 자신 사이에 일정한 간격을 둔다. 그런데 정열가는
상대에 대하여 무비판적이고 맹목적인 면이 있으므로 유혹에
약하다. '곰보도 보조개로 보인다'라고 함은 당사가가 그만큼
무비판적이며 호인(好人)임을 뜻한다.

정열가가 되기 쉬운 성격은 거주(居住) 환경이라든가 역사
상의 경우와도 큰 영향이 있는 것 같다. 예컨대 라틴계의 국
민은 게르만 계라든가 슬라브 계의 여러 민족에 비해서 정열
적이라고 하는데, 그것은 따뜻한 지중해(地中海)의 햇볕 밑에
서 자라난 사람들과, 음울한 북유럽의 하늘 밑에서 사는 점과
도 관계가 있을 것으로 생각된다.

중국인은 전통적으로 정열적인 사람을 '아녀지정(兒女之情)'
이라며 천시해 왔고 한시(漢詩)나 문학 작품에서도 그것을 테
마로 삼기를 꺼려 왔었다. 그 이유 중 한 가지는 역대 왕조
(王朝)가 통치 이념의 기본으로 삼아 왔던 유학(儒學)의 영향
일 것으로 생각된다. 따라서, 중국의 전통적 인상학에서는 이
정열적인 성격을 높이 평가하지 않는다.

정열이 많은 사람의 인상은 다음과 같은 특징이 있다.

첫째, 둥글고 큰 눈에, 특히 눈동자가 크고 눈에 정감(情
感)이 풍부하다. 쌍꺼풀인 경우가 많다. 직관력(直觀力)이 날

카롭고 영감이 떠오르면, 애정에도 그리고 일에도 열을 올리
는 성격을 나타낸다.

둘째, 쌍꺼풀은 일종의 매력 포인트이기도 하며 유명한 미
녀 배우라든가 세기적 로맨스를 하여 매스컴을 떠들썩하게 만
든 미녀에게 이 쌍꺼풀이 많다. 수잔 헤이워드, 비비안 리, 엘
리자베스 테일러, 그리고 영국판(英國版) 경성미녀(傾城美女)
심프슨 부인 들은 이런 타입이다.

셋째, 눈썹은 똑바르고 길다. 한일(一)자 모양의 눈썹이다.
애성 문제뿐 아니라 한 가지 사건에 정열을 쏟으며 인하는 성
격이다. 반식민지(半植民地) 반봉건주의(半封建主義)에서 탈
피하여 사회주의 건설에 정열적으로 나섰던 중국의 전 수상
(首相) 주은래(周恩來)는 굵고 한일자인 눈썹이었다.

넷째, 코는 크고 보기 좋은 편이나 힘이 있어 보이지는 않
고 살붙음도 좋지 못하다. ‘호색(好色)하는 정열가치고 돈과
힘은 없더라’고 했듯이 인상이 강하지 않고 파워와 생명력을
느낄 수 없는 것이 특징이자 흠이다.

다섯째, 입술의 색깔은 빨갛고 윗입술이 두텁다. 이것은 주
는 애정이 강하다는 것을 나타내고 있다.

여섯째, 턱 끝이 움푹하다. 한 번 매력을 느낀 상대(이성에
한하지 않고, 예술이든 사업이든 모두가 그러하다)에게는 한번
에 정열을 쏟는 성격임을 나타낸다.

범죄형의 인상

그 옛날 관자(管子)는,

"창고가 가득 차면 영욕(榮辱)을 알고 의식(衣食)이 족하
  면 예절을 안다."
라고 하였다. 즉, 생활이 풍족하면 예절과 영욕을 안다고 하였
으니, 풍요 속에 사는 사람은 범죄를 하지 말아야 할 것인데,
요즈음 세태를 보면 그렇지만도 않은 것 같다. 부유한 집안의
청소년들이 터무니없는 범죄를 저지르고 있음을 우리는 신문
지상을 통해서 보고 있다.

'사흘 굶어, 아니 날 생각 없다'는 속담도 있으려니와 당장
끼니를 잇지 못해서 생활비를 조달하기 위한 수단으로 도둑질
을 한다거나 사기·횡령을 하는 일도 있다. 그러나 선천적으로
범죄벽(犯罪癖)이 있는 사람이 아닌 한, 누구나 즐겨 악(惡)
을 행하지는 않는다.

그렇지만 이 세상에는 절도, 사기, 성범죄(性犯罪), 인신매
매, 폭력……등 이른바 파렴치범이 끊이지를 않는다.

정치범·시국사범은 별도로 치고, 일반 형사범이 되기 쉬운
것은 그 나름대로의 성벽(性癖)을 갖추고 있으며 또 그러한
환경 속에서 살고 있기 때문이다.

그럼 범죄를 일으키기 쉬운 성격에 대해서 알아보기로 하
자. 범죄를 유발하는 바탕이 되는 성격으로는 다음과 같은 점
을 생각할 수 있다.

• 극기심(克己心)이 약하다. 인간은 사회성(社會性)을 띤
동물이며 로빈슨 크루소와 같이 외딴섬에서 혼자 살아갈 수는
없다. 그러므로 본능이 명하는 대로 살아갈 수는 없는 것이다.
이성(異性), 교양, 도덕 등으로 항상 셀프컨트롤하며 남에게
폐해를 주지 않도록 노력한다. 그런데 극기심이 약한 사람은

금방 흥분하며 브레이크를 걸지 못하여, 악행(惡行)으로 치닫게 된다.

• 자기현시욕(自己顯示慾)이 강하다. 종교적인 죄는 별도로 하고 형사적(刑事的)인 범죄를 범하기 쉬운 사람은 대개 남의 눈에 띄기를 원하는 사람이다. 한탕해서 한몫 잡기도 하고 또 큰 사건을 일으켜서 천하의 이목(耳目)을 집중시키고 싶어하는 성격이다.

• 심술궂다. 범죄자의 심리에는 이 심술이 깔려 있다. 자기 자신이 학대를 받으면서 자라난 경우, 혹은 빈곤, 좌절 등으로 성격이 비뚤어져서 어느 사이에 심술궂은 성격으로 성장한다. 그런 사람은 자신의 불행을 슬퍼한 나머지 남의 행복을 진심으로 축복해 주지 못하고 사회 현상이라든가 인간의 행동에 대하여 심술궂게 대응하는 경향이 있다.

• 의지가 약하다. 일반적으로 범죄자는 의지가 약하며 유혹이나 꾐에 빠지기 쉽다. 인간은 원래 선의가 악의보다 강하여, 병적(病的)인 사람이 아닌 한, 선악을 판단할 수 있을 뿐 아니라 악행을 좋아하는 취향은 없다. 형사적 범죄를 저지르는 것은 유혹에 약하여 '이 정도쯤은 죄가 안 되겠지'라는 생각에서 손을 댔다가 마침내는 '바늘 도둑이 소 도둑 된다'는 격이 되어 범죄에 깊숙이 빠져드는 경우가 많다.

• 성질이 급해서 금방 흥분한다. 범죄자는 일반적으로 급한 성질이며 하찮은 일에도 피가 정수리까지 끓어오른다. 그리고 화를 잘 내며 충동적인 행동을 일으켜 남과 다투기를 좋아한다. 행동을 일으키기 전에 '잠깐! 이래도 괜찮을까?'라며 재고(再考)할 만한 냉정성이 있다면 범죄는 훨씬 줄어들 것이

다.

　'삼고초려(三顧草廬)'를 하면서 제갈공명(諸葛孔明)을 군사(軍師)로 맞아들인 유비(劉備)는 위(魏)나라와 오(吳)나라 세력이 미치지 못하는 사천(四川)에 진출하여 촉(蜀)이란 나라를 세우고 이른바 천하삼분지계(天下三分之計)를 실행에 옮겼다. 위나라와 오나라 등 두 강대국에 대항하기 위하여 유비는 인재를 널리 구했다. 그리고 그 인재 우대 정책에 따라 각처에서 무장(武將)과 현인(賢人)이 모여들었다.

　어느 날 응모자(應募者)들은 촉나라 도읍인 성도(成都)의 궁전에 모여 유비 앞에서 무예(武藝)를 경합(競合)하고 정략론(政略論)을 발표했다. 오늘날로 말하자면 기업의 면접 시험과 같은 것이다. 시험장에는 유비 이하 제갈공명, 그리고 호용(豪勇)을 떨치던 장비(張飛)와 조운(趙雲) 등의 맹장들이 도열하여 그들의 역량을 심사했다.

　그 가운데 위연(魏延)이라고 하는 무예가가 있었다. 보기에도 당당한 체구의 소유자로서 창쓰기 실력은 발군이었으며, 더구나 병법의 이론에도 뛰어나서 논리정연하게 전략론을 전개해 나갔다.

　"흐음 …… 됐어. 그 사나이를 채용해야겠소."

　유비는 중얼거리더니 참모들에게 의견을 물었다. 모두가 찬성한다는 의견이었는데 오직 제갈공명만이 반대하고 나섰다.

　"기다리소서. 그 사나이는 사관(仕官)시키지 아니하심이 좋을 듯하여이다."

　"왜? 그 솜씨를 보건대 보통 무예가 아니구려. 그리고 전략에도 밝고……. 일군(一軍)의 장수로 넉넉히 쓸 수 있을 것 같던데 ……."

"예, 그러하옵니다. 그 사나이의 무예는 분명 뛰어나옵니다. 지모와 계략 또한 보통이 아니구요. 무인(武人)으로서는 일류임에 틀림없사옵니다. 하오나 그 사람의 인상이 좋지 못하옵나이다."

"인상? 어디가 어떻게 나쁘더란 말이오?"

"그 머리털이 난 가장자리가 곰보처럼 얽었고 턱뼈가 어찌나 옆으로 튀어나왔던지 뒤에서 보아도 보일 정도였나이다. 이런 상(相)은 흔히 반역의 상이리고 하옵지요. 그런 사람을 쓰면 후일 나라와 전하께 해(害)가 있을까 심히 염려되옵니다."

그러나 담이 큰 유비는 제갈공명의 말을 듣지 않고 위연을 채용했다. 위연은 과연 맹장이었다. 그는 싸움터에서 용맹을 떨쳐 전세(戰世)를 유리하게 이끈 일이 많았다. 그러나 충성심이 없어서 유비가 세상을 떠난 다음, 전쟁터에서 명령 위반죄를 범하더니 촉군(蜀軍)에게 큰 피해를 입혔다.

한편, 범죄를 저지르기 쉬운 사람은 인상학상 다음과 같은 특징을 갖고 있다.

첫째, 얼굴 전체의 모양과 이목구비가 어딘지 언밸런스적이다. 예컨대 얼굴 모양이 일그러졌다든가 좌우(左右)의 눈, 눈썹, 귀의 사이즈 혹은 모양이 틀린다. 코와 인중(人中), 입이 얼굴을 세로로 이분(二分)한 선(正中線이라고 한다.) 위에 있는 것이 아니라, 좌우 어느 한쪽으로 치우쳐 있다. 이것은 양식(良識)이 모자라고 무슨 일을 하든 편향성(偏向性) 있게 해석하고 싶어하는 성격임을 나타낸다.

둘째, 이마의 머리털 난 부분이 일직선으로 되어 있지 아니하다. 마치 톱날처럼 들쑥날쑥한데, 이것은 제갈공명이 말한 '머리털 난 부분이 일정치 아니하다'는 상(相)이다. 남의 선의(善意)조차도 신용하지 아니하고 오히려 배신할 가능성이 있음을 나타낸다.

셋째, 미간(眉間)과 그리고 눈과 눈 사이가 좁다. 어떤 사람은 두 눈썹이 거의 붙어 있는 것처럼 보이는 경우도 있다. 이것은 성질이 급하며, 어려운 환경 속에서 자라난 사람에게 많다.

넷째, 눈꼬리, 즉 어미(魚尾)가 째지지 않았다. 이것은 정서가 불안정하다는 것을 나타내며, 자기 자신에게 정견(定見)이 없음을 말해 주고 있다. 눈은 동그란 눈이 많다. 동그란 눈에 어미(魚尾)가 째지지 않은 사람은 주체성이 결여되어 있어 마음이 잘 동요되므로 시선이 언제나 불안하다.

다섯째, 관골(顴骨)이 날카롭게 튀어나왔다. 남과 분쟁이 많고 자신에 대해서는 극기심이 약함을 나타내고 있다.

여섯째, 턱은 극단적으로 크든가 작은데 얼굴 전체에 비해서 균형이 잡혀 있지 않다. 이는 셀프컨트롤의 힘이 없다는 것을 나타내고 있다.

일곱째, 턱뼈가 양쪽으로 심히 불그러져 있다. 제갈공명이 말한 '뒤에서 보아도 보일 정도'는 좀 과장된 말인지 모르겠으나 어쨌든 많이 나와 있다. 이는 무턱대고 밀어붙이는 강인한 성격을 나타낸다. 예로부터 이런 상을 적상(賊相)이라고 하였다.

매사에 분명하지 못한 인상

깔끔한 성격의 사람이 있는가 하면 느슨한 성격의 사람도 있다. 구태여 직업에 비유한다면 공무원이라든가 은행원이 깔끔한 타입에 속한다고나 할까 ——. 이런 사람들은 독창성(獨創性)은 없지만 규칙을 잘 지키고 정해진 범위 안에서 주어진 업무를 잘 수행하는데 어떤 틀을 벗어나는 일이 없다.

우리나라의 기업 경영자들은 느슨한 성격을 좋아하지 않으며 사원 면접 시험에서는 가급적 매사에 분명한 성격의 사람을 채용하려고 하는 것 같다.

그러나 4천만 국민이 모두 깔끔하여 그 하는 일에서나 성격, 심지어는 돈 씀씀이에 이르기까지 그런 것은 아니다. 느슨한 성격의 사람도 상당수에 이른다. 그러기에 사회는 인간 냄새가 나고 살 맛도 있는 것이다. 4천만 국민이 한결같이 분명하고 정확하다면 우리 사회는 무미건조하여 실로 재미가 없게 된다. 지금까지 한 설명은 그저 비교론(比較論)이라고 받아들여 주기 바란다.

그러면 그 매사에 분명하지 못한 사람의 성격은 어떤 공통점을 지니고 있을까? 다음에 설명해 나가기로 한다.

• 금전적(金錢的)으로 맺고 끊는 맛이 없다. 똑같은 급료(給料)를 받더라도 가계부(家計簿)를 꼬박꼬박 쓰며 계획에 따라 돈을 쓰고 저축도 많이 하는 사람이 있다. 그런가 하면 돈이 들어오는 날로 이것 저것 사들이는 등 함부로 낭비하여 월말 가까이 되면 돈을 꾸러 다니기에 바쁜 사람도 있다. 후자(後者)는 낭비벽이 심한 타입이다. 금전적으로 정확하지 못

한 사람은 자신의 돈을 낭비할 뿐 아니라 남으로부터 꾼 빚에 대해서도 분명하지 못하다. 그러므로 꾼 돈을 갚지 않는다든 가 돌려 주기로 약속한 것을 어기기가 일쑤이다.

• 셀프컨트롤이 아주 서투르다. 성격적으로 루스한 것은 자 기 억제력이 없다는 것이 된다. 자신의 욕망이라든가 감정을 컨트롤할 수 없기 때문에 느슨해지고 마는 것이다.

• 허세를 부린다. 분명하지 못한 사람은 대개 허영심이 강 하고 객기를 부려서라도 동료들에게 잘난 체하기를 좋아한다. 함께 술을 마시러 가면 제 자랑을 늘어놓다가 무리를 해서라 도 술값을 내려고 한다. 담대하다면 그런대로 좋은 면도 있겠 지만 실은 허세 때문에 그렇다.

• 계획성이 없다. 분명하지 못한 사람은 계획성이 없고 숫 자 관념이 희박하다. 일을 적당히 처리하는 까닭에 이런 사람 을 남편으로 맞은 아내라든가, 부하로 거느릴 상사는 고충이 많다. 그렇건만 막상 당사자는 태평스럽다. 학자, 연구가, 기 술자가 될 자격이 없는 사람이다.

• 대범하다. 이것은 반드시 단점이라고는 할 수 없지만 이 런 타입의 사람은 소소한 점까지 생각하지 않고 남에 대해서 도 대범하다. 일하는 것이 대범하므로 구석구석까지 살피거나 하지 않고 대충대충 처리한다.

매사에 분명하지 못한 사람의 인상은 다음과 같다.

첫째, 눈썹은 여덟팔자〔八〕형이다. 여덟팔자 눈썹에는 짙은 것과 엷은 것이 있는데 모두가 낭비가(浪費家)로서 금전적으 로 정확하지 못한 사람임을 나타낸다. 일반적으로 정치가 중 에 여덟팔자 눈썹이 많다. 정치가들 중에는 금전적으로 정확하지 못한 사람이 많다고들 하는데 그것은 이 눈썹 때문일 것이다.

둘째, 눈과 눈 사이의 간격이 넓다. 이것은 도량이 넓고 돈으로 인하여 고생하지는 않겠음을 나타내는데 한편으로는 낭비벽이 있음을 시사한다. 이런 상(相)의 좋은 점은 성격이 활달하고 기량(器量)이 넓다는 점이다.

셋째, 아랫눈꺼풀〔淚堂〕이 늘어져 있다. 자기 억제심이 약하다는 것을 나타낸다. 계획성도 부족된다.

넷째, 콧빙율이 팽팽하지도 않은데 콧구멍은 크다. 이것도 산재(散財)와 허영의 성격을 나타내는 것이다.

다섯째, 입은 크나 힘이 있어 보이지 않는다. 일을 벌이기는 잘하는데 모두가 용두사미격이어서 열매를 맺는 일이 없다. 계획을 제대로 세울 수 없다는 증거이다.

2. 인상과 직업

인상에 나타나는 적성

인간의 성격과 능력은 각 사람마다 얼굴이 모두 틀리는 것처럼 십인십색(十人十色)이다. 사람은 누구나 일정한 직업이 있고 그것을 생활의 수단으로 삼는데 적재(適材)가 적소(適所)에서 일하는 것이야말로 가장 바람직한 일이다.

예컨대 학문과 예술을 싫어하는 대신 군인(軍人)이 되어 일군(一軍)을 지휘할 수 있는 사나이가 있다고 하자. 이런 사람이 학자, 문인(文人), 화가(畵家)가 되려고 해 보았자 잘될 리가 없다. 또 비록 육체적으로 힘은 없지만 태어나면서부터 계산이 빠르고 손님에게 대응하기를 좋아하는 상인(商人) 타입의 사람이 육체적 노동을 해 보았자 효율적으로 일을 해내기란 불가능하다.

요즈음 각 기업(企業)이나 학교에서는 지적능력(知的能力), 심리(心理), 체격(體格), 운동신경, 그 밖의 조건에 의한 '적성검사(適性檢査)'를 하는 일이 많다. 그리고 그 결과에 따라 진로(進路)를 정하고 직장에서는 직책을 주므로 보다 효과적인 인간관리가 되고 있다는 이야기다.

그러나 과학이 발달하지 못했던 옛날에는 그런 편리한 방법을 이용할 수가 없었다. 그래서 상대방의 능력과 성격, 적성 등을 알아 내기 위하여 인상학의 비법이 사용되었던 것이다.

리더형 인상

우리 나라의 민요인 '노랫가락' 가사에

사람마다 비슬을 한다면
농부될 사람 어디 있나
의사마다 병 고친다면
북망산천이 왜 생겼나

라는 것이 있다. 말하자면 벼슬하는 사람 따로 있고 농사짓는 사람 따로 있다는 뜻이리라. 어쨌든 인간은 크게 나누면 다음과 같은 타입이다.

1. 장군형(將軍型) —— 사람들 위에 서서 명령을 내리고 사람들을 부리는 입장에 있는 타입
2. 참모형(參謀型) —— 톱(Top)의 재목은 아니지만 지적(知的)이며 이런에 강하여 톱의 보좌에 적합한 타입
3. 병사형(兵士型) —— 리더십을 발휘하기보다는 주어진 명령을 충실히 해내는 타입

적어도 동량형(棟梁型)인 사람에게는 리더십을 발휘할 수 있는 자질이 있는 법이다.

• 인생이라든가 일에 대하여 항상 전향적(前向的)이며 적

극성을 가지고 있다.

• 머리 회전이 빠르고 결단력이 풍부하다. 어떤 일에든 우물쭈물하며 우유부단한 사람은 리더가 될 수 없다.

• 계획성과 선견성(先見性)이 뛰어나다. 무계획하게 일을 벌여 놓고 갈팡질팡하는 사람, 또는 눈앞의 이익에만 집착하여 장래 일을 내다보지 못하는 사람도 리더가 될 자격이 없다.

• 한 가지 일을 밀고 나가는 힘이 있다. 이기적이어서 남의 일에는 관심이 없는 사람, 혹은 재주가 팔방미인격인 사람은 리더가 될 수 없다.

• 개성적(個性的)이고 자신의 소신(所信)을 어떤 곳에서라도 당당하게 말하는 용기를 가졌다. 얌전하고 온순한 사람, 그래서 남의 눈치만 살피며 자신의 생각을 말하지 못하는 사람은 리더 혹은 톱(Top)이 될 수가 없다.

이상은 훌륭한 리더가 되는 데 빼놓을 수 없는 자질(資質)이다. 그런데 리더로 크게 성공하는 사람의 인상은 다음의 요건을 갖추고 있다. 전부 갖추고 있다면 더 말할 나위가 없겠으나 실제로 그런 사람은 흔치 않다. 이와 반대로 그러한 요소가 전혀 없는 사람은 리더로서는 맞지 않을 것이라고 생각하는 것이 좋겠다.

첫째, 얼굴의 근골(筋骨)이 보기에 우람하고 살붙음도 적당하다. 여위어서 빈상(貧相)인 사람이라든가 살이 뒤룩뒤룩 찐 사람은 불합격이다. 우람한 얼굴은 박력, 적극성, 책임감을 나타내는 것이다.

둘째, 높고 두툼하며 큰 코를 가지고 있다. 이것은 생명력,

실행력이 뛰어남을 나타낸다. 이런 타입은 운세적(運勢的)으로도 스스로 앞길을 개척해 나가는 힘을 비장하고 있다.

셋째, 눈에는 광채가 있고 생생하다. 눈의 크기와는 상관없지만 눈꼬리〔魚尾〕가 길게 째져 있는 편이 좋다. 그것은 침착 냉정하며 나타내는 것이다.

넷째, 이마는 넓고 수려하다. 이는 그 사람의 지성(知性)과 존엄을 나타내는 것이다.

다섯째, 크고 꽉 다문 입을 가지고 있다. 이것은 그가 남성석이며 일을 질 처리할 수 있는 능력이 있음을 의미하고 있다. 큰 입은 또 동정심이 많아서 우두머리의 기질이 있음도 나타낸다.

여섯째, 턱은 튼튼하고 긴장감이 있는 것이 좋다. 리더는 의지가 강하고 주체성이 있는 사람이어야 하는데 이런 턱은 그것을 상징하고 있다.

일곱째, 귀는 크고 살붙음이 좋다. 정보 수집력이 있으며 자기와 상반되는 의견이더라도 들어줄 줄 아는 아량을 가진 사람이다.

역사적 인물로는 항우(項羽), 조조(曹操), 손권(孫權), 관우(關羽), 당태종(唐太宗) 등이 이런 타입의 인물이다.

참모형 인상

군대의 참모는, 사령관(司令官) 타입처럼 원맨 식으로 위에서 명령만 내리는 것이 아니라 정보를 분석하여 전략을 짜기도 하고 작전 계획을 입안하여 그것을 톱(Top)에게 진언한

다음 명령을 받는 역할을 해낸다. 참모로서 성공하기 위해서는 다음과 같은 자질을 갖추는 것이 중요하다.

• 지성적일 것. 우둔하고 분석력이 없는 사람은 참모가 될 자격이 없다.

• 계획성이 있고 자신의 생각을 체계화시켜 이론으로 정립할 수 있을 것. 아무리 좋은 생각이 있더라도 그것을 체계화할 수 없으면 톱(Top)은 그 생각을 실행에 옮기지 않는 법이다. 그러므로 아무 도움이 안 된다.

• 냉정하고 치밀할 것. 전쟁이란 먹느냐, 먹히느냐의 수라장이다. 따라서 충동적인 행동이라든가 흥분에 의한 계획 따위는 허용될 수가 없다. 냉정하고도 치밀하며 끈기 있는 성격을 가지지 않으면 참모가 될 수 없다.

• 그늘에 숨어서 진력하는 것이 군대의 참모 또는 톱(Top)을 보좌하는 참모이다. 남의 눈에 띄고 싶어한다든가 지위·권력에 너무 집착하는 성격, 실력 이상으로 자기 선전을 하려는 허영심 따위는 참모의 입장으로 볼 때, 백해무익(百害無益)하다.

• 참모란 어디까지나 조연(助演)에 불과하므로 지나치게 자의식(自意識)이 강한 사람은 적합하지 않다. 의견을 구진(具陳)할 때도 사실과 객관성만을 말하고 자기 의견은 말하지 말 일이다. 그래서 판단은 톱이 하도록 맡기는 것이 좋다. 그러기 위해서 참모는 겸허하며 자아(自我)가 강하지 않은 것이 좋다.

참모 타입에 적합한 인상을 들자면 다음의 요건을 한 가지 이상 갖춘 사람이다. 전부 갖추고 있다면 천재적인 참모라고 하겠다.

첫째, 얼굴의 모양은 역삼각형(逆三角形)인 지성적(知性的)형(型)이 좋다. 일반적으로 이런 얼굴은 지적(知的)인 직업을 가진 사람들에게 많고 지각신경(知覺神經)이 발달해 있으며 감수성도 강하다. 객관적 정세에 대해서도 반응이 빠르다. 우둔한 타입은 참모가 되지 못한다.

둘째, 이마는 세로 가로가 다 넓은 편이 좋다. 특히 냉정한 판단력과 번뜩이는 재치를 상징하는 상부(上部 : 天), 추리력과 기억력을 상징하는 준부(中部 : 人)가 발달해 있으면 아주 좋다. 특히 좁은 이마를 가진 사람은 참모로서는 적합하지 않다.

셋째, 눈은 약간 싸늘한 느낌을 주어야 하고 눈꼬리〔魚尾〕가 째져 있어야 한다. 둥글고 큰 눈은 정열적이어서 예술적 센스는 좋지만 냉철함을 필수 요건으로 하는 참모 타입에는 부적당하다.

넷째, 코는 큰 편이 좋은데 사령관 타입처럼 크고 우람할 필요까지는 없다. 콧방울과 콧구멍도 크지 않은 편이 좋다. 대담한 성격보다도 세심한 성격을 필요로 하기 때문이다.

다섯째, 입은 작은 편이 좋다. 크고 두꺼운 입은 정복욕(征服慾)이 강하다는 것을 뜻한다. 참모는 오히려 겸허한 편이 좋다.

여섯째, 턱은 너무 팽만감이 두드러지지 않는 편이 좋다. 턱이 지나치게 튼튼하고 긴장감이 있는 사람은 '천상천하유아독존(天上天下唯我獨尊)'이어서 경우에 따라서는 상사(上司)나 은인까지도 태연하게 배신한다. 자기현시욕(自記顯示慾)이 강한 사람은 좋은 참모가 될 수 없다.

일곱째, 이른바 귀가 늑대귀의 형을 하고 있는 사람은 투쟁심이 너무 강하여 상사를 극(尅)하므로 참모 타입으로는 부적당하다.

역사상의 인물로는 중국 삼국시대(三國時代)의 주유(周瑜), 한(漢)나라의 장량(張良), 청(淸)나라의 증국번(曾國藩) 등이 명 참모의 타입에 가까운 상(相)이다.

경영형 인상

경영자는 기업의 톱(Top)으로 부하들을 움직이는데 리더십을 발휘하지 않으면 안 된다. 따라서 경영자로서 요구되는 성격은 리더에 적합한 성격과 중복되는 것이 많다. 단, 경영자 특유의 것으로, 모든 리더가 갖추지 않더라도 되는 특성이 있다. 예컨대 경제성, 즉 재무관리(財務管理)의 능력 등은 경영자에게는 필수적인 것이 되지만, 다른 리더들 모두에게 필요한 것은 아니다.

인상학상 경영자에게는 꼭 필요한데 일반 리더들에게는 없어도 되는 인상(人相)은 다음의 특징들이다.

첫째, 콧방울이 발달하여 있다. 앞에서도 설명한 바와 같이 콧방울〔金甲〕이 발달해 있으면 재운(財運)이 좋다. 재정상의 위기에 처하더라도 그 위기를 반드시 극복하며 돈이라든가 물질면에 어려움이 없다. 경영자라면 무엇보다도 재정운(財政運)과 물질운(物質運)이 좋아야 한다. 아무리 리더십이 빼어나고 영업을 잘한다 하더라도 자금관리를 잘못하여 기업을 도산시킨다면 결코 좋은 경영자가 아니다.

둘째, 법령(法令)은 입을 크게 둘러싸고 퍼져 있다. 이런 법령을 가진 사람은 사업운(事業運)이 좋고 사교술(社交術)이 좋아서 동료 경영인들로부터 평판을 좋게 받으며 부하운도 좋다. 기업가로 반드시 성공하는 상(相)이다.

입신출세형 인상

사람이 살아가려면 꿈이 필요하다. 이 세상에서 삶의 특권을 받은 이상 누구나 생애(生涯)의 비전이라는 것을 찾는다.

요즈음의 우리나라 사회에서는 국민의 태반이 '중류 의식(中流意識)'이 강해져서 가치관이 다소 달라지기는 했지만, 얼마 전까지만 해도 '입신출세(立身出世)'가 서민들의 꿈이었다. 근대(近代)에 이르기까지 우리나라에서는 사(士)·농(農)·공(工)·상(商)의 계급적 차별이 엄연하게 존재했었기에, 무명의 농사꾼이 통치계급으로 부상한다는 것은 불가능했다. 그러나 20세기에 들어서면서 계급적 차별은 서서히 무너졌고 이제는 서민도 통치계급이 될 수 있는 길이 열렸다. 그로부터 사람들은 '입신출세'의 꿈을 더욱 가지게 되었던 것이다.

그 어려운 입학시험에 합격하여 학사(學士)가 되고 일류 회사에 들어가거나 혹은 공무원이 되면 아무리 어려운 가정에서 자라났다 하더라도 엘리트 코스를 밟을 수 있게 되었다. 8·15 광복 이후 사회가 진보되자 서민의 꿈은 차츰 일반화되어 갔다.

중국의 서민은 입신출세 외에 '돈을 번다'는 꿈을 갖는다. 한문으로는 이를 '승관발재(昇官發財 : 벼슬에 오르고 재물을 얻는다.)'라고 한다.

훌륭한 관리(官吏)가 되는 것은 우리의 입신출세와 큰 차이가 없지만 돈을 벌어서 부자가 된다는 것은 또 다른 차원에 속한다. 우리나라에서는 입신출세라고 할 경우 벼슬, 즉 공무원으로서 출세하는 것만을 뜻하는 것은 아니다. 회사원이더라도, 학자더라도 때로는 군인이더라도 좋다. 그리고 출세한다는 것은 반드시 돈을 많이 벌어서 부자가 되는 것만을 의미하는 것은 아니다.

그야 어쨌든 입신출세하는 인상(人相)을 알아보기로 하자.

• 본인 자신이 건강하고 활기찬 생명력을 가지며, 능력에 뛰어날 뿐 아니라 행동력도 풍부하다.

• 운세적(運勢的)으로 강하며 상사(上司) 혹은 선배의 보살핌이 있다.

• 명성(名聲), 지위(地位), 권력 등에 행운이 따른다.

이러한 호조건(好條件)들을 가지고 있느냐 없느냐는 인상에 나타나는 법이다. 얼굴의 상(相)에 다음과 같은 특징이 있는 사람은 입신출세한 타입이다.

첫째, 수려하고 넓은 이마를 가지고 있다. 이것은 그 사람이 지력(知力)과 판단력을 가지고 있으며 운세 또한 좋다는 것을 나타낸다.

둘째, 털이 길고 가지런한 눈썹을 가지고 있다. 이는 총명하고 윗사람의 보살핌을 받고 있음을 의미한다.

셋째, 눈은 가늘고 길며 눈꼬리〔魚尾〕가 째져 있는 이른바 용안(龍眼)이다. 둥글고 큰 눈은 정열적이고 예술의 센스는 좋지만 정서가 불안정하며 입신출세와는 거리가 멀다.

넷째, 높고 큰 코를 가지고 있다. 주동적(主動的)으로서 사업이나 기타 하고 있는 일로 성공할 것을 상징한다.

다섯째, 입은 크고 긴장감이 있을 만큼 꽉 다물고 있다.

여섯째, 이마의 상부(上部 : 天中)에서 코 윗부분〔山根〕까지의 금을 '입신문(立身紋)'이라고 하며, 이런 금이 있는 사람은 반드시 출세한다. 그 이외의 세로 금은 불길(不吉)하다.

일곱째, 얼굴은 좌우 대칭(對稱)의 밸런스가 잡혀 있다. 이것은 협조성이라든가 양식(良識)이 풍부하다는 것을 나타낸다. 윗사람에게 사랑받고 아랫사람으로부터 손경받는다.

샐러리맨에 부적합한 인상

샐러리맨은 앞에서 설명한 바 있는 장군(將軍)·참모(參謀)·병사(兵士)의 분류에 따르면 이른바 병사형(兵士型)의 사람이다. 대부분의 사람은,

병(兵) → 참모

병(兵) → 참모 → 장군

병(兵) → 장군

의 식으로, 일단 병사형으로서의 경험을 쌓은 연후에 다른 형(型)으로 이행(移行)한다. 오늘날의 실정으로 보더라도 부모의 후광(後光)을 업고 직접 경영자가 되는 예는 극히 드물며, 대기업의 이사라든가 톱(Top)은 오랜 샐러리맨의 생활을 거치고 나서야 그 자리에 오른다.

샐러리맨에게는 그 나름대로의 적성이 있다. 그런데 세상에는 샐러리맨에 적합하지 않은 성격이 있다.

• 천성적으로 반골정신(反骨精神)이 강하여 어떤 일이든 명령받기를 싫어한다.

• 협조성이 결여되어 있고 남이 하는 일에 대해서 꼭 트집을 잡는다.

• 으스대기를 좋아하고 너무 자신감이 넘쳐흐른다.

• 책임 관념이 희박하여 시킨 일을 제대로 하지 않는다.

• 투쟁심이 강하여 분쟁을 잘 일으킨다.

이런 성격이 강한 사람은 샐러리맨으로 성적을 올리기가 어렵다. 그 대신 이런 타입의 사람은 독특한 능력을 가진 자가 많으므로 월급쟁이를 걷어치우고 독립하는 편이 좋을지도 모른다.

예술가라든가 작가(作家), 자유업, 특수 기능인, 예능인(藝能人) 등으로 활약하는 사람은 일반적으로 개성이 강하고 자신감이 있는 사람이다. 남으로부터 명령이나 지시받기를 싫어하는 까닭에 얌전한 샐러리맨으로는 적합하지 않다.

인상학에서는 다음과 같은 요소가 있으면 샐러리맨으로 적합하지 않다고 본다.

첫째, 이마가 좁고 상흔(傷痕)이 있다. 이런 사람은 윗사람의 사랑을 받을 수가 없으며 무슨 일을 하든 자기 멋대로 하려든다.

둘째, 이마의 머리가 난 가장자리가 들쭉날쭉한 사람. 이런 사람은 반골정신(反骨精神)이 강하고 강열한 자의식(自意識)을 가지고 있으므로 순순히 명령에 따르지를 않는다. 예컨대 M자 형의 이마는 예술가나 문학자 타입으로서 샐러리맨으로는 부적당하다.

셋째, 눈썹이 굵고 눈썹 꼬리가 빗자루처럼 나 있다. 이는 고집이 세며 협조성이 부족하여 다른 사람과의 융화가 아주 서투르다. 얌전하게 조직의 일원이 되는 것보다 독립을 해서 활동하는 것이 바람직하다 하겠다.

넷째, 입이 지나치게 크고 입술도 두꺼운 사람은 정복욕(征服慾)이 강하다. 일은 해낼 수 있지만 남의 밑에 들기를 싫어한다. 샐러리맨으로는 부적당하다.

다섯째, 눈과 입이 튀어나온 사람은 투쟁적이며 남과 분쟁을 일으키기 쉽다.

여섯째, 턱뼈가 옆으로 많이 튀어나온 사람은 반골정신(反骨精神)이 아주 강한 사람이며 때로는 배신도 하는 상(相)이다. 샐러리맨으로는 적합하지가 않다.

일곱째, 귀는 이른바 늑대귀. 이는 투쟁심이 강하고 협조성이 모자란다.

정치가형 인상

정치에 참여하다가 천하를 휘어잡는 인간은 종교가라든가 철학자와 달라서 반드시 모랄리스트라고 할 수는 없다. 예술가나 작가(作家)처럼 특별한 예술적 감각을 갖지 않아도 좋다. 또 일반적인 샐러리맨처럼 임무를 충실히 수행하는 것만으로는 불충분하다. 정치가에게는 특유의 '속기(俗氣)'가 필요하다. 그 '속기'는 예컨대 다음과 같은 자질이다.

• 남을 밀어 제치더라도 위로 올라가려고 하는 강인성
• 냉철한 비정(非情). 정치가는 인정가(人情家)여서는 안

된다. 필요하다면 아무리 잔혹한 공작(工作), 혹은 은인을 배신하는 일도 서슴지 말아야 한다.

• 지위, 권한, 파워, 금전에 대해서는 이상적(異常的)인 집착성을 갖는다.

• 웅변의 재주가 있어야 한다. 정치가는 말을 잘하고 허세를 부리는 재능이 있다. 또 애지테이션(agitation)의 능력도 요구된다. 눌변(訥辯)이어서 자신이 생각하는 바를 상대방에게 정확히 전하지 못하는 사람은 정치가로서 대성할 수가 없다.

• 계수(計數)에 빼어나야 한다. 정보 수집력, 자료 정리 등에는 무엇보다도 계수의 재주가 요구된다. 그리고 정치에는 권모술수가 필요한데 이런 점으로 봐서도 계수에 밝아야 한다.

• 담이 커야 한다. 정치적 해결은 궁극적으로 볼 때 '타협'이다. 정치가는 흥정의 명수여야 하며, 주객(酒客)에 비유할 때 청탁(淸濁)을 가리지 않고 마시는 사람, 그런. 기량(器量)을 가지지 않으면 안 된다.

첫째, 근육질(筋肉質)이고 거기에다가 살붙음이 좋은 얼굴이어야 한다. 이것은 강인하고 너그러움을 나타낸다. 이러한 타입은 실행력이 뛰어나고 남의 생각 따위에 신경을 쓰지 않는 사람이다. 그리고 자기 계획대로 매사를 추진해 나간다. 역삼각형(逆三角形)의 얼굴, 기다란 얼굴, 작은 얼굴은 정치가에 맞지 않는다.

둘째, 이마는 넓고 주근깨나 상처가 없다. 이것은 지적(知的)으로 정확한 판단력을 가지고 있음으로써 지위, 명성을 얻을 수 있다는 것을 나타낸다.

셋째, 살이 두툼하게 붙은, 멋진 턱을 가지고 있다. 이것은 우두머리 기질에 포용력이 있는 상(相)이다. 빈약한 턱이라든가 뾰족한 턱을 가진 사람은 정치가로 대성할 수 없다.

넷째, 눈썹은 똑바르며 진한, 이른바 남성형 눈썹이다. 이것은 정(情)에 빠져들지 않고 남성과잉(男性過剩)의 심성(心性)임을 나타낸다. 나긋나긋한 여성적 성격은 정치가에 적합하지가 않다.

다섯째, 눈은 길고 째졌으며 안광(眼光)이 날카롭다. 이는 완강하여 남을 간단히 믿지 않는 성격을 나타내는데 정치가로서는 바람직한 자질이다.

여섯째, 입이 크고 입술은 두껍다. 정복욕(征服慾)이 강하고 기력이 넘치며, 정력적인 일꾼임을 나타낸다. 입의 모양은 사각(四角)인 편이 좋다. 집착이 강하고 욕심이 많은 타입이다.

일곱째, 귀는 크고 살이 두툼하다. 이것은 우두머리 기질을 나타내는 것이며, 정치가로서는 빼놓을 수 없는 성격이 바로 이 성격이다. 큰 귀는 정보에 밝고 계수(計數)에 뛰어나다는 것을 의미한다.

예술가형 인상

화가(畫家), 디자이너, 건축가, 사진작가, 일러스트레이터, 음악가, 작가, 평론가 등의 아티스트는 정치가라든가 경영자, 혹은 샐러리맨과는 다른 자질을 필요로 한다. 아티스트에 있어 제일 중요한 것은 예술적인 센스, 직관력(直觀力), 상상력 등이다. 인상학상 예술가로 적합한 상(相)은 다음과 같은 요소들을 갖추고 있다.

첫째, 얼굴 전체의 모양은 역삼각형(逆三角形)이 적격이다. 앞에서도 말했지만 인간의 얼굴 모양은, 역삼각형, 둥근형, 사각형의 세 가지가 기본인데 각기 그 전형(典型)은 많지 않고 실제로는 세 가지의 모양, 또는 두 가지의 모양이 뒤섞여 있는 경우가 많다.

아티스트는 역삼각형의 요소가 강한 얼굴이 좋다.

둘째, 이마는 M자형이 제일 좋다. 이것은 아이디어와 직관력(直觀力)이 강하다는 것을 나타낸다. 예로부터 천재적인 아티스트, 특히 음악가 중에 이런 이마를 가진 사람이 많았다. 그 대표적인 사람이 베토벤이다.

셋째, 눈썹은 산 모양이고 미구(眉丘)가 높다. 이는 직관력이 날카롭고 예술이나 문학적인 센스가 풍부한 상이다.

넷째, 눈이 움푹 패어 있다. 노육(怒肉), 즉 눈의 앞머리 부분도 움푹한데 이것은 정감(情感)에 약하여 애정문제로 고생할 것을 나타내고 있다. 예술가에 따라서는 냉철비정한 타입보다 애정에 깊이 빠져드는 예가 많은데 그것은 이 때문이라고 한다.

다섯째, 코는 높고 살붙음은 좋지 않다. 비너스처럼 스마트한 코를 가진 사람은 미의식(美意識)이 강하다. 주먹코라든가 사자코 등은 예술가가 될 수 없다.

여섯째, 입은 크지 않아도 되지만 입술이 두껍고 정열적인 느낌을 주는 것이 좋다. 예술의 센스는 정열을 빼놓고는 생각할 수가 없다.

일곱째, 턱은 뾰족하다. 애정문제로 고민하는 상이며, 처세술이 서투른 상이기도 하다.

연예계에 부적합한 인상

텔레비전 등 이른바 인기 업종이 늘어나면서부터 탤런트 지망생이 많아졌다. 부모는 부모대로 아들은 프로 야구 선수, 딸은 탤런트로 만들겠다며 벌써 거금(巨金)을 벌기라도 한 양 흥분하고 있다.

옛날 중국에서는 인기 직업이라고 하면, 배우라든가 청루(淸樓)의 기녀(妓女) 정도였다. 그러므로 전해 오는 인상학에서는 이 인기 직업에 대한 인상(人相)을 중요시하지 않았으며 연구도 이루어지지 않았던 것 같다. 그러나 이런 인기 직업에 좋지 않은 인상이 몇 가지 전해 오는 것이 있다.

무대이든 영화이든 텔레비전이든 그 매개물(媒介物)에 관계없이 사람들 앞에 얼굴이 클로즈업 되는 배우라든가 탤런트에게 제일 신경 쓰이는 일은 '아름다운 얼굴이냐, 아니냐'이다. 아름다운 얼굴, 예쁜 얼굴이란, 바꾸어 말하면 '밸런스가 잡혀 있다'는 말이 된다. 상하 좌우의 밸런스가 잡히고 눈, 코, 입 등의 형상(形狀), 위치, 대소(大小)가 알맞으면 두 말할 것도 없이 미인이 된다. 따라서 인기 직업에 있어서는 얼굴의 밸런스가 잡혀야 한다는 것이 가장 중요하다.

그 다음으로 중요한 것은 색깔, 광택 등이다. 이것은 화장으로 어느 정도 감출 수도 있으며, 특히 영화나 텔레비전에서는 안색, 광택 따위가 문제되지는 않는다. 인위적으로 창작할 수도 있는 것이 안색과 광택일 것이니 인기 직업인 경우 인상학에서 그런 것을 다룰 필요는 없겠다.

단, 상처, 반점, 검정사마귀 등은 장소와 형상에 따라 큰 문제가 될 수도 있다.

다음과 같은 특징을 가지고 있는 얼굴은 인기 직업에 맞지 않으며 따라서 인기 직업을 택한다 하더라도 성공할 수 없다.

첫째, 얼굴이라든가 이목구비가 유난히 크거나 작다. 이런 형상(形相)의 사람은 관중에게 불쾌감을 주게 될 염려가 있다. 코미디언이라면 어느 정도 성공을 거둘는지 모르지만 배우나 텔런트로는 맞지 않는다.

둘째, 얼굴 전체, 눈, 코, 입, 귀, 턱, 이마 등의 밸런스가 잡혀 있지 않다. 이런 타입은 미남미녀와 거리가 멀다.

셋째, 볼이 여위어 있고 특히 법령(法令) 양쪽〔補弼兩〕이 빈약하다. 이것은 이른바 빈상(貧相)으로서 인기, 덕망(德望)이 없다는 것을 나타낸다. 배우라든가 텔런트 등의 인기 직업으로는 터부시되는 상(相)이다.

넷째, 볼의 중심점(눈동자 바깥쪽에서 수직선을 그어, 코밑의 수평선과 교차되는 곳)을 중국 고래의 인상학에서는 ‘기당(妓堂)’이라고 하며 예로부터 예기(藝妓)로서의 성패(成敗)를 나타내는 포인트로 쳤다. 이곳이,

1. 빈약하여 푹 패었다.
2. 움푹 들어갔다.
3. 상처가 있다.
4. 검정사마귀라든가 점이 있다.

5. 세로줄무늬가 나 있다.

등은 배우라든가 탤런트의 경우 대흉(大凶)으로 본다. 그러므로 이 부분에 검정사마귀, 점, 세로줄무늬가 있는 것은 좋지 못하다. 검정사마귀라 하더라도 인중(人中)의 양쪽 부분[食祿]이라든가 턱 끝에 있는 사람은 인기 직업에서 성공한다. 인망(人望), 성공운(成功運), 금전운(金錢運)이 좋기 때문이다.

다섯째, 눈꼬리에 검은사마귀가 있다. 이는 이성문제(異性問題)로 몸을 망치는 다입임을 의미한다. 인기 직업은 아무래도 보통사람들보다 '도화운(桃花運)'이 있으므로 애정문제 때문에 고민한다. 호색(好色)이라든가 다음(多淫) 때문에 건강을 잃게 된다면 문제는 심각해지지 않겠는가.

일하는 여성으로 성공하는 인상

우리나라도 그랬지만 중국도 유사이래(有史以來) 남존여비(男尊女卑)의 나라였다. 유교(儒敎)의 영향으로 여성들은 가정에 묶여 있었고 남성들의 종속물이었던 것이다. 여성이 자기 주장을 한다거나 애정을 자유로이 표현한다거나 직장에 나가서 남성과 경쟁을 한다는 것은 모두 금기였다. 따라서 인상학(人相學)에서도 그 남편에게 순종하고 오로지 시부모 봉양을 잘하는 가정적 여성을 이상형(理想型)으로 꼽았었다.

개성이 강하고 담대한 여성, 애정을 솔직하게 표현하는 여성, 혹은 남성에 뒤지지 않을 만큼 일을 잘할 수 있는 여성의 상(相)은 평가받지 못했던 것이다. 그런 인상을 가지는 것은

여자로서 바람직하지 못하다고 했던 것이다. 예컨대 인상학에
서는 다음과 같은 여성을 다음호색(多淫好色)의 상이라 보았
고 남편을 극(剋)하든가 불륜(不倫)을 맺는 흉상(凶相)으로
보았던 것이다.

1. 눈 밑에 볼록한 부분[淚堂]이 볼록하게 튀어나온 여성
2. 아랫눈거풀이 두꺼운 여성
3. 턱이 둥글고 살붙음이 좋은 여성
4. 물기가 촉촉한 눈동자, 혹은 큰 눈동자를 가진 여성
5. 눈꼬리에 검정사마귀라든가 가로줄무늬가 있는 여성
6. 눈꺼풀에 검정사마귀가 있는 여성
7. 입술에 검정사마귀가 있는 여성
8. 관골(顴骨)이 튀어나온 여성
9. 이마의 머리털 난 가장자리가 가지런하지 않는 여성
10. 얼굴이 둥근 여성
11. 이마가 튀어나온 여성
12. 콧방울 가장자리에서 수직으로 선을 그어 올라가면 그
    곳에서 눈썹이 시작되는 여성
13. 입이 큰 여성, 주걱턱인 여성

그러나 그 대부분은 여성을 가정에 묶어 두기 위한 선입관
(先入觀)이다. 예컨대 물기가 촉촉한 눈동자, 검은 눈동자의
큰눈, 그리고 눈꼬리나 눈꺼풀, 입술 등에 있는 검정사마귀는
모두가 일종의 섹스어필이며 여성으로서는 매혹의 포인트이
다. 또 관골이라든가 이마가 튀어나온 것은 정의감(正義感)이
강하며 자기 주장이 강함을 나타내는 등, 캐리어 우먼에 적격
인 타입이다. 평범한 가정주부로는 부적격일지 모르나 근대적

여성의 상(相)으로는 오히려 장점을 지니고 있는 셈이다.

옆에서 보면 사람의 얼굴에는 튀어나온 부분이 있다. 이마, 양쪽 볼, 코, 턱 등이 그것인데 인상학에서는 이것을 '오악(五嶽 : 다섯 개의 산)'이라고 한다.

여성으로서 이마, 볼, 턱 등 세 군데가 융기(隆起)되어 있는 사람은 가정주부로 집안에 있는 것보다 밖에 나가서 일을 하는 타입이다.

이러한 형의 특징은 다음과 같다.

첫째, 이마가 튀어나왔다면 지성(知性)에 넘치는 상(相)이다.

둘째, 볼 또는 관골(顴骨)이 튀어나온 것은 능동적인 성격이며 권력과 인연이 있고 성적(性的)으로는 터프함을 나타내고 있다.

셋째, 턱이 튀어나온, 이른바 주걱턱은 의지가 강하고 적극적이며 애정이 강하다는 것을 말해 주고 있다. 이런 여성은 자기 기능(技能)을 잘 살려 나가며 성생활과 결혼을 구별해서 생각하므로 올드 미스가 많다. 남성 때문에 자기 일을 희생시키는 일은 없으며 캐리어 우먼으로 대성할 수 있는 상(相)이다.

넷째, 입의 크기에는 관계 없이 긴장감 있게 입을 꽉 다무는 사람은 직업 여성으로 성공하는 타입이며 자기가 하는 일에 보람을 느끼면서 살아간다. 때로는 뻐드렁니를 가진 여성도 있는데 이런 여성은 말하기 좋아하는 것이 흠이라고나 할까.

다섯째, 코는 높고 안정감이 있으며 아주 스마트하다.

상업적 자질을 가진 인상

동서고금을 막론하고 상인(商人)에게는 공통성을 띤 타고난 자질이 있다.

• 애교가 있고 허리를 잘 굽실거린다. 선천적으로 오만한 기가 있어서 남에게 머리 숙이기를 싫어하는 사람은 상인으로서는 부적격자이다.

• 성격이 원만하고 협조성이 뛰어나며 필요하다면 타협하면서 장사를 한다.

• 금전운(金錢運)이 좋고 계수(計數)에 강하다. 금전운이 나쁜 사람이라든가 금전에 지나칠 만큼 담박한 사람은 상인이 되어도 고생만 할 뿐이다.

• 겉으로 보기에는 애교가 있는 것 같지만 상인은 끈기 있는 성격을 안에 비장하고 있어야 한다. 감정을 밖으로 표출하지 않고 다소 곤란한 일에 봉착하더라도 위축되지 않으며 손님에게 대하는 태도에 변함이 없다. 그러기 위해서는 의지가 굳어야 한다.

• 남에게서 호감을 사는 타입이다. 상인(商人)에게 있어 중요한 것은 남에게 은혜를 주는 것이 아니라, 남에게 은혜와 사랑을 듬뿍 받을 수 있어야 하는 것이다.

• 신의(信義)를 지키며 한 번 약속한 일은 손해를 보는 한이 있어도 반드시 지킨다. 이런 정신이 없으면 상인으로 크게 성공할 수가 없다.

이와 같은 자질을 갖추기 위해서는 후천적인 노력과 연구도 필요하겠지만, 선천적으로 다음과 같은 인상(人相)을 가져야 한다.

첫째, 얼굴 모양은 역삼각형(逆三角形)이 아닌 편이 좋다. 장사하는 사람은 일상생활에 철학적인 사고(思考)라든가 문학적인 직관력(直觀力), 예술적인 센스 등은 필요치 않다. 역삼각형의 긴 얼굴만 아니라면 둥근 얼굴이든지 각이 진 얼굴이든디 상관없지만 둥근 얼굴을 가진 편이 좋다. 둥근 얼굴은 원만과 협조성의 상징이기 때문이다.

둘째, 눈썹은 이른바 나한(羅漢)의 눈썹이 좋다. 성격이 원만하며 남과 다투지 않으므로, 남들로부터 호감을 살 수 있겠기 때문이다.

셋째, 실행력, 생명력, 재운(財運)이 따르는 코, 즉 우뚝하고 스마트한 코인 편이 좋다. 높기만 하고 빈약한 코는 상인으로서 적격이 못된다. 콧방울이 발달한데다가 코끝이 아래로 처진, 이른바 유태인 코면 더욱 좋다. 평생을 두고 돈 걱정은 하지 않을 것이며 계수(計數)에도 밝은 사람이다.

넷째, 턱이 긴장감이 있고 튼튼해 보인다. 의지가 강하다는 것을 말해 주는 턱이다.

다섯째, 아랫입술이 두껍다. 남으로부터 은혜와 애정을 많이 받는다는 것을 나타낸다.

여섯째, 둥글고 큰 눈에 그 눈이 눈꼬리까지 째져 있는 느낌을 준다. 직관력(直觀力)이 있으며 사업이나 장사에서 성공할 수 있는 타입이다.

일곱째, 귀는 크지 않아도 좋지만 살붙음이 좋다. 물질운(物質運)이 좋으며 마음에 여유가 있음을 나타낸다.

사랑의 인상학

1977년　4월　1일 초판발행
1994년　10월　1일 중판인쇄
1994년　10월　5일 중판발행
편　자/안길환
발행자/김동구
발행처/명문당
등록/1977년 11월 19일 제1-148호
대체/010041-31-0516013
주소/서울시 종로구 안국동 17-8
전화/733-4748(편집부), 734-4798(영업부)

값　4,500원